新しい時代に対応した
持続可能な保育・初等教育の在り方

筑紫女学園大学初等教育・保育研究会

編

郁洋舎

巻 頭 言

　近年のＡＩ（人工知能）の進化により世の中が人間の予測を超えて多様化、複雑化しています。この中においてわたしたちは、感性を豊かに働かせながら、どのような社会や未来を創りあげ、どのように人生をよりよいものにしていくのかが問われています。また、予測できない未知の時代にあっても、「主体的に学び続けて自らの能力を引き出し、自分なりに試行錯誤したり、様々な他者との対話や協働をしたりすることにより、新たな価値を生み出していくことが出来るようになること」が大切であり、そのために、豊かな人間性，たくましく生きるための健康や体力までも含めて構成する「生きる力」と、それを知の側面からとらえた「確かな学力」が重要になると言われています。

　このような背景をもとに、2017（平成29）年に保育園の「保育所保育指針」、認定こども園の「幼保連携型認定こども園教育・保育要領」、幼稚園の「幼稚園教育要領」、小学校の「小学校学習指導要領」が一斉に改訂されました。そして、これらを受けた保育・教育が、幼稚園・認定こども園・保育園では2018（平成30）年度から、小学校では2020（令和元）年度から始まりました。これにより、幼児期・児童期における保育・教育の在り方が大きく変わってきています。

　学びの根本は「教師の指導を通して、子どもが学び方を学ぶ、学ぶ姿勢を身に付ける」ことにあります。そのためにも、保育者・教育者が自ら「絶えず学ぶ、学び続ける」ということを実践し、学びの在り方を明確にして

3

いくことが求められます。

　そこで、本学の初等教育・保育専攻では、主に教職課程の学生や経験年数の浅い保育士および小学校の教員を対象とし「新しい時代に求められる保育者・教育者の在り方」について、本学の各教育分野における専門家たちがこれまで取り組んできた成果に基づき、これからの保育・教育の重点を考察した論考を本書にまとめました。

　第1部「保育者・教育者としての教育観と基本姿勢」では、現在の子どもが置かれている社会状況や環境等を踏まえ、保育者・教育者としてどのような点に留意していく必要があるのか、また、新しい時代の教育方針等にどのように対応していく必要があるのかについて提示。第2部「幼児期の子どもの保育・教育」では、保育所保育士指針や幼稚園教育要領等の内容を踏まえた新たな時代へ対応する保育の在り方と、各領域や分野ごとにその視点や具体的な指導法等について紹介。第3部「児童期の子どもの教育」では、小学校学習指導要領や各教科等の学習指導要領解説等の内容を踏まえた、新たな時代へ対応する教育の在り方や各教科等における授業形態、指導法等について解説。第4部「障害その他の特別な配慮を要する子どもの教育」では、障害をはじめ特別の支援や配慮が必要な子どもたちの理解と、関わり方、その支援の方法について掲載しています。

　本書での学びを、子どもたちの輝く未来を切り開く保育・教育の現場で活かしていただくとともに、本書を契機とし、教育・研究活動に対しまして忌憚のないご意見・ご鞭撻を賜りますようよろしくお願い申し上げます。

　　　　　　　　2021(令和3)年8月　　筑紫女学園大学学長　中川　正法

目　　次

第3部　児童期の子どもの教育

第1部
保育者・教育者としての教育観と基本姿勢

第1章
教師と子どもとの信頼関係形成とコミュニケーション

石原　努

1. はじめに

　教育現場において、教師と子どもとの信頼関係を形成することは、教育活動をよりよく推進していくために、欠かすことができない重要な視点の一つです。学級経営案の分析調査（石原 2018）を行ったところ、学級経営をよりよく進めていく上での中心的な取組の一つとして、子どもとの「信頼関係形成」の要因が抽出されました。また、この要因を起点として、集団づくりを行ったり、日々の教育活動の活性化を図ったりしていることが明らかになりました。このように、教師と子どもとの信頼関係を形成するということは、教育活動をよりよく推進していくために欠かすことができない視点なのです。

　教師は、子どもとの信頼関係を形成していくために、様々な手法を用いながら子どもと関わっています。その手法の一つに言葉かけがあります。教師は、言葉かけを通して、子どもとよりよくコミュニケーションをとりながら、日々の教育活動を行っています。この言葉かけについてですが、中山・三鍋（2007）の研究では、「児童・生徒が記憶する言葉は、教師が意図した意味と一致するとは限らない」[1]ということが示されています。ポール・ワツラウィックのヒューマンコミュニケーション理論では、情報を発信する側と受け取る側において、良好な関係がある場合は会話の内容は伝わるが、関係性が良好でない場合は、話の内容ではなく関係の悪さが伝わるということが示されています。教師は、子どもに対し言葉かけを行ったとしてもその意図がしっかりと伝わっていない可能性があることや、子どもとの関係性の良し悪しにより伝達されている内容が変わっていること等を踏まえた上で、よりよく子どもとコミュニケーションを図りながら、

子どもとの信頼関係を築いていく必要があるのです。

　以上のことを踏まえ、この章では、教師と子どもとの信頼関係形成とコミュニケーションについて考えていきたいと思います。

２．信頼関係を形成する過程と要因・要素

　この項では、教師と子どもの信頼関係はどのように形成されていくのか、また、その要因はどのようなものなのかについて考えていきたいと思います。ここで言う信頼関係（＝ラポール）とは、「互いの間の信頼と親しみにもとづく温かい心的交流がなされている状態のこと」[2]を指します。子どもは、教師のどのような行動や態度から教師への信頼を形成しているのでしょうか。先行研究を踏まえながら、信頼関係を形成する過程と信頼できる教師の行動や態度に関する要因・要素等を考えてみます。

（1）信頼関係を形成する３つの過程

　先行研究から明らかになったことをもとに、信頼関係を形成する過程をまとめた結果、大きく３つの過程に分けることができました。Step1「魅力を感じる」Step2「親近感を抱く」Step3「安心感をもつ」の３つ過程です。信頼関係を形成する３つの過程をまとめると、図１のようになります。

　まず、Step1「魅力を感じる」過程において、教師の「人間的な魅力」や「教師としての魅力」を感じることが、信頼関係形成のきっかけとなります。そして、Step2「親近感を抱く」過程へと繋がっていきます。この「親近感を抱く」過程には、「心理的距離」と「物理的距離」の２つの要因があります。Step1「魅力を感じる」ことと、Step2「親近感を抱く」ことが繰り返されたり、よりよい相互作用を生み出したりしながら、Step3「安心

感をもつ」過程へと繋がっていくこととなります。子どもに、「一緒にいるだけでほっとする」「一緒にいたい」といった安心感を抱かせることができれば、信頼関係を形成したということになるでしょう。

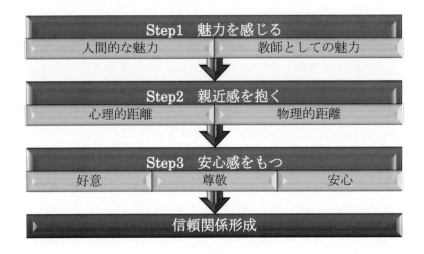

図1　信頼関係を形成する過程

(2) 信頼関係形成過程の要因・要素とその具体
① Step1「魅力を感じる」

　Step1「魅力を感じる」過程には、「人間的な魅力」と「教師としての魅力」の2つの要因があります。まず、「人間的な魅力」について説明します。ここで言う「人間的な魅力」とは、教師がもっているパーソナリティ特性等のことです。この「人間的な魅力」は、「明朗性」「温厚さ」「誠実性」「正当性」「面白さ」「人間性」の6つの要素から構成されています。もう一つの要因が、「教師としての魅力」です。ここで言う「教師と

しての魅力」とは、職業的教師として必要な指導力・技術・能力・態度等のことです。この「教師としての魅力」は、「専門的知識・技能」「人格形成サポート」「情熱・熱意」の3つの要素から構成されています。それぞれの要因・要素に関連した具体的な場面や様相等を表1に示します。

表1　「魅力を感じる」過程の要因・要素・具体

過程	魅力を感じる					
要因	人間的な魅力					
要素	明朗性	温厚さ	誠実性	正当性	面白さ	人間性
具体	明るい	温かい	正直である	ひいきをしない	話が面白い	思いやり
	元気	優しい	嘘をつかない	公平に接してくれる	一緒にいて楽しい	気配り・心配りができる
	笑顔が絶えない	感情的な安定性がある	約束を守ってくれる	指導の明確な基準がある	ユニークさがある	人を大切にする
要因	教師としての魅力					
要素	専門的知識・技能		人格形成サポート		情熱・熱意	
具体	教え方が上手い		ほめたり、認めたりしてくれる		真剣に関わってくれる	
	授業が分かりやすい		適切な叱り方で指導してくれる		一生懸命に取り組む姿勢がある	
	丁寧に教えてくれる		間違ったことをきっちりと指導してくれる		教育に向かう情熱がある	

　表1の具体に挙げているような場面から、子どもは、教師を一人の人間として、また、一人の教師として魅力を感じていくこととなります。教師も一人の人間です。表1の全ての要素を満たすということは、難しいことだと思います。ただ、ここに挙げられた要素の中で、「これは自分の長所だ」「これならできそうだ」と思うことがあれば、その要素や力を教育に活かしていくことができると考えていいのではないでしょうか。

② Step2「親近感を抱く」

Step2「親近感を抱く」過程には、「心理的距離」と「物理的距離」の2つの要因があります。ここで言う親近感とは、教師と子どもの関係性を表す距離だと考えてください。「心理的距離」とは、教師と子どもの心の距離のことです。この「心理的距離」は、「察知力」「受容」「共感」「精神的支柱」の4つの要素から構成されています。「物理的距離」とは、空間的な距離だと考えてください。実際に、一緒の空間に存在しているということです。それぞれの要因・要素に関連した具体的な場面や様相等を表2に示します。

表2 「親近感を抱く」過程の要因・要素・具体

過程	親近感を抱く				
要因	心理的距離				物理的距離
要素	察知力	受容感	共感	精神的支柱	
具体	気持ちの変化に気づいてくれる	自分のことを受け入れてくれる	自分の気持ちに共感してくれる	寄り添ってくれる	いつも一緒にいる
	自分の気持ちを察してくれる	話を聞いてくれる	自分のことを理解してくれる	傍にいると落ち着く	一緒に遊んでくれる
		話しかけやすい受容的な姿勢		素直でいられる	一緒に行事等に参加する

表2から分かるように、子どもは、「気持ちの変化に気づいてほしい」「話を聞いてほしい」「共感してほしい」といった思いをもっています。教師は、このような子どもの思いを受けとめながら、心理的距離を縮めていくことになります。この心理的距離の4つの要素は、それぞれが深く関連しています。例えば、教師の受容的な態度があれば、子どもは、教師に話をしたくなります。会話の中で、しっかりと耳を傾け共感しながら聞くと、また話をしようという思いをもつことになります。そして、会話を通

24

して、教師の子どもへ対する理解が進み、子どもの変化を一早く察知することができる可能性が高まります。この一連の取組を通して、子どもの精神的支柱となっていくのです。逆に、教師が子どもに対し、否定・指示・命令ばかりしたとすると、どうなると思いますか。緒方・鈴木の研究(1997)では、教師の専制・支配的指導性が高くなると、教師との心理的距離が遠くなることが示されています。子どもの思いを受容せずに、自分の価値観を押し付けるような言動や威圧的・高圧的な姿勢で子どもと向き合う場面が増えると、子どもとの心理的距離が離れていくことになるのです。子どもが、教師の指示や命令に従ったとしても、よりよい信頼関係を形成することには繋がりにくいのです。ここで挙げている例は、Step1「人間的な魅力」要因とも、深く関連してくることとなります。

　次に、「物理的距離」についてです。具体に挙げられている内容をみると分かると思いますが、「いつも」「一緒に」ということがキーワードとなります。これは、単純接触効果というものが働いている可能性があります。単純接触効果とは、「ある刺激を繰り返し提示されると、そうでない刺激よりも好意を抱くようになる現象のこと。(略)それが、ポジティブな感情を生み出すと考えられている。」[3]というものです。

　幼稚園・保育園・小学校では、保育者や教師は、子どもといつも一緒に行動しています。いつも一緒にいることで、物理的距離が縮まります。そして、接触回数が増えれば、自ずと話しかける回数も増えてきます。話しかける際に、「心理的距離」の 4 要素を意識した関わりを行っていけば、信頼関係の形成に繋げていくことができるのです。

③　Step3「安心感をもつ」

　Step3「安心感をもつ」過程には、「好意」「尊敬」「安心」の 3 つの要因があります。子どもがもつこれらの思いは、「魅力を感じる」「親近感

を抱く」過程における取組等を通して得られた結果であると考えてください。「安心感をもつ」背景には、その教師の人間的な魅力であったり、教師としての魅力であったり、教師への親近感であったりするものがあるということです。例えば、教師の人間性に触れ、子どもが、「先生の優しいところが好きだな。」と思うことができれば教師への「好意」に繋がりやすいということです。また、「教師の授業が面白い、一生懸命に教えてくれる」といった教師の専門的な技能・技術を実感した子どもは、教師に対する「尊敬」の念を抱きやすいということです。そして、「先生と一緒にいるとほっとするな」と思うことができれば「安心」できるということです。最終的に、子どもが、教師と一緒にいて安心できる・楽しい・頼りになるといった「安心感」をもつことが、信頼関係を形成したということになってくるのです。

3. 教師と子どものコミュニケーション

　コミュニケーションとは、人と人の情報の相互作用を意味するもので、人間としての重要な社会的行動の一つとなります。このコミュニケーションは、言語コミュニケーションと非言語コミュニケーションの2つに大別することができます。この項では、まず、言語コミュニケーションについて考えていきます。言語コミュニケーションとは、言語として表出したことを通して行われるコミュニケーションのことです。種類としては、言葉かけ・会話・SNSを使ったやり取り・手話等様々ですが、今回は、言葉かけに焦点を絞って考えていきます。また、ここでは、言葉かけを行う側（メッセージ発信者）を教師、言葉をかけてもらう側（メッセージ受信者）を子どもとして考えていきます。次に、非言語コミュニケーションについて

考えていきます。非言語的コミュニケーションとは、言語以外で、表情や動作等を通して行われるコミュニケーションのことです。

(1) 言葉かけ

　教師は、子どもに対し様々な言葉かけを行いながら、信頼関係を形成したり、その関係性を維持したりしていくことになります。言葉かけは、子どもとのよりよいコミュニケーションを図っていくためにも、また、子どもの人格をよりよく形成していくためにも欠かすことができない取り組みとなります。たった一つの言葉かけが、子どもの将来にプラスにもマイナスにも繋がる可能性があるのです。この項では、まず、教師が子どもに対して行っている言葉かけの種類について紹介します。次に、その言葉かけによるメッセージを効果的に伝えるための留意点や視点について考えていきます。

① 言葉かけの種類

　教師の子どもに対する言葉かけとして、よく取り上げられることが「ほめる・叱る」といったものです。しかし、教育現場では、この二種類の言葉かけだけではなく、本当に数多くの言葉かけが行われています。どのような言葉かけの種類があるのかを紹介します。

　言葉かけの研究は数多く行われており、分類の仕方は様々です。それらの研究において、多く抽出された言葉かけをまとめると、「指示・確認」「提案・示唆・予告」「判断・許可」「意見・感想」「称賛・肯定」「助言・励まし」「受容・共感」「問いかけ」「叱り」「忠告・指摘・禁止」「感謝・謝罪」「その他」といったものになります。教師は、このような多くの種類の言葉かけを巧みに操りながら、子どもとよりよくコミュニケーションを図っているのです。

具体的な場面で考えてみると、例えば、子どもが何か新たなことに挑戦しているとき、教師は、励まし・助言・称賛といった言葉かけを行います。子どもが何か好ましくない行動をしたとき、教師は、忠告・指摘・叱りといった言葉かけを行います。何らかの活動を行う時、指示・確認・予告といった言葉かけを行います。

　このように、教師は、場面の状況に応じ必要である伝達事項を瞬時に考え、子どもに対し言葉かけを行っているのです。

② 　言葉かけを行う場面の状況

　先に述べたように、教師は、場面の状況に応じて、様々な種類の言葉かけを使い分けながら、子どもと関わっていくことになります。授業中なのか・休み時間なのか、緊急性があるのか・ないのか、ということを考えただけでも、言葉かけの内容や種類が異なってくるということが分かると思います。その場の状況を的確に把握し、言葉かけを行っていく必要があるのです。その際の留意点として挙げられることは、以下のようなことです。

　一つ目は、子どもの実態です。子どもの発達段階や特性は？考え方の傾向は？といった子どもの実態を踏まえた上で言葉かけを行っていく必要があります。例えば、子どもが、何らかの好ましくない行動をした場面について考えてみましょう。そのとき、子ども自身が、その行動自体好ましくないものであるということを理解しているのか、理解していないのかということによって、言葉かけの種類や内容が変わってきます。

　二つ目が、子どもの感情に目を向けるということです。子どもの感情としては、うれしい・悲しい・認めてもらいたい・困っている・悩んでいる等が挙げられます。例えば、子どもが、「困っている自分に気づいてほしい」といった思いをもっていたとしましょう。教師は、まず、その子どもの思いを察知し、それに応じた言葉かけを行っていかなければいけません。

これは、「親近感を抱く」過程の「察知力」と深く関連してきます。そのときの子どもの感情を察知し、それに応じた言葉かけを行うことで、言葉かけによるメッセージをより子どもに届けることができるのです。

　三つ目は、教師と子どもの関係性に応じた言葉かけです。先にも述べたように、教師と子どもの関係性によって、メッセージの伝わり方は変わってきます。これは、「魅力を感じる」過程の「人間的な魅力」とも関連してくることになります。

　以上のように、言葉かけを行う際、言葉そのものの意味だけではなく、子どもの実態や感情、教師と子どもの関係性を踏まえながら、コミュニケーションをとっていく必要があります。

③　効果的な言葉かけ

　教師の思いや願いをのせた言葉かけをより効果的に子どもに伝えることができるようにするためには、伝え方を工夫する必要があります。例えば、ダメなことをダメだと言葉かけを通して伝えたいと思っている場面を例に考えてみましょう。場面例として、小学３年生の子どもが、休み時間に教室内でキャッチボールをしている状況を想起してください。想起する場面も人それぞれだと思いますが、ここでは、子どもはキャッチボールを教室内で行うことはよくないことだと理解しており、教師と子どもの関係性も良好であると仮定しましょう。その場面において、教師は、ボールの種類、投げるスピード、距離、そして、場面の状況等を瞬時に判断し、言葉かけをすることになります。よって、一つの場面例を考えても、様々な言葉かけのパターンが必要になるということが分かると思います。すごく危険であると瞬時に判断した時は、「やめなさい！」と語気を強めていうかもしれません。ふざけているだけだなと感じたときは「何をやっているの？」と問いかけるかもしれません。また、敢えて「楽しそうだね！もっ

とやってごらん。ほら、どんどん投げてごらん。」といって、子ども自身に行動を振り返らせながら、キャッチボールをやめさせるかもしれません。これは、好ましくない行動であるということに気づいているはずだという子どもへの信頼、あなたたちならキャッチボールをやめてくれるはずだという期待、この信頼と期待のもと行われている言葉かけとなります。どの言葉かけにも共通していることは、教室内でのキャッチボールをやめさせたいというメッセージがあるということです。そのメッセージをどのように伝えるのかということがとても重要になってきます。もちろん、これまでに述べてきたように、教師や子どもの人格や人間性、関係性、場面の状況等、様々なことが関連してきますので、例に挙げた3つの言葉かけ以外にも多くのものがあります。よって、この伝え方をすれば必ず効果が上がるといえる言葉かけはないのです。場面、そして、個々によって、効果がある言葉かけが異なってくるのです。ただ、より伝えたいメッセージを子どもに届けるためのポイントというものはあると考えています。

　これまでの心理学の研究の中で、人間の行動等に関する様々なことが明らかになっています。その理論や効果を言葉かけに活かしていくことで、より効果的な言葉かけとなる可能性が高まります。以下に、教育現場で活用することができるいくつかの理論や効果を紹介します。

　一つ目が、ローゼンソールらの研究結果から導き出されたピグマリオン効果です。これは、教師が子どもに対し、真剣に期待をかける関わり（言葉かけを含む）を行えば、子どもはその期待通りになるというものです。子どもに、期待をかけているという言葉かけをメッセージとして伝え続ければ、子どもは、その期待に応えるように成長していくのです。過度な期待はいけませんが、子どもに対しよりよく期待をかける言葉かけをすることは、子どもの成長を手助けすることになるのです。

二つ目が、マズローが考えた欲求段階説です。その中に、承認の欲求という段階があります。これは、人間は誰しも、他人から認められたい、自分を価値ある存在として認めたいという欲求をもっているという考えです。この理論を活用すると、子どもの存在、そして、子どもの行動等を認める言葉かけを行うことが大切であるということになります。

　三つ目が、デシ＆ライアンの考えた自己決定理論です。この中に、自律性の欲求というものがあります。自律性の欲求とは、他者に強要されるのではなく、自分で行動を決めたい、選択したいという欲求のことです。これは、自己決定感とも関連しています。自分で決定して自分の意思のもと行動したいという思いです。以後の行動を自分で決定できるような問いかけをすることで、この欲求を満たしていくことができるということになります。また、問いかけると時に、行動の選択肢を与え、子ども自身に選択させるという手法も有効であると考えています。

　このように、期待をかけること、認めること、自己決定させることを意識した言葉かけをすることで、教師の真意が子どもへ届く可能性が高まるだけでなく、次の行動へ向かう子どもの動機づけとなるのです。紙面の都合上、上記に紹介した理論等の詳細を述べることができません。興味がある人は、教育心理や動機づけといった学問分野を学んでほしいと思います。

(2) 非言語コミュニケーション

　様々な研究において、実際の日常的な会話においては、言語によるメッセージよりも、この非言語によるメッセージの方が、より多く伝達されているということが明らかになっています。会話をしているときに見せる何気ない仕草から、その本心が伝わってしまうということです。例えば、無表情でよそ見をしながら、誰にでも当てはまりそうなほめ言葉を子どもに

伝えたとしましょう。子どもには、その言葉自体が持つ意味とは違ったことが伝わる可能性が高いということになります。よって、教師が、子どもに対し言葉かけを行う際、非言語コミュニケーションを意識しながら関わっていく必要があるのです。この非言語コミュニケーションにも、本当に多くの種類があります。その全てを紹介することはできませんので、教師として子どもと関わる際に、意識しておいた方がよい3つの視点について説明します。

　一つ目は、表情です。顔の動きや目の動きによって、人間の喜怒哀楽がメッセージとして伝わることになります。例えば、何らかの過ちを犯したときに、言葉では許してくれているけれど、表情を通して、本心は許していないということが相手に伝わることになります。言語よりも非言語のメッセージの方が、相手に伝わりやすいということです。

　二つ目は、動作です。ジェスチャーやボディランゲージと呼ばれるものです。例えば、共感するときに行う相槌等は、相手に対し、納得したというメッセージを伝えることになります。「親近感を抱く」過程の共感や受容とも関連してきます。

　三つめは、身体接触です。スキンシップということを思い浮かべると分かりやすいのではないでしょうか。努力をしている子どもを認めるときに、頭をなでるといったことです。この身体接触は、安心感をもつことにも繋がります。

　非言語コミュニケーションを通して伝わるメッセージと、信頼関係を形成するための要因が、深く関連していることが分かるのではないでしょうか。非言語コミュニケーションを通して、受容しているのか、共感しているのか、安心感につながっているのかといったことが伝わっているということを理解した上で、言葉かけを行っていく必要があります。

4．おわりに

　これまで述べてきたように、教師と子どもとの信頼関係を形成したり、よりよくコミュニケーションを図ったりすることに、様々な要因が関連していることが分かったと思います。この様々な要因を意識した言動を行うことで、子どもに映る教師の姿が変わってくると思います。また、教師としての自分を向上させることができると思います。最終的に、そのことが、未来を創造する子どもたちをよりよく育成していくことにつながります。教師としての役割を自覚し、子どもとのよりよい関係性を築いていくことはとても大切なことだと考えます。最後に、「モデリング」を紹介します。このモデリングは、観察学習とも言われており、バンデューラーの考えとなります。簡単に説明すると、「子どもは親の背中を見て育つ・教師の姿を見て育つ」ということです。子どもは、教師の姿を観察して、それを模倣して、その行動を自分という人間形成過程に取り入れていくのです。教師が、子どものよりよきモデリングとなれるように努めていきたいものです。

引用文献

1) 中山勘次郎　三鍋由貴恵(2007)　「教師の「注意言葉」に対する中学生の受けとめ方　『上越教育大学研究紀要』第26号　p367。
2) 小泉令三編著(2016)『よくわかる生徒指導・キャリア教育』ミネルヴァ書房　P31。
3) 下山晴彦(2018)『誠信　心理学辞典(新版)』誠信書房　p302。

参考文献

＊井上達也　鈴木高志　坂口奈央　櫻井茂雄(2015)「小学生における担任教師に

対する信頼感と担任教師の行動・態度についての評価の関連」『筑波大学心理学研究』第 45 号　pp91-100。

＊猪熊大史　藤井靖　菅野純「児童・生徒の記憶に残った教師による言葉かけの分類・カテゴリー化」『日本教育心理学科　第 53 回総会発表論文集』pp6-17。

＊石原努(2018)「学級経営案（小学校版）の内容分析及び考察」『筑紫女学園大学研究紀要』第 13 号　pp151-163。

＊児玉真樹子川本竜太郎(2015)「教師の行動と児童の教師に対する信頼感との関係　―発達段階に着目して―」『広島大学大学院学習開発学研究』第 8 号 pp81-88。

＊村越行雄(2018)「非言語的コミュニケーションの分類法について」『跡見学園女子大学コミュニケーション文化』第 12 号　pp31-52。

＊中井大介(2015)「教師との関係形成・維持に対する動機づけと担任教師に対する信頼感の関係」『教育心理学研究』第 63 号　pp359-371

＊緒方宏明　鈴木康平(1997)「教師と児童・生徒の信頼関係　―教師の指導性が信頼関係や公式・非公式的リーダー、非公式的集団の特性に及ぼす影響―」『日本教育心理学会総会発表論文集』第 39 号　p243。

＊高木幸子(2005)「コミュニケーションにおける表情および身体動作の役割」『早稲田大学大学院文学研究科紀要』第 1 分冊 51　pp 25-36。

＊上淵寿　大芦治(2019)『新・動機づけ研究の最前線』北大路書房。

＊米田優衣　西川純(2019)「授業外における教師の児童への働きかけに関する研究　―熟練教師の「言葉かけ」による個に応じた指導の充実―」『上越教育大学研究紀要』第 39 巻第 2 号　pp299-308。

＊吉川正剛　三宮真智子(2007)「生徒の学習意欲に及ぼす教師の言葉かけの影響」『鳴門教育大学情報教育ジャーナル』第 4 号　pp19-27。

第2章
フロイトの精神理論と発達理論
Freud's Psychoanalytic and Developmental Theory

スレンダー・クマール

フロイトの研究の背景

　フロイト（Sigmund Freud：1856 年 5 月 6 日-1939 年 9 月 23 日）は、オーストリアのヴィーン大学の医学部を卒業した。精神科医として仕事をし、精神分析学で世界の有名な人物である。神経病理学を経て精神科医となり、神経症の研究、自由連想法、無意識の研究を行った。精神分析学の創始者として知られている。心理性的発達理論、リビドー論、幼児性欲を提唱した。基本の考えとして、人間の心的世界に意識と無意識がある。物事を自我の範囲にある意識の上で判断し、認めたくない欲求や願望は、抑制され、本人に自覚されることのない存在になる。これらの欲求や願望は無意識に存在し続け、意識レベルの行動に影響を与えることがある。その例として、言い間違え、記憶違いなどである。欲求や感情を無意識にとどめておこうとする抑圧が強くなると、その感情が出口を求める活動を始め、ヒステリーなどの神経症的症状を生み出すことがある。フロイトは、このような事実に注目し、無意識と自我の働きに関するさまざまな研究を行い、無意識が意識をコントロールしているとした。異性の親に対する性的願望が人間の無意識に深く存在するというエディプス・コンプレックス（男児に見られる母が好きなことは Oedipus complex；女児に見られる父が好きなことは Electra Complex）理論を提唱した。

　発達に関しては、人間に存在する「性的エネルギー」（リビドー）が、満足される身体の部位が年齢とともに変わっていくと考え、その体の部位に留まる期間にどのように充足されるかによって、その個人の人格形成にも影響を与えることもあると考えた。リビドーが満足される身体の部位によって、口唇期、肛門期、男根期、潜伏期、性器期の 5 つ発達段階を考えた（小林、2003）。

フロイトの精神理論(Freud's Psychoanalytic Theory)：

心の構造：意識、無意識、エス、自我、超自我の関係：

　　フロイトは、心の構造を「クリスタルを水に入れること」に例えた。クリスタルの大部分が水に入り、少しだけが上に浮かぶ。水に入った部分を「無意識」とし、浮かんでいる部分を「意識」とした。さらに、その構造を以下のように分けて自我、超自我、エスの関係を明確にした。

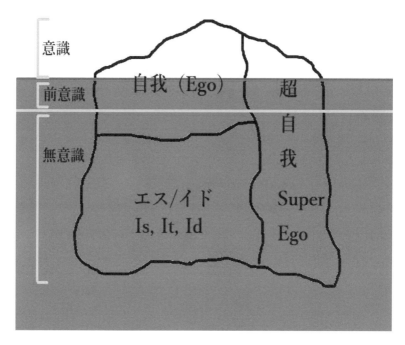

図1：フロイトのこころの構造モデル

意識(Consciousness)：

　意識は一般的に、「起きている状態にあること（覚醒）」または「自分の今ある状態や、周囲の状況などを認識できている状態のこと」を指す。何か覚えていることすべてを、「意識」とした。例えば：自分と家族の名前、電話番号、住所、昨日食べたご飯、通った道など。

無意識(Unconsciousness)：

　無意識は、「意識がない状態」と「心の中の意識でない或る領域」の二つの主要な意味がある。「意識がない」とは、強い意味だと、大脳の働きがほとんどない状態を意味する。しかし大脳の働きは、人間が生きている限り、完全に停止するということはなく、「ほとんど意識がない」とはどこまで意識がないことなのか、客観的な基準が曖昧である。他方、弱い意味で「意識がない」という場合は、「気づかない」という意味でもある。例えば：音楽を聞きながら本を読んでいると、最初は本の文章の内容と、音楽の両方が意識される。しかし、読書に集中していて、ふと何かで中断されると、「音楽が急に聞こえて来る」ということがある。音楽はずっと鳴っていたのであるが、読書に集中していたため、音楽の進行に「気づかなく」なっていたのである。人間は時間の中で、非常に多数の感覚刺激や意味の刺激を受け、その多くを意識している。しかし、記憶に関する心理学の実験からは、「意識していない・気づいていない」感覚刺激や意味の刺激として大脳が感受し記憶に刻んでいる量は、さらに膨大であると言える（長尾他、1998）。

　フロイトによって、無意識の大きな倉庫にあることは、以前覚えていたことであって、現時点で思い出せないものである。以前見たこと、考えたこと、想像したことなどである。その中で口に出したことは、意識にのぼり、黙ったことは無意識の倉庫に入る。無意識の倉庫からその事柄が意識

にのぼろうとすることで、人間は夢を見る。そして、夢に見たことは無関係のことではないとした。その夢を覚えていたなら「意識」、まだ思い出せないなら「無意識」、出てきそうなら、「前意識」の範囲にあると考えた。

前意識(Pre-consciousness)：

　夢の中で見たことは、無意識の倉庫から意識にのぼろうとする仕組みである。完全に覚えてしまえば「意識」になるが、出てきそうな範囲なら、「前意識」の範囲にいるとし、思い出す可能性が高くて、無意識の倉庫の上の方にある。もし、いつになっても全く思い出せないなら無意識の倉庫の下の方に沈んでいくと考えた。

エス(Ｅｓ)：

　エス（Es）はイド（Id）または、イト（Ｉｔ）とも呼ばれている。この範囲には「想像的なものや考え」が存在する。エスはすべて無意識の範囲にある。個人が「何かをしたという意欲」がこのエスから発生する。

自我(Ego)：

　フロイトは、自我という言葉を二つの意味に用いた。一つは人格の主体として「私」であること。もう一つは、自我・超自我という心的構造論のなかで、外的な現実に適応するシステムという意味である。フロイトは、自分が最も「こうありたい」と思う自己像（Self‐Image）を自我理想（Ego Ideal）と呼んだ。自我は人間に生後２歳ぐらいから発達していく。自我には「実際や現実的なものや考え」が存在するとし、ほとんど意識の範囲にあって、少しは無意識の範囲も含まれている。超自我と混同されやすいが、欲動に批判的で罪悪感を体験させる内在化された規範が超自我、この規範に一致し自分がこうあるべき姿として思い描く姿が自我理想とされる。自我理想は超自我の一部として存在している。そもそも自我理想は、フロイトに言わせれば幼少期の頃に完全であった自分自身を反映したものであ

る。自我理想が高いほど、人は苦しむ経験をする。

超自我(Super Ego)：

　この範囲には「理想的なものや考え」が存在する。超自我には意識と無意識両方が含まれていて、エスと自我の間で物事を決めることに対して「裁判役」の働きをすると言われている。

　エス、自我、超自我の総合的な働き：

　フロイトの精神理論ではエス、自我、超自我は総合的な働きをする。例えば：お金が欲しいという意欲はエス（想像）から発生する。いくらなのかは関係なく銀行から下ろす目的だけで、例えば100万円を下ろすとする。それに対して、意識に存在する自我にその判断が問われる。自我として、実際に今日使うお金は5000円だけなので、5000円だけ下ろすことを認める。そうすると、100万円と5000円にあまりにも差があるからそこで考える。このタイミングで、超自我が出てくる。超自我は、理想的なことを言ってくる。今日は実際に服を買うために5000円だけはいるけれども多少余裕を持った方がいいとのことで、＋1000円で6000円に決まる。100万円は無理だということで両方（エスと自我）とも6000円で納得し、6000円だけ下ろす。もし、超自我がゆるい性格であれば絶対に6000円以上を下ろしていると考えられる。

フロイトの継承者：

1．アンナ・フロイト（Anna Freud、1895年12月3日 – 1982年10月9日）：ジークムント・フロイトの娘で、イギリスの精神分析家。児童精神分析の開拓者。幼児の防衛機制についての研究が名高い。

2．カール・アブラハム（Karl Abraham、1877年5月3日 – 1925年12月25日）：ドイツ最初の精神分析医。性格発達と精神疾患における乳児のセ

クシュアリティの役割、リビドーの発達、躁うつ病などを研究した。

3．アーネスト・ジョーンズ（Ernest Jones、1879年1月1日 - 1958年2月11日）：精神医学の応用を、宗教、神話、民間伝承、文学および芸術作品領域への分析までに広めた。リビドーの代わりに「ファロセントリズム」（Phallocentrism）現象を使用した。

4．メラニー・クライン（Melanie Klein、1882年3月30日 - 1960年9月22日）：クラインは遊びの具体的な意味を解釈しようとした。彼女は親の人物像が子どものファンタジー・ライフで果たした重要な役割を強調し、フロイトが考えるエディプス・コンプレックスのタイミングが間違っており、諸々の心理的葛藤が誕生直後から存在し、それが後の疾患の原因になると考えた。

5．ドナルド・ウィニコット（Donald Woods Winnicott、1896年4月7日 - 1971年1月28日）：精神療法にとって決定的なものとなった「支持的な環境」（holding environment）、「移行対象」（transitional object）、それから母親ならほとんど誰でも知っているのではないかと思われるほどになった「安心感を与える毛布」（security blanket）などを考えた。

6．ウィルフレッド・ビオン（Wilfred Ruprecht Bion、1897年9月8日 - 1979年11月8日）：精神病の精神分析の経験から、対象論、グリッド、思考の理論、コンテイナー・コンテインド理論など早期乳幼児期を念頭においた理論構築を精力的に行っていった。

7．ジャック・ラカン（Jacques-Marie-Émile Lacan、1901年4月13日 - 1981年9月9日）：「対象a」「大文字の他者」「鏡像段階」（Mirror Stage）「現実界」「象徴界」「想像界」「シェーマL」、認識論、セクシャリティの哲学、倫理学などの独自の概念群を利用しつつ、自己の理論を発展させた。

フロイトからの離反者：

1．アルフレッド・アドラー（Alfred Adler、1870年2月7日 – 1937年
5月28日）：自由精神分析学、個人心理学の専門者。戦争と大勢の負傷者・
とりわけその中でも神経症の患者を大勢観察する中で、アドラーは共同体
感覚こそが何にもまして重要であることを見出し、大戦終了後に共同体感
覚を個人心理学の最新の基礎として乳幼児の遊びを通しての研究活動を
した。クラスの様々な生徒への対処の仕方について助言を求める教師や、
子どものことについて助言を求める親にカウンセリングを行った

2．カール・グスタフ・ユング（Carl Gustav Jung、1875年7月26日 –
1961年6月6日）：精神科医・心理学者、分析心理学（ユング心理学）。人
格理論の内向性と外向性が有名である。スイス・チューリッヒにユング研
究所を設立し、ユング派臨床心理学の基礎と伝統を確立した。主導的役割
を演じることで、深層心理学・神話学・宗教学・哲学など多様な分野の専
門家・思想家の学際的交流と研究の場を拓いた。

3．フェレンツィ・シャーンドル（Ferenczi Sándor, 1873年7月7日 –
1933年5月22日）：精神分析学の中、虐待や心的外傷の研究を行った。子
どもの性的虐待の研究をした。彼はフロイトの一番弟子であったが、フロ
イトの医師として偏狭な態度には義憤を隠せなかった。患者を嫌い、一人
の人間としてあまり尊重しようとしなかったフロイト。フェレンツィは、
彼のこのような態度や、精神分析を絶対視するところに疑問を感じ、意見
をしたり批判をしたりしたが、フロイトからは見下され、受け入れてもら
えなかった。その後、周囲のフロイト派の人間からは半ば孤立するような
感じではあったが、フェレンツィは、患者に対しかなり自分の時間を割い
て治療に専念し、仕事に情熱を傾けた。

４．ヴィルヘルム・ライヒ（Wilhelm Reich、1897年3月24日 – 1957年11月3日）：精神科医で、オルゴン理論の提唱者。集団心理学で、オルゴン理論は一般に疑似科学とされているが、フリーセックスの風潮が生まれた1960年代に大衆的人気を得て、日本でも「セクシュアル・レボリューション」として名前を馳せることになった。

５．オットー・ランク（Otto Rank（Rosenfeld）、1884年4月22日 – 1939年10月31日）：出産外傷説が、エディプス学説と排反するという判断をフロイトからなされた。ランクは、誕生の時から始まる死への恐れと不死への欲求が人間の実存的な問題となることとした。心理療法に充実した活動を行った。

　ユングの分析心理学や、アドラーの個人心理学は、理論上の相違が大きいため、狭義の精神分析には分類されていない。しかし、無意識の存在を想定していることから、深層心理学の一派として分類される。

　日本では上記の自我心理学と対象関係論の紹介とその研究が中心となって行われている。特にフロイトの直属の流れを汲む精神分析理論がその紹介の中心となっている。精神病理に関しては投薬治療による脳精神医学的アプローチによる治療が大半を占めるので、精神分析は独自の発展を遂げているわけではなく、海外の精神分析の文献を紹介し、それらを吸収するのが基本であるとした。

夢の分析（Dream Analysis）：

　フロイトの夢の分析が有名である。夢は無意識を深く理解するための素晴らしい道だとした。夢は患者の無意識に抑圧されている内容が反映して現れる。そのために夢分析は患者を治療するための技法として有効に使用された。患者の見た夢を分析することによって、患者の無意識における葛藤や願望が分かるとされる。また、夢の理解を通じて患者に患者の無意識

的願望を告げることによって、ヒステリーや不安症が治ると考えられている。夢は浅い眠りの中で見られ、以前黙っていたことが意識にのぼろうとすることがそのままや何らかのことと合体した想像の形に出てくる。例えば：「不安なときは怖い夢を見る」ことも沢山報告されている。見た夢を覚えているなら「意識」、思い出せそうなら「前意識」、まったく思い出せないなら「無意識」に戻ったとした。

心的外傷：

　その個体が心的に耐えられないほどの破壊や侵襲を受け、そのために生じた心的機能の破綻が、長い間修復されることなく、その結果様々な悪影響を心身に色濃く残す場合、破壊や侵襲のもととなった出来事を個体にとっての心的外傷（トラウマ：Trauma）という。

　フロイトの初期の治療活動では、心的外傷は多いに注目されていたが、やがて「夢判断」以降には、「こんなに外傷を受けた患者が多いわけがない。これはクライエントの幻想である」といったように、フロイトの中で外傷概念に対する後退が起こった。ジャネが心的外傷の研究を続けたものの、1930年代には精神医学界を含めて、総じて心的外傷というものを集団否認している時代であった。やがて、第二次世界大戦やインドシナ戦争から帰還した兵士たちに戦争後ストレス症候群（ASD）などの症状があったので継続的に心的外傷の研究が行なわれるようになった。

フロイト以後の発展概念

自我境界

　フェダーンは、個々の体験のなかで自己の内と外を識別する境界線を自我境界（Ego Boundary）と呼んだ。自我境界は流動的であり、その体験が自我化されるか否かによって規定され、例えば：統合失調症の自我障害は、この自我境界の引き方の障害であるとされる。近年では、自我境界はさら

に皮膚自我の機能の研究として新たな展開を遂げている。

自己愛

　フロイトは幼児が発達する段階において存在する根源的な一次的自己愛(Self-love)と、一度発達してから退行することによって生じ、何らかの原因によって自我にリビドーが戻ってきて生じる二次的自己愛を区別した。前者は自体愛と呼ばれるものであり、身体の各部位にリビドーを備給する幼児期段階において発達する。後者は自我が成立してから発生するものと考えられており、対象に向かうはずのリビドーが自我に戻ってくることによって生じる現象として考えられている。フロイトは自体愛を人間の発達において必然的なものとして理解した。それは自己愛も同様に発達においては必然的に生じるものであるが、成人になってから生じる自己愛は病的であると考えている。

自己(Self)

　精神分析では、心の働きの主体としての自我（Ego）と、日常的な経験で「自分」として意識される自己（Self）を区別する。精神分析においては「自己」と言う言葉は殆ど使われていない。フロイトの初期の研究においては、自我は自己と同等の意味合いに近く使われていたが、後の研究では自己という言葉は明確に自我と区別されるようになった。事実フロイト自身は「自己」という概念にあまり注目していなかったようである。フロイトの書物では、自己という言葉を精神分析における明確な概念としては使用していない。後の対象関係論や自我心理学において、自己は自我と明確に異なる「自己のイメージ・自己表象」として理解されるようになる。メラニー・クラインにおいても自我と自己のその意味の混同は行われており、明確な区別は近年になってからである。ロジャースの自我心理学において自己を重要視するようになった。

自己同一性

　自己が常に一貫した存在であるという内的な体験を自己同一性（Self-Identity）という。エリクソンが規定した自己同一性の定義には、自分による主観的な自己という意味だけではなく、身分証明書に例えられるような社会や他者が承認する自己、すなわち客観的な現実性を持つ自己も含まれる。民族、家族、会社などどこかの集団に帰属する自己、「〇〇としての私」を統合するものは自我同一性（Ego Identity）と呼ばれる。よく言われるパーソナリティとの違いは、自己同一性（アイデンティティ）は社会的な文化的な性質を含んでいるものとされる。そのためエリクソンの発達理論やその概念では社会や文化との関係性が欠かせないものとなっている。自我心理学においては自我と自己の発達ラインは異なるのであり、同じ領域で語ることは出来ない。

フロイトの発達段階(Freud's Developmental Theory)：

　フロイトの心理学においては、人間におけるあらゆる生命活動と心的活動の源となる根源的な心的なエネルギーのあり方が、リビドーと呼ばれるある種の性的なエネルギーとして位置づけられたうえで、人間の心における心理的機能の発達のあり方は、そうした性的指向を持った心的なエネルギーとしてのリビドーの発達を原動力として進んでいくことになると考えられることになる。

　そうした人間の心におけるリビドーの発達段階のあり方をまとめ、以下のように、口唇期・肛門期・男根期/エディプス期・潜伏期・性器期と呼ばれる五つの発達段階へと分類された。

① 　口唇期（Oral Stage: 0～1歳半）…くちびるで性的欲求を満たす。
② 　肛門期（Anal Stage: 1歳半～3歳）…肛門で性的欲求を満たす。

③ 男根期/エディプス期（Phallic Stage：3歳～6歳）…性器で欲求を
満たす。

④ 潜伏期（Latency Stage：6歳～12歳）…性的以外で欲求を満たす。

⑤ 性器期（Genital Stage：12歳以降）…成熟した性器で欲求を満たす。

口唇期(Oral Stage)：

　0歳～2歳頃の時期に現れ、リビドーの中心がくちびるの周囲に限定さ
れ、心理面においては愛情や信頼といった人間にとって最も重要な肯定的
な感情の基盤が形成されていく段階。生まれた直後から生後2歳頃までの
乳幼児の時期に現れる口唇期（こうしんき、Oral Stage）と呼ばれるリビ
ドー発達段階であり、口唇期においては、リビドーの発達がくちびるの周
囲に限定されたうえで、乳児が本能的に母親の乳房や哺乳瓶を吸うといっ
た行為を通じて自らの欲求が充足されていく感覚としてのリビドーの充
足を得ていくことになる。それと同時に、心理面においては、自分にとっ
て必要な時に自分が望むものが与えられることへの安心感や、両親などの
保護者に対する信頼感などを得ていくことを通じて、自らの心の内に愛情
や信頼といった人間にとって最も重要な肯定的な感情の基盤が形成され
ていくことになると考えられることになる。

肛門期(Anal Stage)：

　肛門期は、2歳～4歳頃の時期に現れ、リビドーの中心が肛門や泌尿器へ
と移動し、心理面においては規律や節制といった他者と共に社会生活を営
んでいくために必要な行動原理が形成されていく段階。2歳頃から4歳頃
までの時期に現れる肛門期（こうもんき、Anal Stage）と呼ばれるリビド
ー発達段階である。肛門期においては、リビドーの中心となる体の部位が
口唇から肛門や泌尿器といった部位へと移動していったうえで、トイレッ
トトレーニング（toilet training）などを通じて、自分自身の意思によっ

て自らの排泄機能をコントロールすることができるようになることによってリビドーの充足を得ていくことになる。それと同時に、心理面においては、それまでのように自分の欲求のままに行動するだけではなく、周りの状況やルールに合わせて適切なタイミングを見て行動するようになることによって、自らの心の内に規律や節制といった他者と共に社会生活を営んでいくために必要な行動原理を形成していくことになると考えられる。

男根期(Phallic Stage)：

　男根期（エディプス期）は、4歳〜6歳頃の時期に現れ、主に異性の親に対して向けられる原初的な性愛感情が芽生えていくと同時に、その葛藤と抑圧を通じて自我や超自我やエスといった心の領域の分化と複雑な心理機能の形成が進んでいく段階。4歳頃から6歳頃に現れるリビドーの発達段階であるエディプス期（Oedipus Stage）または男根期（Phallic Stage）と呼ばれるリビドーの発達段階へと入ると、子どもたちは、漠然とした形ではあるものの、男の子と女の子の互いの体の違いを見比べていくことなどを通じて男女の性的な違いに気づいていくことになり、この段階において、のちの思春期の時期において現れる強い恋愛感情へと通じるような基礎的な性愛感情が芽生えていくことになると考えられる。エディプス期においては、そうした原初的な性愛感情は、自分にとっての最も身近で最も深い愛情を感じる相手である両親、特にそのうちの異性の親に対して向けられていくことになる。そうしたエディプスコンプレックスやエレクトラコンプレックスにおいて見られるような原初的な性愛感情を中心とする多様な感情の葛藤と抑圧を経ることによって、子どもの心の内部において自我や超自我やエスといった心の領域の分化と複雑な心理機能の形成が進んでいくことになると考えられる。

潜伏期(Latency Stage):

　子どもがちょうど小学校に入学する頃の時期である6歳から7歳以降の
学童期へと入るとリビドー発達段階は潜伏期（Latency Stage）と呼ばれる
段階へと移行していくことになる。潜伏期は、6歳〜12歳頃の時期まで続
く、リビドーが無意識の領域へと潜在化していくことによって、心理面に
おいて学習や記憶、論理的思考といった知的能力が大きく発達していくこ
とになる段階。潜伏期においては、その前の段階であるエディプス期にお
いて形成された、大人の人間と同様の複雑な心理機能の枠組みは維持され
たまま、性的な性質を持った心的エネルギーであるリビドー自体は無意識
の領域へと潜在化していくスポンサーリンクがある。こうした潜伏期の状
態にある子どもの心の内部においては、性的な指向の強いリビドーによる
干渉をあまり受けずに、大人の人間と同等に複雑で高度な働きを持った心
理的機能を用いた思考が積み重ねられていくことによって、学習や記憶、
論理的思考といった知的能力が大きく発達していくことになると考えら
れる。

性器期(Genital Stage):

　比較的長期間にわたる潜伏期を経たのちに、10歳から14歳頃までに始
まる思春期および青年期の時期へと入ると、リビドーの発達段階はその最
後の段階にあたる性器期（生殖期、Genital Phase）と呼ばれる段階へと
徐々に移行していくことになる。性器期は、12歳前後から始まる思春期お
よび青年期の時期に現れ、性器性欲を中心とする性愛感情が自分にとって
対等な関係にあるパートナーへと向けられていくことによって、心理面に
おいては適切な距離感を保った人間関係の形成や、理性と感情のバランス
のとれた理想的な人格形成を進めていくことが可能となる段階である。性

器期においては、肉体面では第二次性徴によって男女の間に明確な外形的性差が生じていくに呼応して、心理面においては性器性欲を中心とした性的エネルギーとしてのリビドーの解放が進んでいくことになる。性器期において生じる性器性欲を中心とする性愛感情は、エディプス期の段階における疑似的な恋愛対象であった異性の親に対してではなく、自分にとって対等な関係にあるパートナーへと向けられていくことになる。心理面においては、こうした性器期におけるリビドーの発達と性愛感情の成熟を通じて、恋人や友人との間の適切な距離感を保った人間関係の形成や、理性と感情のバランスのとれた理想的な人格形成を進めていくことが可能になると考えられる。

　フロイトの精神と発達心理学においては、人間におけるあらゆる生命活動と心的活動の源となる根源的、心的なエネルギーとしてのリビドーは、発達段階のうちの最後の段階にあたる性器期へと到達することによって、そうしたエネルギーの完全な充足が可能となる成熟した段階へと達していくことになると考えられる。

参考・引用文献

＊小林芳郎（2003）『心の発達と教育の心理学』保育出版社
＊長尾勲・武田忠輔・柳井修・昇地勝人（1998）『立体的・多角的に学べる新しい教育心理学』　昇地三郎（監）ナカニシヤ出版
＊ジークムント・フロイト
　https://ja.wikipedia.org/wiki/　2021年5月25日

第3章

子ども同士の葛藤場面をめぐる保育者対応の文化横断的考察
－中国・アメリカから日本をみつめる－

古賀野　卓

1. はじめに

　子どもが成長していく過程において、子ども同士のけんかやトラブルなど葛藤場面はつきものです。そのような場面に遭遇したとき、保育者は、それを避けるというより、子どもの社会性を発達させる好機として捉え、成長を促すような適切な援助が求められます。もちろん、援助といっても、そこには、保護者からの苦情につながるような噛みつきや怪我なども珍しくないので簡単ではありません。そういう意味でも、いかなる状況において、保育者のどのような具体的援助が適切であるかが課題となってきます。

　ところで子ども同士の葛藤場面に関して、海外に目を転じてみると、葛藤そのものをどうみるか、保育者がどう対応するかについて、決して一様ではないことがわかります。その例として、ここでは、アメリカと中国の子どもの葛藤場面をめぐる保育事例を取り上げます。あとでくわしく述べますが、国が違うだけで、その捉え方や保育者の対応の実際が大きく異なります。こうした違いの背景には、それぞれの国に根ざした文化・倫理・社会文化的な要因が挙げられます。それでは、こうした文脈に照らして、日本の保育場面を捉えたとき、果たしてどのように位置づけられるでしょうか。文化横断的な視点に立って私たちが当然のことのように考えている保育実践を見つめ直すことがこの章のねらいです。

2. ある中国人家族のエピソード

　はじめに取り上げたいのは、ある中国人の女の子がアメリカで経験した出来事です。このエピソードが紹介されていたのは、幼児教育の研究者で

あるアンドット氏とルオ氏が共同で書いた論文[1] です。アメリカの大学院で博士号の取得をめざして頑張っているチュンランさんという中国人女性がいました。その女性のもとへ一緒に暮らすためにはるばる中国から娘さんがやってきました。母親と再会し、念願だったアメリカの幼稚園に通えることになり大喜びも束の間、その娘が信じられないようないじめにあったというのです。「中国ではぜったいあり得ない」というチュンランさんの話を聞き、アンドット氏とルオ氏は真相を探るべく実際に中国を訪問し、幼稚園の先生たちにインタビュー調査を行いました。論文はその調査内容をまとめたものでした。まずは、そのエピソードについて紹介します。

　　チンという名前の5歳の女の子が、中国から母親のいるアメリカ北東部にやってきた。母親のチュンランは、アメリカの大学で博士号の取得をめざして頑張っていた。チンは、久しぶりに母親に会えたことが嬉しかったし、アメリカの幼稚園に通うことでワクワクしていた。登校初日、チンは、真新しいリュックを背負い、意気揚々とスクールバスに乗り込んだ。英語は全く喋れなかったが、全く心配していなかった。母親から、通訳の人がいるから大丈夫、と聞いていたからだ。ところが、毎日のように、そのスクールバスではいじめを受けた。他の子たちから靴を投げられたり、唾を吐かれたり、髪を引っ張られたり、言葉の暴力も受けていた。

　だがチンはその経験を乗り越え、一生懸命に勉強を続けた。やがて 9歳になった。英語の読解力は小6レベルで、算数は、中1レベルの学力まで伸びた。勉強は好きだったし、とくに詩を書くことが楽しかった。チンの母親は、無事に博士号を取得できた。そして、新たな職を得るために家族で中西部の街に移った。チンは新しい土地で小学校に通える

と、とても喜んでいた。登校初日、チンは昼食に大好物の餃子を持っていこうと思った。学校ではアジア人は自分一人ということに気がついたが、新しい友だちをつくるチャンスと前向きに捉え、授業も楽しみだった。待ちに待った昼食の時間。チンが弁当箱を開けたとたん、たくさんのクラスメートから笑われた。ひとりは「日本人だから箸を使うんだろ」と言った。チンは「私は日本人じゃない、中国人よ」と言い返した。他の子どもたちも「裏庭に穴を掘れよ。そしたら、中国に行けるぞ。こいつは地球の反対側から来たんだぜ（笑）」とからかった。

　チンは悲しくなって弁当箱を閉じ、いっさい手を付けなかった。だが、教師たちはこうしたやりとりを見ていても、まったく間に入って止めようとしてくれなかった。それから1週間後のこと。体育の時間、チンは運動場で故意に押し倒されて、眉の上を4針も縫うほどの大怪我をした。母親がはじめて学校から連絡を受けたのは、チンが病院の救急処置室にいるときだった。娘に怪我をさせた子どもからは、謝罪の言葉もいっさいなかった。チンの家族は、怪我をしてはじめてチンが学校でいじめを受けていたことを知った。それまで、学校からはまったく知らされていなかったのである。母親は信じられなかった。中国の自分が育った村では、子どもたちの間でこういうことはまず起こるはずがないと思った。教師たちがいじめの問題に関わろうとしないこともショックだった。その事実を知っていても親に知らせないこともショックだった。

3．中国の保育現場で大切にされていること

　以上が、アメリカで、ある中国人家族が経験したエピソードです。アン

ドット氏とルオ氏は、チュンランさんの話を聞いて、「中国では本当に幼い子どもたちの間でこういうことは起きないのか」と、関心を抱きました。そこで、彼らは、揚子江沿いの10都市から、40の幼稚園をランダムに抽出し、保育者たちに次々とインタビュー調査を敢行したのでした。その質問内容は、「チンが経験したような状況に自分たちが遭遇したら、実際にどのような対応をするのか」、「いじめのような問題が起きないようにするために何を日頃から気をつけているか」というものでした。

　まず、著者たちは調査に先だって、中国の幼児教育の概要をまとめています。日本の文部科学省にあたる中華人民共和国教育部は、すべての幼稚園に対して、標準的なカリキュラムを定めていて、テキストに基づいて授業が進められるそうです。それは、「健康」、「理科」、「算数」、「芸術」、「中国語」という5つの教科で構成されていますが、「健康」のねらい一つに、「社会的に情緒的に健全であること」というのがあって、保育者はつねに、家族のニーズを理解しながら、子どもの「心の健康」に気を配っているというものでした。

　具体的には、子どもを園の始業時間よりも早く受け入れる必要があれば、保育者が園で待機をしたり、保護者が子どもを園に連れていくことが難しければ、保育者が家に寄って、子どもを園に連れていくこともあるそうです。また、子どもが病気で家にいるときは、保育者が家に宿題を持って行ったりします。祖父母が近くに住んでいなかったり、父親が出張中ということであれば、保育者が30分かそれ以上、家で子どもの世話をすることもあるというのです。

　調査を通じて、子どもが、園の環境において自分が受容されていると安心感を抱くことができれば、心の健康が保たれるということ、さらに保育者は日頃から子ども一人ひとりをしっかりと観察して、元気が出るような

言葉かけを欠かさないようにしていることがわかりました。このように、中国の保育者たちは、子どもの成長・発達にとっては、「社会的に情緒的に健全であること」が最も重要と考えており、保育者が、子どもの生活面すべて直接に関わっているため、明らかにいじめとわかるような行動が起きることはまずないとのことでした。また、中国の子どもたちは、おもちゃの取り合いなどはめったにしません。というのも、園では、それぞれの子どもにおもちゃが割り当てられて、自由に選べないようにしているからです。

　さらに、中国では、学級にもしも支援が必要な子どもがいたら、教師と保護者が協力しあって支え合うことが求められています。また、そのことを子ども同士でも共有し合って、お互いを思い合えるようなクラスづくりを心がけています。つまり、そのようなクラスづくりを通して、社会的に情緒的に健全な子どもたちが育つと考えられているのです。

４．アメリカの保育現場で大切にされていること

　国が違えば、子ども同士の葛藤場面に保育者がどう対応するかも異なるようです。アメリカの保育現場ではどうなのか、アリゾナ州立大学のストローム氏らが興味深い論文[2]を発表しています。アメリカにおいても、社会性の獲得、つまり子ども同士が切磋琢磨しながら、葛藤を乗り越えて仲間同士の関係を築くことが重要であることは理解されています。しかしながら、幼児が互いに貴重な影響を与え合うためには、子どもが集団で過ごす時間は、ある程度限定されるべきであるという考え方がアメリカにはあるようです。

　どういうことなのでしょうか。アメリカにおいても他人とうまくやって

いくことの重要性は家庭においても、保育現場でも十分理解されています。しかし、その前提にあるのは、プライバシーの尊重であり、お互いの権利の確立にあるようです。その能力を身に付けることで、仲間との対立が生じたときに、大人の判断に依存するのでなく、幼児たちが自分たちでよりよい判断ができるはずであるという考え方があるというのです。つまり、子どもたちを集団保育のなかで過ごす時間を与えすぎてしまうと、逆に社会的なスキルを損なうことになるというのです。こうしたアメリカの保育現場における捉え方が象徴的にあらわれているエピソードをストローム氏が紹介しています。先の、中国とのエピソードとの違いを意識しながら読んでください。

事例1

　キャロルとデールの2人は、幼稚園に通っている。キャロルが泣きながら保育者のところに行き、「デールがいっしょに遊んでくれない」と言う。保育者はキャロルの気持ちを認めながら、一緒にデールと話をしてみようと提案する。話によると、デールは自分ひとりで動物園をつくりたいと思っており、人に助けてもらいたくないという。それでもデールと一緒に遊びたいというキャロルに対し、保育者は、デールがだれかの縄張りを侵すしているわけではないので、キャロルは他の誰か、もしくは一人で遊ぶようにと諭した。保育者は、デールのプライバシーを守る方を優先したのである。

事例2

　4歳のジムは、週末に電車の駅と線路を見に行った。月曜日の朝、ジムは幼稚園に着くとすぐ、ブロックで駅と線路をつくろうと考えた。だ

が、彼がその機関車庫をつくろうとした場所は、ブロックのある棚のすぐ近くだったため、他の子どもたちがブロックを取りに行けなくなった。それを見た保育者は、「ジム、あなたの機関車庫のせいで、みんなブロックの棚に行けなくなっているのよ」と言った。そして、保育者は「ジム、他の子どもたちも遊べるように、機関車庫をどこかに移せないかしら」と提案した。しかし、ジムは意地を張って、動かそうとしなかった。さらに保育者は「動かしたくないのはわかるけど、どこかほかの場所を見つけてほしいわ」と言う。しかし、ジムは「もうつくってしまっているから動かせない」と聞き入れなかった。保育者は、機関車を窓のそばに移動させることを提案したが、ジムはそれも聞き入れなかった。保育者はさらに「先生も手伝うから、それとも自分でやる？」とたたみかけた。すると、ジムは、機関車庫を崩し、自分で窓のそばに移動させた。そして、皆がブロックを取りに行けるようにした。ジムは、まるで何事もなかったかのように、すぐに機関車庫を作り始めた。

この２つの事例について、ストローム氏はドミニオンプレイという概念を用いながら、子ども同士の葛藤場面をめぐるその行動の意図を説明しています。ドミニオンプレイとは、遊びの場面における、子どもが遊び場の占有権や玩具の所有権を、つまり、自分のなわばりを主張する行動のことです。この行動は２歳児から６歳児に見られるものですが、アメリカの保育者にとっては、この場面に遭遇したときは、「権利」について互いに話をする良い機会と捉えているようです。

　事例１の場面で言えば、保育者が、デールの意思に反して、キャロルを動物園づくりに無理やり参加させることをすれば、デールのなわばりを侵すことになります。そうなれば、２人の人間関係はますます悪化するとい

う判断があったのでしょう。キャロルが同じ状況になれば、保育者はキャロルのプライバシーも守ります。ここにあるのは、保育者（大人）が自分たちのプライバシーを守ってくれないと子どもが感じてしまえば、子どもに自信よりも無力感を育ててしまうことになるという考え方です。

　事例2について言えば、他人の権利を妨げているようなドミニオンプレイに対し、保育者がどう対応するかという例です。こういう場合は、限度を設けなくてはなりません。ただし、子どものなわばりを否定するのではなく、他の子どもの要求も満足させることができるように、なわばりを制限するという考え方です。保育者はジムに対し、機関車庫を片づけなさいとは言わず、ほかの場所に移動することや手伝ってもいいという提案をしています。こうして子どもは、互いのプライバシーの存在を理解し、権利を調整しながら、うまくやっていく方法を身に付けます。こうした経験の積み重ねが社会性を育てることにもつながり、プライバシーを尊重されれば、子どもは過剰に自己防衛する必要もなくなるというわけです。

　ストローム氏は、言います。大人たちは子どもたちの葛藤場面に遭遇すると、すぐに皆仲良くすべきと子どもに勧めるが、大人たち自身、この不当な要求、つまり皆と仲良くすることができていないではないかと。そういう意味でも、子どもは友だちを選ぶことを許されるべきだ、というのです。一緒にいたいとは思えないクラスメートと少し距離をおくことや、この子と一緒にいたいという子どもの思いを尊重すること。そういう対応が子どものプライバシーについての認識をさらに深めることにつながるというのがアメリカの保育の考え方なのでした。

5．中国とアメリカで対応が異なる背景について

　これまで述べてきたことと関連して、北京の女子大で幼児教育を教えている王氏も、「中国とアメリカの子ども同士の葛藤をめぐる対応の文化横断的比較」という論文[3]のなかで、両国の幼稚園教諭を対象に興味深い調査を行っています。その内容は、実際にそのような対応の違いが見られるのか、もしあるとすれば、その根底にどのような文化・伝統・価値観の相違が見られるのかという研究です。

　　調査では、中国から92名、アメリカからは76名の幼稚園教諭が無作為に選ばれ、中国ではインタビュー調査、アメリカでは書面による調査がなされました。ここではエッセンスだけを紹介しますが、やはり保育者の対応に関して、両国間に明らかな差異が見られたというのです。たとえば、中国の幼稚園教諭は、そうした場面に遭遇した際は、葛藤の解決過程に直接介入して、その解決を積極的に手助けしたり、あるいは子どもに説教をするという場面が比較的多いことがわかりました。また、アメリカの幼稚園教諭は、子ども自身で解決をさせる傾向が比較的多く、子どもの同士の衝突によって引き起こされる感情や気持ちの変化に注意を払いながら個別指導を行っているというのです。

　王氏によると、両国の幼稚園教諭は共通して、子どもがこうした問題を解決するために、表現力・コミュニケーション力・意思疎通・交渉力など、様々な能力が必要であると応えています。しかし、より細かく分析すると、その認識には両国に差異が見られるというのです。つまり、中国の幼稚園教諭は、譲り合い・寛容さ・友情・礼儀・善し悪しの判断、共有と協力など道徳的品性や共同体としてのふさわしい行動を育成することを強調しているのに対し、アメリカの幼稚園教諭は、自己管理能力の育成に力点を

おいて、子どもの自信や自尊感情、気持ちと行動の調整やコントロールによって、衝突を減らすことをめざしているというのです。

さらに興味深いことに、そうした解決能力を高めるために、どのようなことをしているかという問いに対しても、両国間に差があることがわかりました。中国では、コーナー遊び、協同遊び、体育・音楽・絵画制作、絵本、ロールプレイなどを通して、協力・交渉・譲り合い・待つこと・友だちづくりを教えている一方、アメリカでは、コミュニケーション・スキルと同時に自己管理能力を伸ばすことに力を入れているということです。具体的には、協力し合うことが必要な遊びを多く取り入れたり、礼儀と友情について書かれた文学作品を読み聞かせたり、集中したりリラックスしたりするための訓練、注意して人の話を聞く訓練、ロールプレイングなどをあげています。

王氏は、こうした違いは、両国の文化や伝統、価値観、道徳などの社会文化的背景の違いから生まれるとしています。中国は、儒教文化の伝統があり、「和を貴ぶ」「平和共存」など、人と人のつながりに博愛・友好・長幼の序・礼儀・譲り合いなどの行動規範があります。こうした文化においては、葛藤そのものに対して、マイナスのイメージを中国人が強く持っているとしています。調査のなかでも、一部の幼稚園教諭は、幼児同士のけんかを「不良行為」とみなしており、頻繁に衝突を起こす子どもを「問題児」と呼んでいることがわかりました。

アメリカは、移民国家であり、個人主義を尊ぶ国です。人々は自由で、民主的な価値を重んじ、競争心やチャレンジ精神が旺盛です。こうした文化のもとでは、子ども同士のコンフリクトに関して、幼稚園教諭はあまりマイナスなイメージをもっていません。そのため、葛藤場面に遭遇した保育者らは、子どもに自分で葛藤状況を解決させることを奨励します。こう

してみると、冒頭で紹介した中国の女の子が、幼稚園や小学校で執拗ないじめを受けていても、母親が期待するような教師の介入が見られなかった理由が想像できます。

6．日本の保育者はどう対応しているか

　それでは日本の保育者は、子ども同士の葛藤場面にどのように対応しているのでしょうか。こうした場面における保育者の対応について詳細に分析した研究は少ないですが、いくつか散見されます。ここではそれを紹介します。

　まず、中川氏の研究[4]によると、3歳児においても、5歳児においても、日本の保育者の場合、コンフリクトにおいて弱者の立場にある子どもの気持ちを確認し、代弁するという援助を繰り返し行うことによって、子どもが自発的に相手の感情を理解し、誠実な謝罪をするように導くようにしている傾向があるということです。さらに、松原氏と本山氏の研究[5]によると、4歳児を対象にした事例ですが、子どもの対応能力に限界があることから、トラブルの発生をクラス全体に伝え、当事者でない子どもたちとともに解決の方法を探っているという事例がありました。さらに、水津氏と松本氏の研究[6]は、4歳児クラスにおける保育者の「気持ちを和ませる介入」に注目しています。そのねらいとしては、4歳児の担任である保育者が当事者である子どもの葛藤場面における興奮や緊張状態を緩和し、自分の行動を振り返る機能や対人葛藤によって生まれたネガティブな気分を切り替えるという役目を担っているということです。また、松原氏の研究[7]は、5歳児クラスにおいて、保育者が「話し合い」を促す介入を積極的に行っている事例を取り上げています。保育者がこれを促すことによっ

て、子ども同士が合意して葛藤を解決したり、クラスのほかの園児たちが、「自分たちの問題」として認識したり、保育者に答えを求めずに、自分たちで考えるきっかけづくりを行っているというわけです。

　検討事例も少ないために、日本の保育者の葛藤場面における対応について、ここで容易に一般化できるものではないと思います。しかしながら、中国の事例でもみられたように、日本の保育現場でも、そうした場面においては、保育者が問題解決に積極的に介入して、子ども同士が良好な人間関係が保てるように支援していく傾向はみられると思います。ただ、中国のように、衝突そのものを「問題行為」とみなすよりも、日本の保育者たちは、子どもたちがその葛藤を乗り越えていくことで、人とかかわる力や自分の気持ちを相手に伝える力を身につけるというように、成長のための機会として捉えているのではないでしょうか。

　その一方で、アメリカにみられるように、葛藤場面において、ある意味、突き放すように子どもたち自身で問題解決することを奨励しているわけではありません。個性の尊重が求められながらも、日本の場合、集団における秩序と調和が前提としてあることは否めません。というのも、葛藤が生じても、時間をかけてじっくりと子ども同士が向き合うというより、短い時間のなかで、比較的平和な方法でトラブルをおさめて仲直りをさせるのが定型化しているようにも思えるからです。そういう意味では、日本の保育は、中国とアメリカの、まさに、あいだに位置づけられるのではないでしょうか。

7．おわりに

　子ども同士の葛藤場面をめぐる保護者対応の差異は、それぞれの国が長

い歴史のなかで培ってきた文化・倫理・道徳・子ども観・保育観など多くの要素に影響を受けて生まれてきたものです。それゆえ、どの対処方法が子どもの成長・発達にとって妥当性があるかどうか、一義的に判断することはできません。しかしながら、これらの事例は、子ども同士の葛藤場面をめぐって、保育者にとって次の2つの実践的な指針を提示してくれます。

　まず、そのひとつ目は、葛藤が子どもの成長にとって、どうして重要であるのか、保育者は十分に認識する必要があることです。トラブルの発生は、双方の子どもにストレスをもたらし、場合によっては、激しい攻撃性を誘発したり、逆に萎縮させてしまう可能性があります。そういう意味で、なるべく衝突そのものを回避させたいと思う保育者が多いのもわかります。しかし、保育者は、葛藤に対して適切に対応を行うことで、子どもに心理的な成長をもたらすことができるというプラス面への認識を育てておく必要があります。というのも、子どもは、葛藤を解決していくプロセスにおいて、自分の気持ちを相手に伝わるようにようにする表現力や、相手の立場に立って、他者の意見に耳を傾ける力を確実につけていくからです。こうした経験を積み重ねていくなかで、コミュニケーション・スキルはもちろんのこと、道徳的な判断力も自然に身につけていくことになると思います。この認識に関しては、中国もアメリカも関係なく、共通した指針として捉えていいのではないでしょうか。

　もうひとつは、子ども自身が葛藤を乗り越えるための具体的な支援について保育者が保育技術を磨くことです。葛藤を未然に防いだり、回避するばかりだと、子どもの成長の機会を奪うことにもなりかねません。多くの場合、トラブルが生じた際は、保育者に助けを求めたり、相手を攻撃したり、逆に逃避したりと、子どもたちの反応もさまざまでしょう。子どもたちが葛藤に勇気をもって向き合うために、保育者がたくさんの対応の引き

出しをもっておくことが求められます。いざというときに保育者が支えて
くれることは安心です。園行事や日頃の保育活動において、どういう場面
でそのような衝突が起きやすいか、その際、どのように行動することよい
のかを、子どもたちに具体的に指導するのはどうでしょう。攻撃的な関わ
り方を葛藤解決の手段とする傾向のある子どもは、感情コントロールを学
ぶ必要があります。葛藤を回避する傾向のある子どもにとっては、乗り越
えるための心のゆとりや自分で踏み出す勇気をもつことも大切です。いず
れにせよ、それらの支援方法が、一部保育者の個人的経験ではなく、園に
いる保育者すべてに共有される確かな技術となるならば、子どもの成長に
ふさわしい環境づくりに一層寄与することは言うまでもありません。

注および参考文献

1) Arndt, Janet S & Lili Luo(2008) Exploring Bullying An Early
   Childhood Perspective from Mainland China. "Childhood Education".
   Volme84
2) ロバート D. ストローム、パリス S. ストローム（2010）　【アメリカ】
   幼児期における対立と協調」『世界の幼児教育レポート』より
   (https://www.blog.crn.or.jp/lab/01/28.html)（2021年4月16日）
3) 王練（2008）　【中国・アメリカ】中国とアメリカのコミュニケーションに
   おける衝突についての文化横断的比較『世界の幼児教育レポート』より
   (https://www.blog.crn.or.jp/lab/01/09.html)（2021年4月17日）
4) 中川美和(2004)　「4,6 歳児の対人葛藤に対する保育者と幼児の介入行動」
   『広島大学大学院教育学研究科紀要』第三部　第53号　pp.325-332。
5) 松原未季・本山方子(2013)　「幼稚園4歳児の対人葛藤場 面における協同
   的解決：非当事者の幼児による介入 に着目して」『保育学研究』第51巻2
   号　pp.39-50。
6) 水津幸恵・松本博雄(2015)　「幼児間のいざこざにおける 保育者の介入行
   動：気持ちを和ませる介入行動に着目して」『保育学研究』第53巻3号
   pp273-283。
7) 松原未季(2017)　「幼稚園5歳児の対人葛藤場面における 教師の援助：『話
   し合い』を促す介入に着目して」『教育システム研究』第12巻　pp.69-81。

第4章
青年の「知的基盤」を支えた学び
－受験・進学に着目して－

山本　尚史

1．はじめに

　日本の子どもたちは学校教育制度の中でどのように育つのでしょうか。誕生から幼児教育、初等教育を経て、中等教育、高等教育へと進学する子どもが増えていることは、日本社会において当たり前になりつつあります。近年は、働く者がより高い専門性、最新の研究成果を学ぶために学び直しを志す傾向も強くなっています。文部科学省によれば、高等学校（国公私立の全日制・定時制併せて）への進学率は1950年：42.5%、1965年：70.7%、1974年：90.8%、2020年：95.5%と、義務教育を終えた子どもたちのほとんどが高等学校へ進学しています。また、大学への進学率は53.7%（短期大学を含めると58.1%、高等教育機関全体で考えると82.6%）と高等学校卒業者の半分以上の割合です。加えて、2015年度における社会人学生（大学・専門学校等における社会人受講者数（大学公開講座は除く））は約49万人にのぼり、多くの社会人が働きながら学び続けています。これらの数値が示す現代社会の教育の在りようは、生まれてから生涯にわたって、私たちが"学び"を継続していることを顕著に表しています。そのような私たちの社会において、教育・保育を学ぶ者、それに携わる者は、子どもたちが将来どのように"学び"続けていくのかを考える必要があるのではないでしょうか。その切り口として、子どもに課せられた受験・進学に着目しましょう。

　私たちの学びを考える時、子どもから大人への成長過程で、どのような教育環境で育ち、どのような考え方を身につけてきたのか。そして教育・保育のプロセスにおいてどのような人間関係を築いてきたのか。こうしたことは教育・保育に携わる私たちが共通して、子どもの成長に必要不可欠

なものと考えているでしょう。「認知的能力」「非認知的能力」の双方の成長が注目されている今日において、ヒトの成長過程で築かれるこれらのものを「知的基盤」[1]と呼ぶ試みもあります。「知的基盤」がどのように築かれるのかという視点も、子どもの成長に携わる私たちにとって大事な視点だと思います。

　本章では、幼児期、児童期から青年期へと成長していく子どもの学びを、「知的基盤」という概念を意識して考えていきたいと思います。その際、現代の日本では幼児教育から大学進学まで多くの子どもが経験する受験・進学に着目します。子どもたちが成長する中で、今や避けられない受験と進学は、子どもの育ちに大きく関わるものです。また、子どもは学ぶプロセスで学歴を獲得していきます。私たち教育・保育に関わる者は、この受験・進学というものと関わりながら、現在まで学び・働いてきました。厳しい受験競争をどのように克服するか・解消するか、という議論も行われて久しいですが、子どもたちに、受験・進学を避ける術を伝えることも出来ないのではないでしょうか。天野郁夫が「試験は教育だけでなく、職業の世界とも深く関わっている」と述べるように、受験・進学を経験しながら、学び続けていくことになるのではないでしょうか[2]。

　そこで本章では、私たちがどのように受験・進学と向き合ってきたのかという観点から、まず①戦前の教育制度の誕生と展開を振り返ります。そして②子どもがどのように受験・進学の中に組み込まれていったのかを確認しましょう。最後に③受験・進学という営みが、日本社会にもたらしたものを考えてみましょう。この３つの点をヒントにして、今日生じる様々な教育課題を考えるきっかけになればと思います。

　なお、本章が扱う時代は明治時代、大正時代とします。

２．近代教育制度の誕生・展開　「中学校」「高等学校」「大学」

(1)　「中学校」は一部のエリートに開かれた学校だった

　日本に近代教育制度が成立したのは 1872 年の学制がきっかけです。学制では日本全国を 8 大学区（1 大学区に 1 大学を設置）に分け、1 大学区を 32 中学区（1 中学区に 1 中学校を設置）に分け、1 中学区を 210 小学区（1 小学区に 1 小学校を設置）に分けて、学校教育を根付かせようと計画されました。明治時代、政府による教育の拡充に向けた動きは、小学校の設置をその主眼において進められました。しかし実際には、この計画は順調には進みませんでした。その理由の一つに小学校に子どもを通わせたくない、という考えが見られたことです。江戸時代から明治時代へと変わっても、人々の生活スタイルも即座に変化することは難しかったのです。そのため、労働力、家事を手伝う子どもを小学校に通わせることは、家の仕事を分担する者の減少となります。その結果、家に大きな負担をかけることになりました。そのため小学校に子どもを通わせることに反対する親も多く見られたのです。

　順調に設置が進まず小学校教育の充実が見られなかったことから、1886 年、当時の文部大臣・森有礼は「小学校令」「中学校令」「帝国大学令」「師範学校令」を整備し、近代学校制度のより一層の充実を目指し、教育内容の国家による管理を進めました。そして小学校、中学校、師範学校を「尋常」「高等」の 2 種類に分け、帝国大学を「（分科）大学」と「大学院」に分けました。この時、日本で初めて小学校が義務化されます。中学校や師範学校の整備もこの後、加速し、子どもたちは「小学校」を卒業後、「中学校」などへの進学が可能になります。ただし、「中学校」などの教育機関は、

設置された学校数が少なく、一部の裕福な家庭の子ども、社会的地位の高いエリート層に開かれた学校に過ぎませんでした。

(2) 資本主義の発達と中学校への進学意識の高まり
　－明治～大正時代－

　大正時代になり資本主義が発達してくると、農業や漁業、林業といった産業に加えて、工場での労働に代表される製造業の増加が見られるようになります。都市の発達も全国的に進み、給与所得で生活を営む人たちが増加するのです。そうした人たちは田舎の家業は継がず、都市で新たに家庭を築き生活を始めます。仕事の際、職場の上司や仕事の相手先、役所などには「中学校」を卒業した人、もしくは稀に「帝国大学」を卒業した人が見られるようになってきました。親心としては自分の子どもにも「中学校に行かせてやりたい」「願いがかなうなら大学にも行かせてやりたい」と考えて不思議ではありません。子どもとともに親が勉強に取り組む姿が見られるようになります。また進学実績のいい中学校に入れたいという欲求から、小学校の早い時期から受験勉強が始められるなどの現象も出てくるようになりました[3]。

　こうした親心を刺激するように大正時代には、子育て知識の一つとして「受験」に関する情報が、雑誌等で提供されていました。その背景には、「中学校」や「帝国大学」の卒業者への社会的関心・地位の高まりが考えられます。今の私たちの感覚では当たり前に通う「中学校」も、当時は一部のエリート候補の子どもたちが通う教育機関であり、男子のみに開放されていた教育でした。また、「中学校」も「尋常中学校」と「高等中学校」で分けられており、試験等による選抜に合格しなければ、進学できませんでした。そして「高等中学校」への進学が叶ったならば、その卒業生は試

験を受けることなく、最高学府の「帝国大学」への進学が約束されるなど、進学の保証がなされていました。しかしその一方で、「中学校」に進学する際には高い学力と厳しい競争に勝ち抜かなければなりませんでした。

(3) 女子は高等女学校へ
－男子の「中学校」とは性格が異なる教育－

　男子のエリート教育は「中学校」からでしたが、女子はどこに進学したのでしょうか。女子には「高等女学校」という教育機関が設けられました。男女別学が当たり前だったのです。1891 年に「中学校令」が改正され、「高等女学校」は「尋常中学校」の一つとして位置づけられました。男子の「中学校」は教育制度の中での位置づけがなされてきたのとは対照的に、女子の「高等女学校」は制度的な位置づけがなされることなく、この時まで広がっていました。

　その後 1899 年に「高等女学校令」が制定され、4 年間の女子教育制度が制度として確立します。この学校に通った女子は、裕福で親の社会的地位も高いことが多く、教育内容は「良妻賢母」という言葉で表現されることが多いものでした。女子は家庭を守り、家の物事が円滑に行える素養を育むことが目指されました。戦前の日本社会の在りようを学ぶ人文科学や社会科学の基礎はもちろん教育内容に入っていましたが、「家事」「裁縫」というような家庭生活に直結する学びが行われていました。

(4) 「高等学校」の誕生　1894 年から 1918 年へ

　「中学校」を「尋常」と「高等」の 2 つに分けて設置したことを先に述べました。この 2 つの「中学校」が同時に存在しましたが、文部省の『学制百年史』には「同時に二種の中学校の役割機能の差異が社会階層に対応

させて考えられていた」と述べられており、明確に2つの中学校の役割が分けられていました 4)。さらに「高等中学校は「社会上流ノ仲間ニ入ルベキモノ」、「社会多数ノ思想ヲ左右スルニ足ルベキモノ」を養成する所であり、尋常中学校は「社会ノ上流ニ至ラズトモ下流ニ立ツモノ」ではなく、すなわち中流の社会にはいるべき「最実用ヲ為スノ人」を養成する学校である」と当時の文部大臣が説明していたことも紹介されています 5)。つまり、社会において活躍する場所が、どこで学んできたかによって左右される世の中になってきていたことが伺えます。高等中学校や帝国大学の卒業生は、官僚や政治家、教師などの職業に就く者も多く、進学・学歴によってその後の活躍が大きく変わることが、読み取れます。

この「高等中学校」が 1894 年に「高等学校」となりました。1880 年代後半から「立身出世」への憧れと意欲の高まりとともに、生徒がより高度な知識を学び、社会で活躍することが期待されていきました。そうした中で「高等学校」が誕生しました。単に名称の変更が行われたのではなく、「大学への基礎教育を施すばかりでなく、専門教育を授けることを主要な目標としていたのである」とされ、「専門教育」を重視する教育機関として誕生しました 6)。

この「高等学校」をめぐっては、その設置された学校数の少なさから、増設を希望する声が全国から挙がりました。特に第一次世界大戦後の日本の国際的地位の向上、工業国としての地位の確立、近代化の推進のためには、教育の充実が欠かせないものと考えられました。そのため 1917 年の臨時教育会議という場で、高等教育を充実させる答申がなされました。この答申を受ける形で、1918 年に新たな「高等学校令」が制定されました。この新たな「高等学校令」で「高等学校」は「男子ノ高等普通教育ヲ完成スルヲ以テ目的トシ特ニ国民道徳ノ充実ニカムヘキモノトス」とされ、大学

における専門教育の準備のための教育から、高等普通教育を行う場であることが示されました。

　このような改革をきっかけにして、高等学校が全国に拡大していきます。1918年までは第一高等学校（東京）、第二高等学校（仙台）、第三高等学校（京都）、第四高等学校（金沢）、第五高等学校（熊本）、第六高等学校（岡山）、第七高等学校（鹿児島）、第八高等学校（名古屋）のナンバースクールと呼ばれる官立高等学校のみが設置されていました。1919年以降、新潟、松本、山口、松山にも官立高等学校が設置され、さらに富山高校、浪速高校、東京高校などの公立高等学校、成蹊高校、成城高校などの私立高等学校も設置されました。その結果、高等学校に在籍する学生数は6792人（1918年）から17000人（1936年）へと急増することになりました[7]。

(5)　「大学」の増設　受験競争の拡大

　高等中学校、高等学校で学んだ人たちの進学先として大学がありますが、1918年以降に行われた高等学校の全国への拡大は、ほんの一握りの人たちが享受することができた高等教育への進学を、より多くの人に開くことになりました。高等学校の進学機会の増加に伴い、卒業後の進学先である大学も増えることになります。1886年に「帝国大学令」によって帝国大学が設置されたのを皮切りに、1897年に京都帝国大学が設置されました。京都帝国大学の設置に伴い、帝国大学は東京帝国大学へと名称を変えることになります。その後も、1907年に東北帝国大学、1911年に九州帝国大学、1918年に北海道帝国大学が設置されました。

　1918年は新たな「高等学校令」の制定がなされましたが、同時に「大学令」も制定されました。高等学校卒業者を十分に収容するだけの大学が設

置されておらず、入学希望者があふれ出ることとなりました。その結果、帝国大学に加えて、医科大学、商科大学、私立大学なども全国に設置されていくことになりました。戦前の大学拡大期とも言えるこの時期に、東京商科大学（現・一橋大学）、金沢医科大学（現・金沢大学）、長崎医科大学（現・長崎大学）などの官立大学、慶應義塾大学、早稲田大学、同志社大学などの私立大学が、多数設置されていきます。

3．受験・進学希望者の学習方法

(1) 青年の進学要求を支えた「進学案内書」

　これまで、明治・大正時代を中心に教育制度を概観してきました。「尋常中学校」、「高等中学校」「高等学校」「帝国大学」など、小学校での学びを経た人たちが、進学先に選んだ・希望した教育機関です。これらの教育機関に進学するのは、様々な制約がありました。まず、金銭的問題です。中学校、高等学校、大学を受験・進学する人たちは限られた人たちであり、勉強をする上では、教科書や図書などの購入、通学費、食費、学校生活に必要な経費を払わなくてはなりません。そうした経費はどうしても負担の大きいものでした。

　次に、希望する教育機関へのアクセスの問題です。現代であれば、多くの中学、高校、大学があります。さらに交通機関も鉄道やバス、地下鉄など様々な方法があります。しかし明治・大正時代には、そもそも交通機関が無いという地域も珍しくはありません。そのため高い学力があったとしても、通えないという現実が多くありました。仮に遠隔地に居住していて、希望する学校に入学できたとしても、下宿や間借りなどをして慣れない土地での学生生活が求められました。寮があれば恵まれたほうですが、必ず

しも入れるとは限りません。そのため勉学に集中する生活を送れるか、というのも大きな問題でした。

こうした戦前の生活環境、学習空間の中で、様々な悩みや問題を解決してくれたのが「進学案内書」です。菅原亮芳は「進学案内書」について「青年たちの就学、進学あるいは勉学の志と、具体的な学校－制度としての学校－を繋ぐ有力な手段であったと同時に、かれらの「志」に一定の方向性を与える有力な要因であった」と考えています[8]。明治時代には149冊もの「進学案内書」が刊行されており、著名な作家・正宗白鳥も手にしていました。案内書には「上京にあたっての注意」や「各学校の規則」など学生生活を送る上でのヒントや、各学校が持つ特徴など、進路選択の上で大切な情報も掲載されていました。1908年には『全国学校案内』、1911年には『最新全国学校案内』など全国規模の案内書も刊行され、受験・進学を希望する青年に多く読まれたのです[9]。

(2) 「進学案内書」には何が書かれていたか　進路を見据えた指導

「進学案内書」には生活に関すること、学校の様子に関すること、試験対策のこと、官立・私立の長所などが記載されていました。中学校や高等学校などを受験・進学希望する青年たちが、自分の将来の姿を思い描くことは、今に生きる私たちと同じです。そのため、何を学ぶのか、立身出世できるのか、どのような進路を選ぶのか、という学んだ後のキャリアを見据えた指導内容も多く含まれていました[10]。

中学校、高等学校、大学を受験し、より上位の教育機関に進学すると、将来は官僚や政治家、教師への道が開かれていると先に述べました。こうした職業に就くために必要な学びは何か。どこの学校に行けば役立つのか、出世街道に乗るにはどうしたらよいか、という青年の人生の選択に関わる

重要な情報が提供されていました。なお大正時代の「進学案内書」では、外交官、官僚、銀行員、新聞記者など具体的な職業の選択に関わる情報が掲載されるなど、更に詳細になりました。

(3) 学校に通えないが学び続けることはできる　独学と資格

　これまで「進学案内書」の中でも受験・進学が可能な青年に向けた内容を紹介してきました。しかし、経済的な理由、通学距離の理由、家業を継がなければならない事情など、何らかの理由で受験・進学が叶わない青年もいたはずです。そうした青年たちはどのように、学びの要求を実現していったのでしょうか。「進学案内書」はそうした青年の声にも耳を傾け、内容を充実させて発行されました。

　大正時代は都市に出て家庭を築き、我が子を中学校へ、高等学校へ、大学へ、という親の要求が高まった時代でもありました。同時に、資本主義の発展により貧富の差が大きくなった時代でもあります。そのため、学力も志もある青年が学校に通えないことが多くありました。そうした青年の中には、独自に勉強を続け、中学校や高等学校を卒業した資格を学校に通わずに得る「中学卒業検定試験」「高等学校卒業検定試験」などに挑戦する人たちもいました。「中学卒業検定試験」に合格すれば高等学校等への進学が叶います。また「高等学校卒業検定試験」に合格すれば大学等への進学も叶います。こうした資格試験を突破して必死に学び続けた人たちがたくさんいたのです。「進学案内書」には独学で学び資格試験に合格した経験談が掲載されました。このような記事が掲載されるのと時を同じくして、文部省からも、資格を取得して高等学校や大学への進学を促す案内が出されることになりました [11]。

　明治・大正時代に中学校・高等学校・大学などの教育機関は確実にその

数を増やしていました。それに併せて受験・進学のための情報源も多く出版されました。その中には、青年が自分で将来を切り開けるような情報が掲載されたのです。そして何よりそうした青年を支える方法が国の機関である文部省からも出されるようになり、受験・進学、そして学歴を獲得するという道を多くの人たちに示すようになってきたのです。

4．おわりに

　本章では明治・大正時代の「中学校」「高等学校（高等中学校）」「大学」の教育制度を概観し、受験・進学に着目して、戦前の青年たちがどのように学んできたのか、その環境は如何なるものだったのかを述べてきました。

　教育・保育を学ぶ者、それに携わる者は、目の前の子どもをどのように育てようかと考える時、その子どもたちが将来どのように“学び”続けていくのかを考える必要があるのではないでしょうか。

　受験・進学は、日本の教育制度の中に組み込まれたシステムです。明治・大正時代から受験・進学と向き合い、青年たちは“学び”続けてきました。現代の子どもたちも受験・進学のプロセスにおいて“学び”続けているはずです。そこでどのようなことを学ぶのか、どのような方法で学ぶのか、誰とともに学ぶのか。そしてその時の子どもたちが置かれた環境は、将来どのような影響を及ぼすのか、想像してみましょう。

　子どもの“学び”を考える時、子どもが生まれてからの全ての教育機会を見通した関わりが大事になってくるはずです。今回は受験・進学に着目しましたが、みなさんの興味・関心に応じたテーマで考えてみましょう。

　（次頁に、戦前の学校教育階梯の表を掲載しています。本章での学習の際に参照してください [12]。）

第3図　明治25年

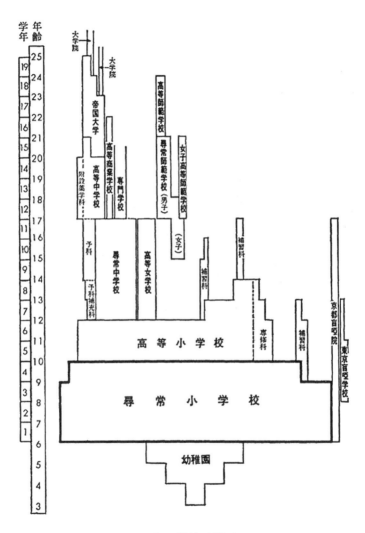

1892年　学校系統図

第6図　大正8年

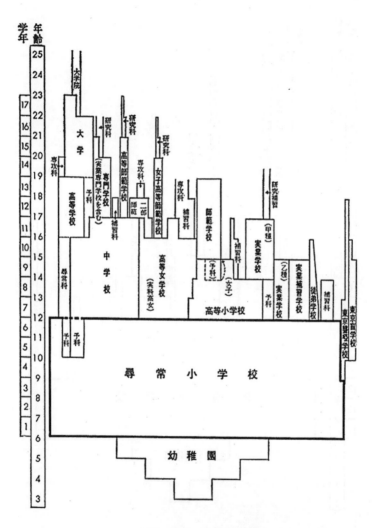

1919 年　学校系統図

引用文献

1) 吉葉恭行・谷本宗生・加藤諭・小幡圭祐・石澤理如・本村昌文・米澤晋彦・井上美香子「シンポジウム 帝国大学における研究者の知的基盤に関する研究」『科学史研究［第Ⅲ期］』(290) 日本科学史学会、2019 年 188-195 頁。吉葉らは、「研究者の思想（物事のとらえ方）の背景にあるもの（学問的素養・組織体制・人的関係など）」を「知的基盤」と考えている。これら背景を考察する上で、吉葉らの研究においては、学習履歴・環境、人間関係、生育環境などに着目している。本章においては、吉葉らの研究方針を踏まえ、「知的基盤」という用語を用いている。

2) 天野郁夫『学歴の社会史 教育と日本の近代』平凡社ライブラリー 2005 年 5-9 頁。

3) 竹内洋『立身出世主義 近代日本のロマンと欲望』NHK 出版、1997 年 218-228 頁。

4) 文部省『学制百年史』 ぎょうせい 1972 年 341-343 頁。

5) 同上、341-343 頁。

6) 同上、367-370 頁。

7) 同上、493-496 頁。

8) 菅原亮芳「第 1 章 明治期刊行「進学案内書」が伝えた進学情報」『近代日本における学校選択情報 雑誌メディアは何を伝えたか』学文社 2013 年 23 頁。

9) 同上、24-27 頁。

10) 同上、38-55 頁。

11) 菅原亮芳「第 2 章 大正期刊行「進学案内書」が伝えた進学情報」『近代日本における学校選択情報 雑誌メディアは何を伝えたか』学文社 2013 年 101-109 頁。

12) 前掲『学制百年史』文部科学省ホームページ（2021 年 5 月 29 日確認）(https://www.mext.go.jp/b_menu/hakusho/html/others/detail/1318188.htm)

参考文献

＊古沢常雄・米田俊彦編『教師教育テキストシリーズ 3 教育史』学文社 2009 年。
＊田中智志・橋本美保監修・編著『新・教職課程シリーズ 教育の理念・歴史』一藝社 2013 年。
＊森川輝紀・小玉重夫『教育史入門』一般社団法人 放送大学教育振興会 2012 年。
＊斎藤利彦・佐藤学編著『新版 近現代教育史』学文社 2016 年。
＊山田恵吾編著『日本の教育文化史を学ぶ 時代・生活・学校』ミネルヴァ書房 2014 年。
＊寺﨑昌男・成田克矢編集『学校の歴史 第四巻 大学の歴史』第一法規 1979 年。
＊竹内洋『立志・苦学・出世－受験生の社会史』講談社現代新書 1991 年。

＊文部省『学制百年史』帝国地方行政学会　1981 年。

＊文部省『学制百年史』文部科学省ホームページ（2021 年 5 月 29 日確認）
（https://www.mext.go.jp/b_menu/hakusho/html/others/detail/1317552.htm）

＊文部科学省「高等学校教育の現状について　令和 3 年 3 月」（2021 年 5 月 29 日確
認　（https://www.mext.go.jp/a_menu/shotou/kaikaku/20210315mxt_kouhou02-
1.pdf）

＊文部科学省ホームページ「報道発表　令和元年度学校基本調査（速報値）の公表
について　令和元年年 8 月 8 日」（2021 年 5 月 29 日確認
（https://www.mext.go.jp/component/b_menu/other/__icsFiles/afiel
dfile/2019/08/08/1419592_1.pdf）

＊文部科学省ホームページ「今後の社会人受け入れ規模の在り方について」（2021 年
5 月 29 日確認）
（https://www.mext.go.jp/b_menu/shingi/chukyo/chukyo4/042/siryo/_icsFile
s/afieldfile/2018/07/26/1407548_3.pdf）

第5章
教育相談に関わる専門職の理解と今後の課題

牛島　豊広

1．はじめに

　近年、児童生徒を取り巻く教育環境が複雑化、多様化しており、いじめ、不登校、非行といった課題により、子どもの健全な発達やメンタルヘルスの維持に影響を及ぼしています。このような状況の中、保育者及び教育者は、児童生徒が有する考えや悩み、日常生活における不安を受け止め、課題の解決に向けた支援に取り組んでいます。また、児童生徒に対する対応だけでなく、保護者にも目を向けながら関わり支援を展開しています。教育相談については、保育施設や学校内の対応で完結するのではなく、学校、家庭、地域等それぞれにおける子ども及び保護者の状況を理解しながら適切に対応していかなければなりません。

　しかしながら、保育施設や学校における支援の環境をみてみると、保育者及び教育者の多忙さ、クラス運営の難しさ等が労務負担を増大させており、児童生徒及び保護者の課題に取り組む時間が限られている状況も散見されます。その結果、課題が重度化し、解決、軽減を図ることが困難になるケースもみられます。このような負の連鎖が拡大しないように、教育相談を通じて、可能な限り課題の早期発見・早期対応に努め、教職員との連携、校外機関との連携等を通じて児童生徒、保護者に適切な関わりをしていくことが求められます。

　そこで、本稿では、冒頭で示した内容のうち、不登校、いじめ、非行について概況を確認し、教育相談に取り組む各専門職とその連携について理解を深めていきます。まとめとして、教育相談をすすめる際の留意点と今後の課題を整理していきます。

２．教育相談を取り巻く学校環境の諸課題

(1) 不登校の現状と支援の取り組み

　不登校とは、文部科学省が調査をする際の定義によると「何らかの心理的、情緒的、身体的あるいは社会的要因・背景により、登校しないあるいはしたくともできない状況にあるために年間 30 日以上欠席した者のうち、病気や経済的な理由による者を除いたもの」[1]（文部科学省　2020）を言います。「令和元年度児童生徒の問題行動・不登校など生徒指導上の諸課題に関する調査結果」によると、全国の小学校で 53,350 名（前年度 44,841 人）となっています。不登校の要因として主たるものは「無気力・不安（41.1%）」、「親子の関わり方（16.7%）」、「生活リズムの乱れ・あそび・非行（10.3%）」、「いじめを除く友人関係をめぐる問題（10.2%）」となっています [2]（文部科学省　2020）。また、不登校でなくても「不登校傾向」という状況もみられます。これは登校しつつ登校回避願望がある状態で、不登校に至らないまでも学校不適応を楽しむことに困難さが生じている不登校の前駆的状態とされています[3]（五十嵐　2004）。

　このような不登校の状況にある児童生徒に対して文部科学省は「不登校児童生徒への支援の在り方について」を発出しました。これは『不登校児童生徒への支援は、「学校に登校する」という結果のみを目標にするのではなく、児童生徒が自らの進路を主体的に捉えて、社会的に自立することを目指す必要があること。』[4]（文部科学省　2019）と示しています。学校や教室に復帰することのみを目標として定めるのではなく、本人が将来、社会と繋がり、個人の生きがいや自立して生きることができる支援が必要であることを整理されています。よって、学校生活の先にある将来を含めて

考え、本人を取り巻く学校及び生活環境に合わせた目標を設定し支援していくことが求められます。

(2) いじめの現状と基本的な考え方

　2013（平成25）年6月に「いじめ防止対策推進法」が成立し、同年9月に施行されています。本法第2条ではいじめを次のように定義しています。『この法律において「いじめ」とは、児童生徒に対して、当該児童生徒が在籍する学校に在籍している等当該児童生徒と一定の人的関係のある他の児童生徒が行う心理的又は市物理的な影響を与える行為（インターネットを通じて行われるものも含む。）であって、当該行為の対象となった児童生徒が心身の苦痛を感じているものをいう。』とし、加害者となる児童生徒が好意的として捉えていた言動であったとしても、それを受けている側の者が望まないこととして苦痛に感じることがあれば「いじめ」となります。

　いじめの認知件数について、前出の「令和元年度児童生徒の問題行動・不登校など生徒指導上の諸課題に関する調査結果」によると、小学校では484,545件（前年度425,844件）となっており、13.8%の増加となっています。また、いじめの認知学校数は、17,485校（前年度17,145校）で、全小学校数に占める割合は、88.2%と多くの学校で確認されています[5]（文部科学省　2020）。

　これらのいじめの状況に対し、2013（平成25）年に策定された「いじめの防止等のための基本方針」において、都道府県でいじめの対策を図る組織を設置することが義務づけられています。現在はほとんどの学校で、「いじめ防止基本方針」を作成しています。学校教育全体を通じていじめの未然防止に関する取り組みや早期発見の機能を高めていくことが必要です。

(3) 非行の類型と支援の対応

　非行とは、一般的に法律に違反する行為をする、社会的規範を逸脱することと説明されます。「少年法」は、法を犯した児童生徒を保護、教育、更生させることを主な目的としています。平成 12 年に「少年法」が改正され、刑事処分可能な年齢（16 歳以上から 14 歳以上）が引き下げられることになりました。「少年法」は 20 歳未満を「少年」として定義し、犯罪、触法、虞犯を非行として類型化し、14 歳以上であるかどうか、犯罪の事実があるかどうかどうかで犯罪少年、触法少年、虞犯少年の 3 種類を「非行のある少年」として定めています。また、2022（令和 4）年に成人年齢が 18 歳に引き下げられるのに合わせて、「少年法」が改正されました。そこで新たな位置づけとして、18 歳、19 歳を「特定少年」とし、新たに成人と位置付けられますが、引き続き少年法の保護の対象としています。しかし、「特定少年」はこれまでと取り扱いが厳しくなり（家庭裁判所から検察官に逆送致する事件の対象が拡大された）、起訴されたら実名報道も可能となりました。

　内閣府の「令和 2 年版子供・若者白書」では、刑法犯少年の検挙人員、触法少年の補導人員も減少しています。刑法犯少年の検挙人員については、少年の人口比においても減少していますが、刑法犯について成人の人口比と比較すると、依然として高い状態にあります[6]（内閣府　2020）。非行の背景をみてみると、家庭や地域の環境、本人の性格的及び発達的な課題等が存在しており、保護者を含めてそれぞれの状況にあったケアをしていかなければ解決に向かうことは困難だと言えます。また、法を犯す行為等については、学校における教育や指導の範囲を超えるものであるので、警察や児童相談度等と連携を図りながら対応をしていく取り組みが必要となることもあります。

これまで述べてきた学校に関わる児童生徒の諸課題は、必ずしも児童生徒個人のみに責任がある状況とは限りません。支援に関わる際は、これまで育ってきた家庭環境の把握と理解をはじめ、保護者の疾患及び子育ての実態に関する情報も得ていく必要があります。さらには、地域社会の理解を得て、連携を図ることできる関係づくりも大切な取り組みとなります。

3．教育相談の取り組み

(1) 教育相談とは何か

　2010年（平成22）年に文部科学省が発行した「生徒指導提要」の中で教育相談について触れられています。それによると「教育相談は、一人一人の生徒の教育上の問題について、本人又はその親などに、その望ましい在り方を助言することである。その方法としては、1対1の相談活動に限定することなく、すべての教師が生徒に接するあらゆる機会ととらえ、あらゆる教育活動の実践の中に生かし、教育的配慮をすることが大切である。」[7]（文部科学省　2010）とする中学校の学習指導要領解説（特別活動編）の文章を引用しています。これは、児童生徒の望ましい人間関係や生活への順応、自己理解を深め、人格の成長を目指していくものであり、その取り組みとしては相談室だけで行われるものではないことを説明しています。また、教育相談とは「一人一人の子どもの教育上の諸問題について、本人または保護者、教職員などにその望ましい在り方について助言指導することを意味している。言い換えれば、子どもたちの持つ悩みや困難の解決を援助することによって、その生活によく適応させ、人格の成長への援助を図ろうとするもの」[8]（文部科学省　2009）とされています。

　よって、教育相談を展開にするにあたっては、児童生徒が健やかに学校

生活を送れるよう、子どもの発達に即した理解を示し、日ごろから、あらゆる相談に対応できるさまざまな知識や技能の習得が求められます。そのためにも、保育者及び教育者として専門性を高められるよう積極的な学びが必要です。そして、学校という環境の特性を活かしながら、有意義な相談を実践できるようにし、児童生徒、保護者にとって学校が信頼できるような関わりを目指していくことになります。

(2) 教育相談に携わる職種と役割

① 学級担任

　学級では児童生徒同士の友人関係だけでなく、学級担任と児童生徒の関係性が学校生活に影響を与えることになります。学級担任と児童生徒間の関係は、児童生徒の友人関係等と同様に、学校教育の1つの基盤であることを理解しておく必要があります。高いストレス状態に置かれた生徒が、健全な学校生活を送るためには「重要な他者」との間に信頼関係を形成することが重要である [9]（酒井ら　2004）とされており、学級担任が果たす役割は大きいです。よって、小学校であれば専門教師が担当する場合を除き、基本的にすべての教科、教科外活動の指導も担当することから児童生徒にとって身近な存在であるとともに、常に児童生徒の心身の状況の把握に努める立場にあります。

② 養護教諭

　主として、保健室で児童生徒の疾病への対応、医療機関との連携、健康教育の推進と指導などが業務となりますが、教育相談にも関わります。学校保健安全法第二章第二節第8条では「学校においては、児童生徒等の心身の健康に関し、健康相談を行うものとする」と定められており、同法第9条では「養護教諭その他の職員は、相互に連携して、健康相談又は児童

生徒等の健康状態の日常的な観察により、児童生徒等の心身の状況を把握し、健康上の問題があると認められるときは、遅滞なく、当該児童生徒等にたいして必要な指導を行う」とされています。また、相樂らは「養護教諭が保健室を子どもたちの問題を捉える窓口として機能させ、教育相談活動全体に反映させることが、学校の教育相談体制の構築にも貢献する」[10]（相樂ら　2005）と指摘しています。養護教諭は教師であり、学校組織の一員であります。よって、様々な来室の方法で保健室を頼ってくる状況にあり、子どもと学校との関わり、家庭状況に即した関わりをしています。

③　スクールカウンセラー

臨床心理の専門家であるスクールカウンセラー（SC）の導入は1995（平成7）年度から進められています。旧文部省による「スクールカウンセラー活用調査研究委託事業」によって、全国154校を対象に、各都道府県の公立の小学校、中学校、高等学校へ心理職として派遣されました。そして、その後、2001年度に「スクールカウンセラー活用事業補助」と発展し、本格的に制度化されました。

文部科学省によって定められたスクールカウンセラーは、①公認心理師、②公益財団法人日本臨床心理士資格認定協会の認定に係る臨床心理士、③精神科医、④児童生徒の心理に関して高度に専門的な知識及び経験を有する大学教員、⑤都道府県又は指定都市が上記の各者と同等以上の知識及び経験を有すると認めた者としています。

スクールカウンセラーの職務内容においては、①不登校、いじめ等の未然防止、早期発見及び支援・対応等②不登校、いじめ等を学校として認知した場合又はその疑いが生じた場合、災害等が発生した際の援助が示されています[11]（文部科学省　2017）。

④　スクールソーシャルワーカー

全国的に小中学校、高等学校、特別支援学校、大学等に社会福祉士や精神保健福祉士といったソーシャルワーカーの配置が進められています。スクールソーシャルワーカーが学校へ配置された経緯としては、2008 年度（平成 20 年度）より国の補助事業である「スクールソーシャルワーカー活用事業」として全国 141 の地域で開始されたことが挙げられます。その背景には、子ども虐待や不登校等の生活課題に対し、それらを個人と環境の相互作用として理解し、児童生徒本人だけでなく家庭を含めた支援に取り組む必要性が認識されてきたためです。具体的な業務モデルが 5 点提示してあり、①問題を抱える児童生徒が置かれた環境への働きかけ、②関係機関等とのネットワークの構築、連携・調整③学校内におけるチーム体制の構築・支援、④保護者、教職員に対する支援・相談・情報提供、⑤教職員等への研修活動などが示されています [12]（文部科学省　2008）。学校は教育を実践する場でありますが、実際の学校現場における取り組みとしては、社会資源の利用など福祉的な支援が不可欠であり、教育と福祉を「つなぐ」ことが求められています。

⑤　特別支援教育コーディネーター、教育相談担当教員

　学校における校務分掌で位置づけられているものです。特別支援教育コーディネーターは、特別な教育的ニーズをもつ児童生徒や保護者の窓口として任命されています。教育相談担当教員は、児童生徒や保護者に対する教育相談、児童生徒理解に関する情報収集などに取り組んでいます。前記したスクールカウンセラーやスクールソーシャルワーカー等の外部専門職がよりよい支援を展開するためのサポートをしています。また、この外部専門職の多くは非常勤勤務で、毎日学校に滞在しているわけではないことから、不在の場合において児童生徒の対応を臨機応変に行うこともあります。このように、日常的に外部専門職と児童生徒の情

報共有、学校内の体制の整備をしています。

さらに、子どものライフステージを支援する上で、幼稚園や保育所、認定こども園等から小学校への就学に対する心配、不安事への対応をしています。幼児教育と小学校教育では、指導の方法が異なっており、子ども本人だけでなく保護者にとっても不安の一つとなっています。そこで、小学校生活を円滑に始めるために、前記した保育施設と小学校で連携を図り、学校内の必要な支援体制の構築及び調整を図っています。

(3) 教育相談の体制と専門機関との連携

文部科学省は前出した「児童生徒の教育相談の充実について−生き生きとした子どもを育てる相談体制づくり−（報告）」の「1　学校における教育相談の充実について (3) 教育相談に関する行内体制の充実について」で「教育相談は、学校における基盤的な機能であり、教育相談を組織的に行うためには、学校が一体となって対応することができる校内体制を整備することが必要であるとともに、教育相談に対する教員一人一人の意識を高めることが必要である。」としています [13]（文部科学省　2007）。つまり、学校として児童生徒に対しいつでも教育相談を受け付けるという情報提供と姿勢を示しておくことが大切です。また、学校内において校長のリーダーシップのもと展開されていくものであることから、管理職による学校の人的管理のマネジメントが要求されます。これらを整備していくことで教育相談の取り組みが発展していくことになります。

そして、前項で示した教育相談に関わる職種に加え、生徒指導主事、校長等の管理職、栄養教諭等もチームとして支援をしていくことが求められ、家庭との連携はもちろん、PTA や外部の関係機関・専門機関との適切な連携が重要となっています。学校外の関係機関・専門機関には、刑事司法関

係の機関として警察署、少年補導センター家庭裁判所や福祉機関である児童相談所、児童福祉施設、福祉事務所などが考えられます。また、教育相談に関する機関として都道府県・政令指定都市の教育センター、市町村の相談機関があります。保育者及び教育者として、これらの機関の役割を知っておきましょう。

　文部科学省は『「次世代の学校不適応・地域」創生プラン』の中で学校不適応の組織運営改革を策定しました。その中で、「②専門性に基づくチーム体制の構築」では「教員が、多様な専門性や経験を持った人材と協力して、子どもにも指導できるようにするとともに、スクールカウンセラー（SC）やスクールソーシャルワーカー（SSW）の職務等を省令上明確にし、配置を充実する。」[14]（文部科学省　2016）とあり、教職員とスクールカウンセラーやスクールソーシャルワーカーの役割をお互いに理解をしながら協働していく点を示しています。教育相談は、学校内だけでなく学校外の児童生徒の様子にも着目し取り組む必要があり、専門機関との連携は必須であることを常に意識して展開していくことが重要です。

　このように、専門機関との連携も視野に入れた対応を展開できるようになると、多角的な視点から課題の解決や軽減を検討でき、柔軟な対応につながります。

４．教育相談の留意点と今後の課題

(1) 守秘義務と告発義務の留意点

　教育相談については、児童生徒や保護者が勇気をもって相談にくることになります。その気持ちを教員がまず適切に受け止めることは必要でありますが、その相談内容においては守秘義務があることをよく理解しておく

必要があります。それは「地方公務員法」や「行政機関の保有する個人情報の保護に関する法律」において規定されています。その内、「地方公務員法」第34条には「職員は、職務上知りえた秘密を漏らしてはならない。その職を退いた後も、また、同様とする。」とあります。この法律は、公立学校教員が直接適用される対象となりますが、国立学校教員に対しても同様の条項があり、また私立学校教員も採用時に同様の契約を結ぶことが多いです。この内容の取り扱いとしては、学校外で友人等に話をすることや家族であっても内容を公開してはいけません。条文に書かれているとおり、退職後も守秘義務が継続することや、これを守らなかった場合、罰則規定があることも知っておきましょう。

　ただし、1人の教員として課題を解決の方向が見えないほど悩むことは望ましくありません。そこで、学校内の上司や直接指導に関わっている教職員間で指導上お互いに共通認識をしておくことが児童生徒や保護者の最善の利益につながります。校内の連携については、進路関連であればとして、進路指導担当教員に、身体の発育や健康の問題であれば養護教諭や学校医に支援を求めることにより「横の連携」として円滑に課題に取り組むことができます。また、校長や教頭・副校長、先輩教師との「縦の連携」を意識し、必要な連絡、報告、相談を行いながら状況に応じたアドバイスを受けていくことも重要です。これらを実現していくためにも、本人の同意をえながら情報の共有が図られるようにしていく体制づくりが必要です。

　しかし、この守秘義務には例外もあり理解を深めておきましょう。例としては、児童生徒の生命に危機が及んでいる場合や犯罪に巻き込まれる場合の情報開示が挙げられます。他に、児童生徒自身が自らの命を絶つことを告白された場合も同様の判断ができます。これらは、児童生徒の生命を

守る行動、体制を整える必要があることから守秘義務の例外として理解されます。さらに、犯罪等に関しては「刑事訴訟法」があり、第239条において「何人でも、犯罪があると思料するときは、告発をすることができる」とあり、前記した非行行為等を発見した場合には、教育者として公共の観点と守秘義務のあり方について考え、常に最善の利益を目指した判断を求められることになります。

(2) 教育者のメンタルヘルスの課題

　教育相談において教育者が中心的な役割を果たすことは重要ですが、その業務内容は非常にストレスがかかる状況が見受けられます文部科学省の「教職員のメンタルヘルス対策について（最終まとめ）」の教諭等のストレスでは「常に又はときどき強いストレスがある」とした回答の要因及び割合をみてみると、「生徒指導について」は約68%、「事務的なストレス」は、約64%、「業務の質」は約60%、「保護者への対応」は約57%となっています。これらは、教諭等のいずれの世代においてもみられる傾向です。補足として、部活動については、30歳代の教諭が強いストレスを感じている頻度が最も高い状態であることが示されています[15]（文部科学省　2013）。このような中、現在は「チームとしての学校」において体制の整備がすすめられています。「複雑化・多様化した課題を解決していくためには、学校の組織としての在り方や、学校の組織文化に基づく業務の在り方などを見直し」[16]（文部科学省　2015）をし、必要な教職員の配置、学校や教職員のマネジメント、組織文化等の改革を一体的にすすめ、教職員が孤立することなく、十分に専門性を発揮できる環境づくりが推進されています。

(3) 幼児教育分野における教育相談の位置づけの課題

本稿においては、主として小学校における教育相談について論じてきました。「教育相談」の科目は、幼稚園教諭の免許についても必修科目となっています。しかしながら、幼稚園教育養成課程において必修科目に定められているにもかかわらずこれに関する研究は多くない状況であり、課題も指摘されています。結城は幼児期の教育相談の対象、内容、実施者、方法、いずれにおいてもまだ議論は始まったばかりであり、幼児教育における教育相談を十分議論して作られたものではない[17]（結城　2018）述べています。今後、幼稚園教諭、保育教諭における教育相談に対する教育のあり方について検討していく必要があると言えます。

5．おわりに

　まとめとして、保育者及び教育者は教育相談を通じて、児童生徒を個別的な視点で捉え、教育的な成長、発達を目指すとともに、それぞれが抱える学校内外の課題に向き合い、解決、軽減を目指していくことになります。これらの基盤となるものは、児童生徒及び保護者が教育者に対して相談をしたいという気持ちを抱くことができる関係性の構築だと言えます。相談の過程を歩み、児童生徒が現在まで抱えてきた課題に対し少しずつでも解決できる、していることを実感できると日常生活を安心して暮らしていけるようになります。その積み重ねにより、将来の希望や夢を抱き、自らの可能性を信じチャレンジできることにつながっていきます。さらに、それに寄り添う保護者も自らの子育てに自信を持ち、前向きに子どもと向き合うことができるようになると考えられます。教育相談を通じてこのような家庭が持つ力を引き出せるような関わりもできるように実践していくことが望まれます。

引用文献

1) 文部科学省(2020)「令和元年度児童生徒の問題行動・不登校等生徒指導上の諸課題に関する調査結果について」。
2) 前掲1)。
3) 五十嵐哲也・萩原久子(2004)「中学生の不登校傾向と幼少期の父親および母親への愛着との関連」『教育心理学研究』52　p264。
4) 文部科学省 (2019)「不登校児童生徒への支援の在り方について（通知）」。
5) 前掲1)。
6) 内閣府(2020)「令和2年版子供・若者白書」。
7) 文部科学省(2008)「生徒指導提要」。
8) 文部科学省(2007)「児童生徒の教育相談の充実について（報告）−生き生きとした子どもを育てる相談体制づくり−」。
9) 酒井厚・菅原ますみ・眞榮城和美・菅原健介・北村俊則(2002)「中学生の親および親友との信頼関係と学校適応」『教育心理学研究』50 (1)　p12。
10) 相樂直子・石隈利紀(2005)「教育相談のシステム構築と援助サービスに関する研究」『教育心理学研究』53。
11) 前掲8)。
12) 文部科学省(2008)「スクールソーシャルワーカー活用事業」
　　https://www.mext.go.jp/b_menu/shingi/chousa/shotou/046/shiryo/attach/1376332.htm (最終閲覧　20221年5月7日)
13) 前掲8)。
14) 文部科学省(2016)『「次世代の学校・地域」創生プラン〜学校と地域の一体改革による地域創生』。
15) 文部科学省(2013)「教職員のメンタルヘルス対策について（最終まとめ）」。
16) 文部科学省(2015)「チームとしての学校の在り方と今後の改善方策について（答申）。
17) 結城孝治 (2018)「幼児期における教育相談の意義についての一考察」『國學院大學人間開発学研究』(9)　pp97-119。

第6章
Society5.0に向けた我が国の教育政策の
方向性と教育者としての教育観

平山　静男

1. はじめに

ICT[1]、AI[2]（人工知能）、IoT[3]（Internet of Things）といった用語を耳にしたことがあるでしょう。そういった用語を知らなくても、スマートフォン（smartphone）を手にしない日はないと思います。私たちは、スマートフォンの中で行われている処理や一つ一つの機能がどのような仕組みなのか、そういったことは知らなくても、その恩恵に浴しています。では、「Society5.0」という用語はどうでしょうか。実は、私たちは既にこの用語に示された社会の中に踏み込んでいるのです。教育もまた同様です。Society5.0を知らなくて、「子どもたちによい教育や授業を提供する」、「子どもたちにとってよい先生になる」、「明るくたのしい学級をつくる」といったスローガンは無意味になるかもしれません。これまでと同様の教育を続けていくだけでは通用しないほど、DX[4]（Digital Transformation）の進展による極めて大きな社会変革の時代に突入しているのです。

本稿では、Society5.0とは何か、このSociety5.0に向けてどのような教育政策が展開されているのか、そして私たちはこれからの教育をどのように捉え、子どもたちを育てていくことが求められているのか。Society5.0に踏み込んだ今、「教育」について、あらためて考えてみたい

---

[1] Information and Communication Technology の略。情報通信技術。情報技術を意味する IT（Information Technology）に通信技術（Communication Technology）を合わせた用語。

[2] Artificial Intelligence の略。コンピュータを用いて人間の脳がもつ知能や機能を実現させようというもの。

[3] モノのインターネットと呼ばれる。あらゆるモノにIPアドレス（ネットワーク上の住所）を付与して、膨大な情報を収集、活用するもの。

[4] 社会や企業を最新のデジタル技術で変革させるという意味。

と思います。

2. Society5.0 の社会

(1) Society5.0 とは

　Society5.0 とは、サイバー空間（仮想空間）とフィジカル空間（現実空間）を高度に融合させたシステムにより、経済発展と社会的課題の解決を両立する、人間中心の社会です。Society5.0 は、狩猟社会（Society1.0）、農耕社会（Society2.0）、工業社会（Society3.0）、情報社会（Society4.0）に続く新たな社会を指すもので、第 5 期科学技術基本計画[5]において我が国が目指すべき未来社会の姿として初めて提唱されました。

(2) Society5.0 で実現する社会とは

　これまでの情報社会（Society4.0）では、知識や情報の共有といった分野横断的な連携が不十分でした。また、人が行う能力の限界、年齢や障害などによる労働や行動範囲の制約、少子高齢化や地方の過疎化などの課題に効果的に対応することが困難でした。Society5.0 で実現する社会は、IoTで全ての人とモノがつながり、様々な知識や情報が共有され、今までにない新たな価値を生み出したり、AI により必要な情報を必要な時に受け取ったり、ロボットや自動走行車などの技術と相まったりして、前述の課題や困難を克服することを目指しています。一人一人が快適であるとともに、一人一人が活躍できる社会を創造しようとしているのです。

---

[5] 我が国の科学技術政策を検討する総合科学技術・イノベーション会議の答申を踏まえ、閣議決定したもの。2016 年度から 2020 年度を対象年度とする。

(3) 経済発展と社会的課題の解決の両立とは

　2015 年 9 月の国連サミットで採択された SDGs[6]（「持続可能な開発目標」
(Sustainable Development Goals)）に見られるように、世界は、貧困、飢
餓、気候変動、環境破壊など様々な社会的課題に直面しています。これら
はいずれも私たちの経済発展に起因していると言えます。しかし、現在の
社会システムでは、経済発展と社会的課題の解決を両立することは困難な
状況でした。このような中、IoT、ロボット、人工知能（AI）、ビッグデー
タ[7]といった社会の在り方に影響を及ぼす新たな技術の進展により、
Society5.0 で創出される新たな価値で、社会システム全体を最適化し、経
済発展と社会的課題の解決を両立していける社会を目指そうとしている
のです。

(4) Society5.0 による人間中心の世界とは

　では、Society5.0 の社会像は、AI やロボットにあふれた社会でしょう
か。いいえ、あくまでも目指しているのは「人間中心の社会」です。Society
5.0 では、AI やロボットが今まで人間が行っていた作業や調整を代行・支
援し、人々は煩雑で不得手な作業などから解放され、誰もが快適で活力に
満ちた質の高い生活を送ることを目指しています。これは一人一人の人間
が中心となる社会であり、決して AI やロボットに支配され、監視されるよ
うな未来ではありません。同時に、SDGs の達成にも通じるものです。

---

[6] 2015 年 9 月、国連サミットで採択された国連加盟 193 カ国が達成を目指す 2016 年から
2030 年までの国際目標。地球規模の課題を解決するために「誰ひとり取り残さない」と
いう共通理念のもと、17 の目標とそれを達成するための 169 のターゲットから成る。

[7] 従来のデータベース管理システムなどでは記録や保管、解析が難しいような巨大なデー
タ群。

3．Society5.0 を取り巻く教育政策

　私たちは、Society5.0 の中で生きていく子どもたちにどのような教育を展開すべきなのでしょうか。そもそも Society5.0 で求められる教育はどのようなものなのでしょか。近年のいくつかの教育政策を概観し、考究していきたいと思います。

(1) Society5.0 に向けた人材育成に係る大臣懇談会　新たな時代を豊かに生きる力の育成に関する省内タスクフォース『Society5.0 に向けた人材育成　〜社会が変わる、学びが変わる〜』平成 30 (2018) 年 6 月 5 日

　文部科学省においては、Society5.0 の実現に向け、広く国民にはどのような能力が必要か、また、社会を創造し先導するためにどのような人材が必要かについて、社会像を描きながら議論するため「Society5.0 に向けた人材育成に係る大臣懇談会」を開催しています。本提言は、教育現場や産業界をはじめ、社会全体で今後の教育政策を考えていくための材料としてまとめられたものです。

　「第 1 章　Society5.0 の社会像と求められる人材像、学びの在り方（「Society 5.0 に向けた人材育成に係る大臣懇談会」における議論を踏まえて）」では、「Society5.0 の社会像」として、社会のあらゆる分野への AI 技術の導入、我々の社会や生き方そのものを大きく変えるイノベーションの連鎖、AI に関するアメリカや中国等に比しての立ち後れ、AI 人材の不足、Google や Amazon、Facebook 等が覇権を握る国際的なプラットフォー

ム・ビジネス[8]に関する極めて不利な立場、様々な我が国独自の特徴を強みとした新たな価値の創造、人口構造の変化、少子高齢化と人口減少、自然体験の機会の減少について触れています。

続いて、同章「Society5.0 において求められる人材像、学びの在り方」では、「新たな社会を牽引する人材」として、技術革新や価値創造の源となる飛躍知を発見・創造する人材と、それらの成果と社会課題をつなげ、プラットフォームをはじめとした新たなビジネスを創造する人材をあげています。さらに、Society5.0 の社会で人間らしく生きていくために必要な力として、これまで誰も見たことのない特殊な能力ではなく、むしろ、どのような時代の変化を迎えるとしても、知識・技能、思考力・判断力・表現力をベースとした、言葉や文化、時間や場所を超えながらも自己の主体性を軸にした学びに向かう能力や人間性の重要性を指摘し、特に、共通して求められる力として、①文章や情報を正確に読み解き、対話する力、②科学的に思考・吟味し活用する力、③価値を見つけ生み出す感性と力、好奇心・探求力、が必要であると述べています。

続いて、「Society5.0 における学校」においては教育や学びの在り方に変革をもたらす一例として、AI による個人のスタディ・ログ[9] (学習履歴、学習評価・学習到達度など) や、健康状況等の情報の把握・分析、一人一人に対応した学習計画や学習コンテンツの提示、スタディ・ログの蓄積により、個人の特性や発達段階に応じた支援、学習者と学習の場のマッチングをより高い精度で行うことなどが可能となるだろうと述べています。さらに、一斉一律の授業スタイルの限界から抜け出し、読解力等の基盤的学

---

[8] Platform business. ビジネスの場や環境を提供するサービスのこと。

[9] study log. デジタル化された学習履歴等。

習を確実に習得させつつ、個人の進度や能力、関心に応じた学びの場となることが可能となり、同一学年集団の学習は、同一学年に加え、学習履歴や学習到達度、学習課題に応じた異年齢・異学年集団での協働学習へも広げていくことができるだろうとしています。さらに、学校の教室での学習にとどまらず、大学（アドバンスト・プレイスメント[10]など）、研究機関、企業、NPO、教育文化スポーツ施設、農山村の豊かな自然環境などの地域の様々な教育資源や社会関係資本を活用して、いつでも、どこでも学ぶことができるようになると述べています。このように、AI やビッグデータ等の先端技術が、学びの質を加速度的に充実するものになる世界、即ち Society 5.0 における学校（「学び」の時代）が間もなく到来すると述べています。

「第 2 章 新たな時代に向けて取り組むべき政策の方向性（「新たな時代を豊かに生きる力の育成に関する省内タスクフォース」における議論の整理）」では、成長段階に応じて、今後取り組むべき教育政策の方向性について述べています。幼児期では、先端技術を活用しての幼児行動や教師の指導の効果等の可視化。小・中学校時代では、基礎的読解力、経済格差や情報格差への対応、専門スタッフと協働した「チーム学校」へ。様々な地域住民等とも連携・協働した「開かれた教育課程」を実現する学校へ。「個々人の特性」に応じた教育へ。「紙だけ」で指導や運営が行われる学校から ICT など先端技術を活用した学校へ。「学校以外の場」での教育機会が確保される時代へ。それぞれの転換が求められるとしています。

「第 3 章 新たな時代に向けた学びの変革、取り組むべき施策（Society 5.0 に向けたリーディング・プロジェクト）」では、「Society 5.0 に向け

---

[10] 我が国において高校生が高校在学中に大学の正規科目を受講し、大学進学後に単位として認定する取組。

たリーディング・プロジェクト」として、以下の取り組むべき政策の方向性を掲げています。

① 「『公正に個別最適化された学び[11]』を実現する多様な学習の機会と場の提供」のために、スタディ・ログ等を蓄積した学びのポートフォリオ[12]の活用や、EdTech[13]とビッグデータを活用した教育の質の向上、学習環境の整備充実

② 「基礎的読解力、数学的思考力などの基盤的な学力や情報活用能力をすべての児童生徒が習得」のために、新学習指導要領の確実な習得、情報活用能力の習得、基盤的な学力を確実に定着させるための学校の指導体制の確立、教員免許制度の改善

③ 「文理分断からの脱却」のために、文理両方を学ぶ高大接続改革、地域の良さを学びコミュニティを支える人材の育成

(2) 閣議決定『教育振興基本計画』平成30(2018)年6月15日

　教育振興基本計画とは、教育基本法に示された理念の実現と国の教育振興に関する施策の総合的・計画的な推進を図るために策定されているものです。第3期の教育振興基本計画[14]では、2030年以降の社会の変化を見据えた教育政策の在り方を示しています。その前文では、人生100年時代[15]

---

[11] 一人ひとりの理解状況や能力・適性に合わせた学び。発達障害がある子どもや日本語指導が必要な子ども、特異な才能を持つ子どもなど、本来多様な子どもたちが誰一人取り残されることがないようにするのが目的。

[12] 子どもの学習過程や成果を計画的に集積したもの。

[13] Education Technology の簡略表現。AI などの最新テクノロジーを活用した教育・学習におけるイノベーション（革新）をめざした取り組み。

[14] 第3期教育振興基本計画の対象期間は平成30年〜令和4年の5年間。

[15] 我が国は医療体制の充実、医学の進歩、生活水準の向上等により健康寿命が世界一の超

を迎えようとしていること、超スマート社会[16] (Society5.0) の実現に向けて人工知能（AI）やビッグデータの活用などの技術革新が急速に進んでいること、こうした社会の大転換を乗り越え、すべての人が豊かな人生を生き抜くために必要な力を身に付け、活躍できるようにする上で、教育の力の果たす役割は大きいことが述べられています。さらに、感性や創造性を発揮し自らの「可能性」を最大化していくこと、誰もが身に付けた力を生かして夢に向かって志を立ててがんばることができる「チャンス」を最大化していくこと、これらをともに実現するための改革の推進が求められていることを指摘しています。

　続く、本計画の「Ⅱ. 教育をめぐる現状と課題」の「2　社会の現状や2030年以降の変化等を踏まえ、取り組むべき課題」においては、人口減少・高齢化の進展、急速な技術革新、グローバル化の進展と我が国の国際的な地位の低下、子どもの貧困など社会経済的な課題、地域間格差など地域の課題といった社会状況の変化、子ども・若者をめぐる課題、地域コミュニティの弱体化、家庭の状況変化、教師の負担、高等教育を取り巻く状況変化と課題といった教育をめぐる状況変化、さらには教育をめぐる国際的な政策の動向に言及しています。

　続いて、「Ⅳ. 今後の教育政策に関する基本的な方針」では、生涯にわたる「可能性」と「チャンス」の最大化に向けた視点と、教育政策を推進するための基盤に着目し、次に示す5つの方針により取組を整理しています。

　1. →夢と志を持ち、可能性に挑戦するために必要となる力を育成する

　　長寿社会を迎えている。ある海外の研究では「日本では、2007 年に生まれた子供の半数が 107 歳より長く生きる」と推計されている。この社会でより豊かに生きるために、生涯にわたって自ら学習し、自己の能力を高めること、地域社会の一員として生きること等の重要性が高まっている。

16　Society5.0 と同義。

2. →社会の持続的な発展を牽引するための多様な力を育成する

3. →生涯学び、活躍できる環境を整える

4. →誰もが社会の担い手となるための学びのセーフティネットを構築する

5. →教育政策推進のための基盤を整備する

(3) 文部科学省『新時代の学びを支える先端技術活用推進方策(最終まとめ)』令和元(2019)年6月25日

　2018年11月、文部科学省はこれから到来するSociety 5.0時代を見据え、学校教育の中核を担う教師を支え、その質を高めるツールとして先端技術を積極的に取り入れること等をまとめた「新時代の学びを支える先端技術のフル活用に向けて〜柴山・学びの革新プラン〜」を公表しました。さらに、この「柴山・学びの革新プラン」を踏まえ、2019年3月には「新時代の学びを支える先端技術活用推進方策(中間まとめ)」を公表しました。その後、2019年5月に公表された教育再生実行会議の「技術の進展に応じた教育の革新、新時代に対応した高等学校改革について(第十一次提言)」も踏まえつつ、前述の「中間まとめ」の内容を更に深掘りし、新時代に求められる教育の在り方や、教育現場でICT環境を基盤とした先端技術や教育ビッグデータを活用する意義と課題について整理するとともに、今後の取組方策をまとめたものが、この「最終まとめ」です。

　「1. 新時代における先端技術・教育ビッグデータを効果的に活用した学びの在り方」では、Society5.0時代の到来と子供たちの多様化を踏まえて、新時代に求められる教育として「公正に個別最適化された学び〜誰一人取り残すことなく子供の力を最大限引き出す学び〜」をあげています。さらに、教育現場でICT環境を基盤とした先端技術・教育ビッグデータを活用

することの意義として「学びにおける時間・距離などの制約を取り払う」、「個別に最適で効果的な学びや支援」、「可視化が難しかった学びの知見の共有やこれまでにない知見の生成～教師の経験知と科学的視点のベストミックス（EBPM [17]の促進）～」、「校務の効率化～学校における事務を迅速かつ便利、効率的に～」をあげています。また、教師の役割については、学校に先端技術を導入することで「教師がAI等の機械に代替されるのではないか」との意見に対し、AI等を活用して行える場合は上手に活用し、むしろ人間にしかできないことに教師の役割はシフトしていくことになると考えられるとし、人が人から直接学ぶことができる希少性から、教師はこれまで以上に重要性が増すと考えられると述べています。

　「2. 学校現場における先端技術・教育ビッグデータの効果的な活用」では、学校現場で先端技術の効果的な活用を促進するためにとして、先端技術の機能に応じた効果的な活用の在り方について「遠隔・オンライン教育」、「デジタル教科書・教材」、「協働学習支援ツール」、「AR[18]・VR[19]」、「AIを活用したドリル」、「センシング[20]」、「統合型校務支援システム」の各機能、効果、留意点が述べられています。また、教育ビッグデータの活用の様々な可能性として、スタディ・ログによる個別に最適な学び、医療や福祉等の他分野とのデータ連携によるよりきめ細かな指導・支援をあげています。

---

[17] Evidence Based Policy Making の略。証拠に基づく政策立案。EBPM について平成30年度内閣府取組方針では「政策の企画立案をその場限りのエピソードに頼るのではなく、政策目的を明確化したうえで政策効果の測定に重要な関連を持つ情報やデータ（エビデンス）に基づくものとすること」とされている。

[18] Augmented Reality. 拡張現実

[19] Virtual Reality. 仮想現実

[20] sensing. 必要な情報を用意された手法や装置を使用して収集すること。

(4) 閣議決定『安心と成長の未来を拓く総合経済対策』令和元(2019)年12
月5日

　閣議決定された本総合経済対策を受けて、令和元年度の補正予算で決定
した取組が「GIGA スクール構想 (Global and Innovation Gateway for
ALL)」です。『GIGA スクール構想の実現へ』と題する文部科学省発行のリ
ーフレットでは、その表紙で「1人1台端末は令和の学びの『スタンダー
ド』多様な子供たちを誰一人取り残すことなく、子供たち一人一人に公正
に個別最適化され、資質・能力を一層確実に育成できる教育 ICT 環境の実
現へ」と書かれています。リーフレットに示されている GIGA スクール構想
の柱は次の2点です。
○ 1人1台端末と、高速大容量の通信ネットワークを一体的に整備するこ
　とで、特別な支援を必要とする子供を含め、多様な子供たちを誰一人取
　り残すことなく、公正に個別最適化され、資質・能力が一層確実に育成
　できる教育環境を実現する。
○　これまでの我が国の教育実践と最先端の ICT のベストミックスを図る
　ことにより、教師・児童生徒の力を最大限に引き出す。

　続いてリーフレットでは「1人1台端末」の環境により、次のように学
習が変革すると説明しています。
　「一斉学習」は、従来の「教師が大型提示装置等を用いて説明し、子供
たちの興味関心意欲を高めることはできる」から、「学びの深化」が図られ
「教師は授業中でも一人一人の反応を把握できる　→　子供たち一人一
人の反応を踏まえた、双方向型の一斉授業が可能に」
　「個別学習」は、従来の「全員が同時に同じ内容を学習する（一人一人
の理解度等に応じた学びは困難）」から、「学びの転換」が図られ「各人が

同時に別々の内容を学習。個々人の学習履歴を記録　→　一人一人の教育的ニーズや、学習状況に応じた個別学習が可能」

　「協働学習」は、従来の「意見を発表する子供が限られる」から、「学びの転換」が図られ「一人一人の考えをお互いにリアルタイムで共有。子供同士で双方向の意見交換が可能に　→　各自の考えを即時に共有し、多様な意見にも即時に触れられる」

　さらに、ICT の「学び」への活用として、教科の学びを深め、教科の学びの本質に迫ることの事例を示すとともに、教科の学びをつなぎ、社会課題の解決に生かすとして、STEAM 教育[21]について言及しています。

(5)　中央教育審議会初等中等教育分科会『「令和の日本型学校教育」の構築
　　を目指して　〜全ての子供たちの可能性を引き出す、個別最適な学び
　　と、協働的な学びの実現〜　（中間まとめ）』令和 2(2020)年 10 月 7 日
　2020(令和 2)年 10 月 7 日、中央教育審議会初等中等教育分科会は表記の「中間まとめ」を取りまとめました。

　「第 I 部　総論」の「1. 急激に変化する時代の中で育むべき資質・能力」において、新学習指導要領の着実な実施と ICT の活用により「一人一人の児童生徒が、自分のよさや可能性を認識するとともに、あらゆる他者を価値のある存在として尊重し、多様な人々と協働しながら様々な社会的変化を乗り越え、豊かな人生を切り拓き、持続可能な社会の創り手となることができるよう、その資質・能力を育成する」ことが重要と述べています。

---

[21] Science、Technology、Engineering、Art、Mathematics 等の各教科での学習を実社会での課題解決に生かしていくための教科横断的な教育。

続いて「2. 日本型学校教育の成り立ちと成果、直面する課題と新たな動きについて」では、「新型コロナウィルス感染症の感染拡大を通じて再認識された学校の役割」、「変化する社会の中で我が国の学校教育が直面している課題」（子どもたちの多様化、生徒の学習意欲の低下、教師の長時間勤務による疲弊、情報化の加速度的な進展に関する対応の遅れ、少子高齢化、人口減少の影響、新型コロナウィルス感染症の感染拡大により浮き彫りとなった課題）等について述べています。

　続く「3. 2020 年代を通じて実現すべき『令和の日本型学校教育』の姿」においては、「子供の学び」の項で、「指導の個別化」と「学習の個性化」を教師視点から整理した概念が「個に応じた指導」であり、学習者視点から整理した概念が「個別最適な学び」と述べています。協働的な学びについては個別最適な学びとの往還を実現することが必要とし、目指すべき学びの在り方を「全ての子供たちの可能性を引き出す、個別最適な学びと、協働的な学びの実現」とすると述べています。

　「4.『令和の日本型学校教育』の構築に向けた今後の方向性」では、一斉授業か個別学習か、履修主義か修得主義か、デジタルかアナログか、遠隔・オンラインか対面・オフラインかといった「二項対立」の陥穽[22]に陥らず、教育の質の向上のために、発達の段階や学習場面等により、どちらの良さも適切に組み合わせて活かしていくという考え方に立つべきであるとしています。

---

[22] 落とし穴。

4．まとめ−これからの時代の教育者としての教育観

　以上、Society5.0 に関して近年の教育政策を概観してきました。現在、教育の世界は大きく変わろうとしています。

　コロナ禍も相まって、Society5.0 のもたらす社会の変化、進展は、極めて大きなものとなっています。学校教育も新しい段階に入ってきたと言えます。子どもたちは在宅でオンライン学習を行い、登校しても友人との遊びや学びを思うままに行うことができない状況です。教師もまた、オンライン授業や新型コロナウィルス感染防止に最大限配慮した教育を行わざるを得ません。ここに来て、教育界では、なぜ子どもたちは学校に来て学ばなければならないのか、集団での教育とは何だったのか、以前のような学校に戻ることはできるのか、そもそも学校教育の存在理由は一体何なのか。こういった教育の根幹に関わる事柄に自問自答する日々が続いています。

　このことを考えるに当たって、これまで見てきた種々の教育政策の基底にある『教育基本法』（平成 18 年 12 月 22 日公布・施行）に紙面を割きたいと思います。前文では、次の記述があります。

　「我々日本国民は、たゆまぬ努力によって築いてきた民主的で文化的な国家を更に発展させるとともに、世界の平和と人類の福祉の向上に貢献することを願うものである。

　我々は、この理想を実現するため、個人の尊厳を重んじ、真理と正義を希求し、公共の精神を尊び、豊かな人間性と創造性を備えた人間の育成を期するとともに、伝統を継承し、新しい文化の創造を目指す教育を推進する。

　ここに、我々は、日本国憲法の精神にのっとり、我が国の未来を切り拓

く教育の基本を確立し、その振興を図るため、この法律を制定する。」

　続いて、（教育の目的）第一条では、

　「教育は、人格の完成を目指し、平和で民主的な国家及び社会の形成者として必要な資質を備えた心身ともに健康な国民の育成を期して行わなければならない。」

　（教育の目標）第二条では、

　「教育は、その目的を実現するため、学問の自由を尊重しつつ、次に掲げる目標を達成するよう行われるものとする。

一　幅広い知識と教養を身に付け、真理を求める態度を養い、豊かな情操と道徳心を培うとともに、健やかな身体を養うこと。

二　個人の尊厳を尊重して、その能力を伸ばし、創造性を培い、自主及び自律の精神を養うとともに、職業及び生活との関連を重視し、勤労を重んずる態度を養うこと。

三　正義と責任、男女の平等、自他の敬愛と協力を重んずるとともに、公共の精神に基づき、主体的に社会の形成に参画し、その発展に寄与する態度を養うこと。

四　生命を尊び、自然を大切にし、環境の保全に寄与する態度を養うこと。

五　伝統と文化を尊重し、それらをはぐくんできた我が国と郷土を愛するとともに、他国を尊重し、国際社会の平和と発展に寄与する態度を養うこと。」

　私たち教育に携わる者は、この極めて大きな社会変革の時代の「教育」を考究するに当たって、この教育基本法に明示された教育の目的、目標をあらためて再認識し、Society5.0の社会に生きる子供たちの教育に再検討を加え、具体的な教育実践に結実することが求められています。そこから、

学校教育の存在理由が導き出せるに違いありません。

　未来に活きる子どもたちに夢を語り、夢を目指させるのが教師の願いであるならば、教師もまた、教育に夢を持たなければ、これからの教育は成立しないでしょう。

　Society5.0に向けて、教師の役割は一層重要なものになっているのです。

引用文献

1)　平成十八年十二月二十二日法律第百二十号『教育基本法』前文、(教育の目的)第一条、(教育の目標)第二条。

参考文献

1)　閣議決定『科学技術基本計画』平成28(2016)年1月22日。
　　https://www8.cao.go.jp/cstp/kihonkeikaku/5honbun.pdf（2021年1月17日取得)

2)　内閣府『平成30年度　年次経済財政報告（経済財政政策担当大臣報告）－「白書」：今、Society5.0の経済へ－』平成30(2018)年8月。
　　https://www5.cao.go.jp/j-j/wp/wp-je18/18.html（2021年1月17日取得)

3)　内閣府『Society5.0』。https://www8.cao.go.jp/cstp/society5_0/index.html（2021年1月17日取得)

4)　日立東大ラボ編著(2018)　『Society(ソサエティ)5.0　人間中心の超スマート社会』日経BP　日本経済新聞出版本部。

5)　蟹江憲史(2018)　『SDGs(持続可能な開発目標)』(講談社現代新書)講談社。

6)　Society5.0に向けた人材育成に係る大臣懇談会、新たな時代を豊かに生きる力の育成に関する省内タスクフォース『Society5.0に向けた人材育成　〜社会が変わる、学びが変わる〜』平成30(2018)年6月5日。
　　https://www.mext.go.jp/a_menu/society/index.htm（2021年1月17日取得)

7)　閣議決定『教育振興基本計画』平成30(2018)年6月15日。
　　https://www.mext.go.jp/a_menu/keikaku/detail/1406127.htm（2021年1月17日取得)

8)　文部科学省『新時代の学びを支える先端技術活用推進方策（最終まとめ)』令和元(2019)年6月25日　https://www.mext.go.jp/a_menu/other/1411332.htm（2021年1月17日取得)

9)　閣議決定『安心と成長の未来を拓く総合経済対策』令和元(2019)年12月5日。

https://www5.cao.go.jp/keizaishimon/kaigi/minutes/2019r/1205/
shiryo_06.pdf（2021年1月17日取得）
10）中央教育審議会初等中等教育分科会『「令和の日本型学校教育」の構築を目指
して ～全ての子供たちの可能性を引き出す、個別最適な学びと、協働的な学
びの実現～（中間まとめ)』2020年10月7日。
https://www.mext.go.jp/b_menu/shingi/chukyo/chukyo4/houkoku/1382996_0
0006.htm（2021年1月17日取得
11）藤田晃之・佐藤博志・根津朋実・平井悠介/編著(2019) 『最新 教育キーワー
ド 155のキーワードで押さえる教育』(株) 時事通信出版局。
12）教育開発研究所/編(2019)『教育の最新事情がよくわかる本2020』(株) 教育開
発研究所。

第2部
幼児期の子どもの保育・教育

第7章
運動遊びの内容を再考する
－幼少期の発育発達特性と楽しさの観点から－

古田　瑞穂

1. はじめに

　現代の日本は、電気化、機械化、情報化が急速に進み、移動の手段も日常生活の作業もとても簡単な作業ですみ、「必要最低限の動作」だけで生きているといってもおかしくない状況になってきました。加えて、コロナ禍の社会では、運動量の減少はさらに進むことが予想されます。しかし、ヒトは身体を動かしながら進化してきましたから、身体を動かさなくなるということは健康を保てなくなり、機能が低下してしまいます。したがって、今まで以上に意図的に運動を実施することが必要になってくるでしょう。現在の成人は、子どものころに運動をしっかりしてきたかもしれませんが、近年の子どもは子ども時代からすでに運動不足と、二極化が繰り返し指摘されています[1, 2]（文部科学省　2012）。生活の便利さに加え、活動場所、仲間を切り離されたことが運動不足を招き、意図的に運動をするこどもの体力は向上しても、しない子どもは低いままであることが、はっきり現れているといえるでしょう。また、不器用さも指摘されており、人間として未発達のまま、幼少期を過ごし、未発達な成人になるようです。深代[3]（2021）は、「高齢化社会の健康問題に関する解決の源は、子どもの頃の運動体験にある」と述べています。

　このような危機的状況を考慮して、文科省では幼児期運動指針[1]（文部科学省　2012）を示し、小学校低学年の体育[4]（文部科学省　2017）の内容は、「〇〇遊び」として表現し、運動に親しみを持ち、積極的に運動できるようにとの配慮を示しています。一方で、運動が好きでも体育の授業のせいで嫌いになる子どもも多くいることも知られています[5]（古田　2018）。その原因は、つまらない、できない、こわい、といった内容です。つまり、

どのような運動体験をしたかで、その個人の健康寿命に影響してくる可能性があるのです。

　そこで、本稿では、幼少期の運動の内容を、発育発達の特性と楽しさの観点から再考し、より楽しい「運動遊び」を実現するための要素や方法について考えてみたいと思います。

2．幼少期の発育発達特性

(1) 人間ができる運動すべてができる可能性がある（〜5才）

　この項では、子どもの発育発達特性について考えたいと思います。系統的な発生から、人間に進化するまでの過程を簡略化してみると、図1のように表現することができます。

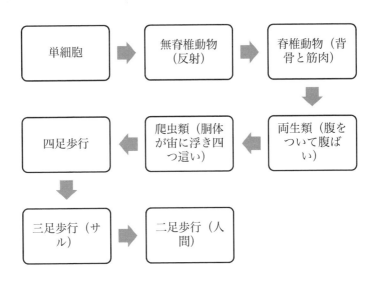

図1　進化による運動機能の獲得過程（檮丸[6]を参照に筆者が作成）

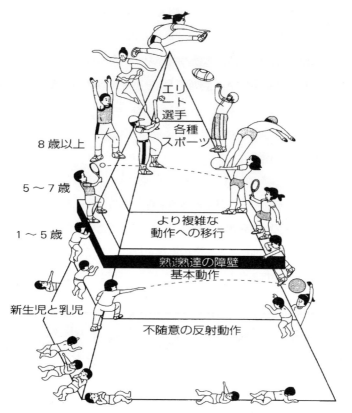

図2　子どもの身体活動能力と教育（ガラヒューの図を宮下2006が改変）[7]

　単細胞として誕生した生命は、ヒトになるまで約40兆個（成人）に細胞を増やし、その時々の環境に合わせて進化してきました。したがって、人間は進化の過程において経験した生物の運動が可能です。泳ぐし、地を這うし、六つ這い、四つ這いをして、物を伝って立ち上がります。木にぶら下がります。地を蹴ってジャンプもします。進化の過程の頂点にあるヒトはさらに物を操作する運動ができ、今までの動物の運動に組み合わせて、

122

他の動物にはできない運動を獲得しているのです。これらの運動は、5才くらいまで繰り返し行うことで獲得できるといわれています。

　体育の領域では人間のできる運動を、姿勢・移動・操作の3領域でとらえ、体育科学センターでは84の動きを幼児期、就学前までにみられる運動として上げています。個人差はありますが、5才以上になってくると経験していない運動能力は伸びないことが知られています。

(2) 神経・脳の発達が著しい

　幼少期では、図3のように脳神経系の発達が著しく、4才で大人の80%、10才では98%程度となります。

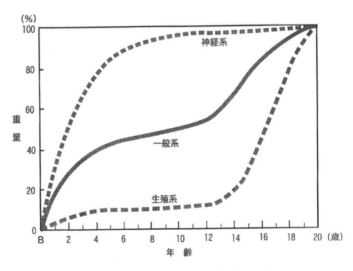

図3　スキャモンの発育曲線[8]（宮下　一部改変　2007）

123

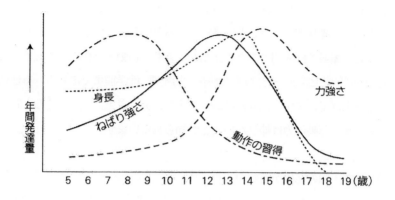

図4　運動能力や体力はいつ発達するのか[9]（宮下　1980）

　このことからも、体力をつけるより、脳、神経系をよく使う動作の習得に適している時期であることが良くわかります。一般的な身体が大人の80％に達するのは 15〜16 才ころで、この時期から体力トレーニングを行うことが望ましいとされています（図4）。幼少期では、速く、強く、長くではなく、上手に器用にこなすような運動（調整力）を経験することが、ヒトとしてヒトらしい運動を獲得するのに重要な時期であるといえるのです。幼児期運動指針では、多様な運動という言葉で多くの運動を経験することを奨励しています。

　ここまで、幼少時期に脳・神経系を発達させるような多様な運動を行うことの重要性を述べてきました。

　また、脳の発達はマルチ能力といわれ、8 つあり、運動能力はその中の一つに挙げられています。その 8 つとは、言語、論理的─数学的、空間、身体─運動、音感、人間関係形成、自己観察・管理、自然との共生といわれており、身体─運動以外の能力も、就学前に経験していくことが重要で

あること [10] がわかります。

3. 遊びと楽しさ

　遊びが嫌いな人がいるのでしょうか？　遊びは楽しい、学びは窮屈、仕事はつまらない、そのようなイメージがあります。遊びや楽しさの定義はホイジンガ、カイヨワが示した定義が有名です。

　カイヨワは遊びを、①自由な活動、②隔離された活動、③未確定の活動、④非生産的活動、⑤規則のある活動、⑥虚構の活動とし、アゴン（競争）・アレア（偶然）・ミミクリ（模倣）・イリンクス（眩暈）の４つの要素で分けています

　東根 [10] は４つの要素を運動遊びでの内容として示しています。

表1　カイヨワの遊びの４要素を含む運動の例 [11]　東根（2020）より

要　素	内　容
模倣（ミミクリ） イメージや現実をまねる遊び	保育者や友達の動きを真似る、 動物ジャンプなど
偶然（アレア） 実施者に決定権がない遊び	じゃんけんや保育者の合図など
眩暈（めまい　イリンクス） 平衡感覚を惑わす遊び	ハザード運動やローリング、 ジグザクに動く。ジャンプなど
競争（アゴン） 勝敗や達成によって終わる遊び	ゲーム形式、各種鬼ごっこなど

また、遊びの本質である楽しさ、面白さでは、チクセントミハイのフロー理論 11) (2000) が有名です。フロー状態とは、「全人的に行為に没入しているときに人が感じる包括的感覚である」と定義されています。

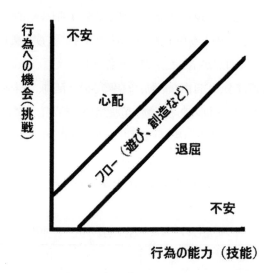

図5　フロー状態のモデル 12) （チクセントミハイ　2000）

　フロー状態は「遊び」にだけ出現するのではありません。条件が整えば自由な活動でなくとも、虚構でなくともその活動が「面白い」状況にあることです。その状態にあるときは、以下の9項目の要素があると述べられています 13) （チクセントミハイ　2016）。
　①過程のすべての段階に明確な目標がある
　②行動に対する即座のフィードバックがある
　③挑戦と能力が釣り合っている
　④行為と意識が融合する

⑤気を散らすものが意識から締め出される

⑥失敗の不安がない

⑦自意識が喪失する

⑧時間感覚が歪む

⑨活動が自己目的的になる

　畑木[14]（2004）は、ホイジンガ、カイヨワ、影山、チクセントミハイら
の考えをまとめ、さらに授業の中で楽しく取り組んでいけるようなエンタ
ティンメント性要素（図6）を見つけ出そうとしました。5つの因子（緊迫
感～自己効力感）が抽出されましたが、それらの因子には、適切な情報負
荷（課題設定）がとても重要になると述べています。

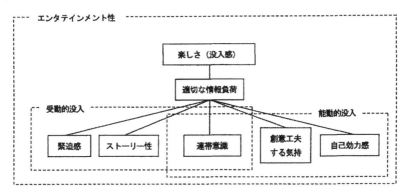

図6　エンタティメント性を構成する要因モデル[14]

　このような要素を、日本の子どもが経験する運動あそびは含んでいるで
しょうか。　子どもたちの運動あそびは本当に楽しい活動なのでしょうか。
そうであるならば、時も自分も忘れて没入しているでしょうから、体力低
下や不器用の状況は起きていないことでしょう。

4. 運動嫌い、体育嫌いの原因

　古田[4]（2018）によると、運動不振になった学生にきっかけを調査したところ、「運動する機会では活躍できず、身体を動かすのがつらかった」、「ドッジボールをしてもボールをとれないし、走っても人を捕まえられず、コンプレックスになっていた」、「やり方を教えてくれなかった」などが、あげられていました。努力しても無駄という無気力型と、運動中に苦しい・痛いなど苦痛や恐怖が運動嫌いになるきっかけを作るようだと述べており、両要因とも、教師の適切な配慮で回避できるのではないかと述べています。つまり、教師の未熟さが運動嫌いを助長しているかのように解釈されているようです。しかし、教員の指導態度だけが問題なのでしょうか。活動内容が簡単すぎたり、難しすぎたり、条件の負荷が適切でなかったとは考えられないでしょうか。あれだけ、まりつき（ドリブル）を子どもの時にやったのに、走ったのに、的あてゲームも楽しかったのに、バスケットはうまくできず、面白くない、という状況はないでしょうか。

　日本の体育教材は体操中心でした。球技は、戦後になって教材として取り入れられました。そのため、球技の授業は全般的に低調であるといわれています[15]（清水 2017）。特に世界では、サッカー、バスケットボール、バレーボールが3大球技と呼ばれ親しまれています。日本では野球が盛んです。このような大人用の運動ゲームが体育の教材として取り上げられているのです。

　ゲームを行うとなると、単に多様な運動を実施することや、運動技術向上だけでなく戦術、戦略が必要で、自分がボールを保持していないときの運動方法や人と協力して、相手に勝つことも理解しなければ、成立しない

のです。その準備として、鬼あそびやゲームなど取り組むようになっていますが、日本の現状では、運動不足を解消するために多様な運動に取り組むことが強調され、スポーツ活動のゲーム性を系統的に経験することの重要性の理解と実施が少ないように思われます。

　スポーツやゲームの要素である戦術・戦略学習は、運動と同じように、脳の発達が著しい 5〜6 才くらいから経験していくことが将来のスポーツゲームの基礎となるようです。例えば、サッカーを先ほど述べたマルチ能力で言うと、走る、蹴る（身体―運動能力）、グラウンドの中で自分の位置確認、ボールが飛んでくるコースをみとる（空間能力）、ゲーム中の動き（言語能力）、味方と力を合わせる（人間関係形成能力）などが関わっており、単に多様な運動を実施し習得すれば、将来スポーツができるかというレベルではありません。他の能力も向上していくことが必要で、そのような経験が多様な運動に加えて必要になってくると考えられます。

　したがって、体操や陸上競技のように個人的な技術を向上させていく活動だけに重点を置くのではなく、ゲームの系統だった「あそび方」を脳・神経系の発達の著しい時期に経験することが、ゲームを楽しんで行える基礎となると考えられます。

　以上のように、運動嫌い、体育嫌いの問題は、指導者の言動に加えて、ゲーム理論や教材理解、適切な情報負荷（課題設定）を与える系統的で有効な方法研究が進んでいないことにも原因があると考えられます。また、その前提として、集団が大きいと指導者の観察が行き届かず、個人差に適した指導が困難になるため、集団の大きさも重要ではないかと思われます。

5. 運動・スポーツが楽しくできるための方法

　ガラヒュー[16] は、体育的な技術について 5 項目（スキル、動かしかた、動き方、体力、強化）を示しています。

　この 5 項目のうち、③動き方についての学習は、どこに身体を動かすべきかを問題にします。これは、ゲーム、スポーツ・ダンスなどの活動に効果的に参加するためのパターンやフォーメーション・ルール、作戦の学習が中心になります。幼児期にはまだ難しいですし、経験することの中心に来るものではありませんが、この点が、日本の教育の中では少ないと思われます。そして、運動が楽しくできるため、情報負荷を与える方法の一つとしても利用できるでしょう。

表2　身体の動かし方についての知識（ガラヒュー）[16]

努　力 （動かし方）	空　間 （動かす場所）	関　係 （人や物との関係での動き）
～に変化をつけて運動する **力** 　強く 　弱く **時間** 　速く 　遅く 　中位で 　持続して 　突発的に **流れ** 　自由に 　決められたように	～を変えて運動する **平面** 　高く／中位で／低く **方向** 　前方へ／後方へ 　斜めに／横へ 　上へ／下へ 　さまざまな動線 　（曲がって、まっすぐに、 　ジグザクに等） **範囲** 　身体の形 　（広く、狭く、曲げて、 　まっすぐ等） **身体空間** 　（セルフスペース、一般 　的な空間） **身体の広がり** 　（近く／遠く、大きく／小さく、 　用具なして、用具を使って）	～との関係で運動する **物** 　上に乗る／下へもぐる 　中へ／外へ 　間に／中へ 　前方へ／後方へ 　先に／後を追う 　上を超えて／下を通って 　通り抜けて／回って **人** 　真似る 　追っかける 　調子を合わせる 　一緒に／別々に 　交互に 　同時に 　相手と／集団で

ドイツでは、球技の基礎をつくるバルシューレ（ボール学校）というスポーツ学校があります。この学校のモットーは様々のボールを使って、様々なゲーム空間で、多様な運動体験やゲーム経験を積むことで、ボールゲーム全体に共通した専門能力を向上させることにあるのです[17]（バルシューレ　2011）。

　多面的な運動を経験すること、子どもは小さな大人でない、遊び（ゲーム）が上達の最上の道、習う前にやってみることの4つをスローガンとしています。この教室は、1998年に開始され、週2回1回45分程度、最大15名のクラス規模で実施され、また、バルシューレに対して、幼児期をミニバルシューレとし、現在はベビーシューレも設けられているようです。

表3　ミニバルシューレ ABC の目標領域[18]［奥田（2017）より引用］

運動系基礎スキル（A）	技術－戦術的基礎スキル（B）	コーディネーション基礎能力（C）
捕る	ボール軌道の推測	時間的プレッシャー
止める	ボールへのアプローチの推測	正確性のプレッシャー
手でのドリブル	着球点の推測	連続性のプレッシャー
足やラケットでのドリブル	コート上の位置取り	同時性のプレッシャー
投げる	協働的なボールキープ	可変性のプレッシャー
蹴る	ギャップとスペースの認識	
打つ		

内容は幼少期から戦略をとりいれ系統的にボールゲームのスポーツへ楽しく移行できるよう、運動系のスキル、技術―戦略スキル、コーディネーションのプログラムが組まれています。

コーディネーションは、状況を目や耳など五感で察知したものを、頭で判断し、具体的に筋肉を動かすといった一連の過程をスムーズに行う能力のことです。つまり体を巧みに動かす神経系の能力を高めるための運動です。多様な運動に加え、運動方法によってより、脳・神経系の発達が促されていることが期待されます。日本でも、東根[11]などが実践に取り組んでいます。

バルシューレの活動展開形式としては、自由遊び→動機付け遊び→課題遊び（ゲーム）とすすみ、少しずつ指導者が動機づけとして問いかけ、（～はできる？～をやってみたい？）と、子どもたちの想像力をかき立て、プレッシャー（課題）を系統的に、誰にでもわかるように、また繰り返せるように出していきます。指導は、あくまでも子どもが主体になるよう、行われています。プレッシャーとは、情報負荷で、時間・正確性・連続性・同時性・可変性の要素で行われています。

表4　ゲームに必要な能力形成の要因[18]

知覚の多様性	思考の多様性
自由な知覚	自由な思考発見
知覚の複合性	思考発見性の複合性

さらに、これら課題遊び（ゲーム）経験が、身体―運動能力だけでなく、様々な能力の向上にもつながり、さらに全人格向上にもつながると述べら

れています。このようにバルシューレでの取り組みは、遊びの中にゲーム要素を生かしながら、適切な情報負荷を組み込み、楽しい遊びに取り組んで能力を向上させようとしていることがわかります。

　ゲームは個人でも行えますが、保育・教育の場では集団で行える社会性や協調性を身に付ける機会です。水谷[19]によれば、集団ゲームとは、勝敗を楽しみながら競技（遊戯）を競いあう遊びのことで、ルールがあり、自分の技術をぶつけ合うと述べています。「勝敗」と「楽しみ」ながらを合わせて、①互いの考えていることを邪魔をするという敵対関係があり、②相手を認めるという人間関係があり、③競技（遊戯）の約束（ルール）を守るという関係があり、④相手と競いあうためにお互いの技能・技術を交換できる関係にあると定義しています。

　勝敗にこだわる競技となると、他者との比較が始まります。また、自分の達成感（内的報酬）を味わうより、褒めてもらいたい、認めてもらいたい（外的報酬）ことが先に来てしまい、本来の面白さからは遠ざかり、フロー状態は体験できないでしょう。子どもたちに適したゲームとしてアームストラングは[10]、競争であっても、協力するゲームが適切であると述べています。

6．まとめ

　さて、子どもの運動について発育発達の特性と遊びや楽しさの観点から、楽しい「運動」の要素や方法について検討してきました。

　日本の文部科学省の取り組みは、「毎日60分、多様な運動をする」にとどまっていますが、さらに、運動遊びの内容について検討が必要だと思わ

れます。三井[20] は「運動遊びの指導法という研究領域は、体系的な遊びの指導の在り方についての科学的が未開拓の分野」の一つであると述べており、内容とともに指導法についても、さらなる研究が望まれます。

コロナ後は、町や住宅の構造も大きく変わることでしょう。バリアフリーも重要ですが、同時に町中や室内にボルタリングやパルクールができ、跳んだり、くぐったりする危険回避型環境も必要でしょう。現在の都市は大人用に作られています。子どもから、高齢者まで、ボーダレスでダイバーシティの身体を動かせる仕組みのある環境も検討する必要があるでしょう。人間にとって楽しく運動することの重要性を考える必要があります。

まとめとして、より楽しい運動遊びにするために、どのような要素や方法があったか、内容を上げておきます。

子どもたちの発育発達に応じて、

(1) 環境づくりが適切か

(2) 遊びの要素があるか（カイヨワ）

(3) ゲーム要素があるか（バルシューレ）

(4) 多様な運動か（文科省・コーディネーション）

(5) 人数は適切か

(6) 進め方は適切か（自由あそび→動機付け→課題へ）

(7) 情報負荷（課題）の設定は適切か（チクセントミハイ）

(8) 安全か

参考文献
1) 文部科学省（2012）幼児期運動指針　文部科学省。
2) 文部科学省幼児期運動指針策定委員会（2012）幼児期運動指針ガイドブック―毎日楽しく体を動かすために―　文部科学省。

3) 深代　千之（2021）成長期の心身の発達が健康寿命につながる　体育の科学　71　4　pp234-236。

4) 文部科学省（2017）小学校学習指導要領（平成29年告知）解説　体育編　文部科学省。

5) 古田　久（2018）運動嫌いと運動不振の関係　日本教科教育学会資第40巻　第4号　pp63-69。

6) 穐丸　武臣（2014）保育内容健康［新版］第3章　北大路書房。

7) 宮下　充正（2006）子どもの身体活動能力と教育　　子どもと発育発達　日本発育発達学会　4．1　pop45-51　杏林書院。

8) 宮下　充正（2007）子どもに「体力」を取り戻そう　杏林書院。

9) 宮下充正（1980）子どものからだ一科学的な体力つくり　東京大学出版社。

10) トーマス・アームストロング　吉田新一朗訳（2002）マルチ能力が育むこどもの生きる力　小学館。

11) 東根明人（2020）「幼児のためのコーディネーション運動」16　明治図書。

12) チクセントミハイ M（2000）楽しみの社会学　新思索社。

13) チクセントミハイ M（2016）クリエイティヴィティーフロー体験と創造性の心理学　世界思想社。

14) 畑木則男　山口有美　山口晴久（2004）学びにおけるエンタティンメント性要素を構成する要因のモデル化　―中数学における授業実践を目指して―　岡山大学教育実践総合センター紀要　第4巻　pp71-80

15) 清水　将（2017）ゴール型の会教材としての鬼遊びに関する検討―対人的戦術を誇張するスコープとシークエンス―　岩手大学境域九学部研究年報　76　2017　pp15-30。

16) ガラヒュー L デビッド　杉原隆（監訳）（1999）幼少年期の体育　発達的視点からのアプローチ　大修館書店。

17) バルシューレジャパン（2011）バルシューレ　―幼児のためのボール遊びプログラム―　東山書房。

18) 奥田知靖（2017）バルシューレ　―幼児期から小学校低学年を対象に―創文企画。

19) 水谷豊二（1997）幼児が熱中する集団ゲーム　3歳児・4歳児編　明治図書。

20) 三井　登（2013）幼児期の運動遊びにおける指導法の課題　帯広大谷短期大学紀要　50　pp127-137。

第8章
保育現場における衛生管理と子どもへの健康教育

原田　博子

1. はじめに

　保育の現場では子どもたちが集団で生活をしています。子どもが安心して遊べる場所、保護者も安心して預けられる場所として環境衛生の一定の基準を満たすことは当然のことですが、その衛生管理もエビデンスに基づいて行われるべきです。また、子どもたちの健康を守るためには衛生環境を整えるだけではなく、子どもたち自身も自分の健康に関心を持ち、生活のなかで手洗い、うがい、歯磨きなどを楽しく習得していくことが大切です。そのためには子どもの年齢や発達に合った指導法の工夫も必要になってきます。

　この章では、保育現場における衛生管理の基本的知識と子どもへの健康教育の際、配慮すべき点や工夫について述べていきたいと思います。

2. 保育現場の環境衛生基準

(1) 温度

　「保育所における感染症対策ガイドライン(2018年改訂版)」[1]によると、保育現場の室内温度は冬期 20〜23℃、夏期 26〜28℃が望ましいとされています。

　乳幼児は体温調節機能が未熟なため、低体温やうつ熱になりやすいです。室内温度には十分配慮しましょう。

　冬期、外気温が10℃以下になる場合は暖房を使用しましょう。床の温度は室温より 2〜3℃低いとされています。乳児クラスでは床に直接座っていることもありますので、床の温度にも注意を払います。

夏期は室温が 28℃を超えないようにします。

冷暖房を使用する場合は外気温との差が 5℃以内になるようにしましょう。

(2) 湿度

保育室の湿度は 40%以上 70%の範囲で調整を行いますが、冬期、インフルエンザなどの感染症流行期は加湿器を使用し、湿度が 60%に保てるようにします。

加湿器は細菌やカビなど繁殖しやすい状況にあります。水タンクは毎日清掃します。また、取り出せるフィルターがあれば、毎日洗浄し、乾燥させてから使用します。

(3) 換気

1〜2 時間おきに 1 回 5 分程度、窓を開け空気を入れ替えます。黄砂や光化学スモッグ（特に PM2.5）についての気象予報にも注意を払って、開ける窓や時間帯を選択します。

冬期に一酸化炭素が発生する暖房器具を使用している場合は、換気に注意を払う必要があります。

(4) 採光・照明

自然光を利用したり、照明を利用したりします。

自然光は強い直射日光が差し込まないよう、カーテン、遮光ネット、ブラインドなどで調整します。

照明は物の色が自然に見えるものを選びます。

(5) 音

　保育室は園外の騒音があまり聞こえない環境が望ましく、また園内の子どもの声なども園外に漏れない環境が望ましいと言えます。

　近年、保育園や幼稚園から漏れる音を騒音と認識する人もいます。子どもに対して必要以上に静かにさせる必要はありませんが、大きな声、中くらいの声、小さな声をコントロールできるように伝えていく必要があります。出ている声の大小を動物の鳴き声に見立てて子どもたちに伝えている園が多いようです。

３．保育現場の衛生管理

(1) 使用する消毒薬

　衛生管理のために使用する消毒薬はその用途、適用箇所、希釈倍数など正しく使用しないと、薬理学的に効果がありません。消毒薬の種類（表1）と消毒薬の用途と留意点（表 2）の内容をしっかりと理解してください。また、保育現場で頻繁に使用される次亜塩素酸ナトリウムの希釈も表3の希釈方法に従ってください。

　消毒薬を正しく使用しないと子どもたちだけではなく、自分自身にも健康被害が及ぶ可能性もあります。十分に注意を払いましょう。

表1　消毒薬の種類

薬品名	塩素系消毒薬（次亜塩素酸ナトリウム等）	第４級アンモニウム塩（塩化ベンザルコニウム等）	アルコール類（消毒用エタノール等）

有効な病原体	全ての微生物（ノロウィルス ロタウィルス等）	一般細菌（MRSA等）、真菌	一般細菌（MRSA等）、結核菌、真菌、ウイルス（HIVを含む）等
消毒液が効きにくい病原体		結核菌、大部分のウイルス	ノロウイルス、ロタウイルス等

出典：厚生労働省「保育所における消毒の種類と使い方」

表2　消毒薬の用途と留意点

薬品名	次亜塩素酸ナトリウム	塩化ベンザルコニウム（逆性せっけん又は陽イオン界面活性剤ともいう。）	消毒用アルコール
主な商品名	ピューラックス ミルトン など	オスバン ハイアミン など	消毒用エタノール ウエルパス など
消毒薬の濃度	・次亜塩素酸濃度6%の薬液が市販されている。それを通常200〜300倍に希釈して使う。・最近は次亜塩素酸濃度12%も市販されて	通常、原液を100〜300倍に希釈して使う。・希釈濃度に関しては、販売元の製薬会	・消毒用アルコール（アルコール濃度70〜80%のもの）を原液のまま使用する。

	いるので、十分確認の上で使うこと。	社の HP の情報に従うこと。	
適用対象	衣類、歯ブラシ、遊具、哺乳瓶	手指、トイレのドアノブ	手指、遊具、便器、トイレのドアノブ
使用上の留意点	・漂白作用がある。原液は強く反応する。子どもの衣類も色が落ちる可能性がある。（300 倍希釈であれば、物にもよるが色落ちが少なくて済む）・アルカリ性なので金属には使えない。（変色もする。）	・一般の石けんと同時に使うと中和され、消毒の効果がなくなる。	・使用頻度が多ければ、手荒れする。（爪も傷む）・ゴム製品・合成樹脂などは変質するので、長時間浸さないこと。・手指消毒の場合は、薬用せっけんを使用し、流水でしっかりと洗い流した後、ペーパータオルで手の水分をよくふき取り、その後でアルコールを使用する。自然乾燥が望ましい。急ぐ場合は清潔なペーパータオルでアルコール分を拭く。

表3 次亜塩素酸ナトリウムの希釈方法（次亜塩素酸6%の場合）

消毒対象	濃度 (希釈倍率)	希釈方法
・糞便や嘔吐物が付着した床 ・衣類等の浸け置き	0.1% (1000ppm)	水1ℓに対して約20ml 　（めやすとしては、500mlペットボトルにキャップ2杯弱）
・食器等の浸け置き ・トイレの便座、ドアノブ、手すり、床等	0.02% (200ppm)	水1ℓに対して約4ml 　（めやすとしては、500mlペットボトルにキャップ0.5杯弱）

出典：厚生労働省「保育所における消毒の種類と使い方」

　希釈された次亜塩素酸ナトリウムは時間経過とともに分解されていくものです。

　「次亜塩素酸ナトリウム（アルカリ性）」と「次亜塩素酸水（酸性）」は名前が似ていますが異なる物質です。混同しないようにしましょう。

(2) 消毒薬の管理や使用上の注意点

・消毒薬の種類によって、適用対象が異なる。

・正しく希釈しないと効果がない。

・消毒時間（浸け置く時間）を守る。

・消毒薬は直射日光を避け、子どもの手の届かないところに保管する。

・消毒薬は使用時に希釈し、その日のうちに使い切る。

・保育室内で消毒を行うときには、子どもたちを別室に移動させる。

・消毒薬を使用する際には換気を十分に行う。

・消毒を行う者はマスクと手袋を着用する。パンデミック時ではマスク、手袋だけではなく、使い捨てエプロンとゴーグル着用が望ましい。

・血液・嘔吐物・下痢便などが衣服についている場合は手袋を着用し、汚れを手洗いにて十分に取り除き、消毒液に浸す。

(3) 保育室

保育室はこまめに掃除をします。窓を開け換気をしながら、掃除機やほうきを使用し、ごみを取り除きます。その後硬く絞った雑巾で水拭きします。

使用した雑巾は手洗いまたは洗濯機を使って毎日洗い、日光消毒（後述）をしておきます。感染症流行時には 0.1%濃度の次亜塩素酸ナトリウムで10分以上の浸け置き消毒の後、水洗いし日光消毒を行います。

パンデミック時には0.02%濃度の次亜塩素酸ナトリウムを使用し、床を拭き上げます。スプレー式のもので薬液を床に散布すると、ウイルスを舞い上がらせ、感染を拡大してしまいます。決してスプレー式のものは使用しないでください。

近年、天然の木を床材として使用される園が増えてきました。病院は病原菌がいる前提で作られますので、材質的に消毒液に耐えられるよう考えられていますが、保育園、幼稚園では木のぬくもりのなかで子どもを育みたいという管理者も想いが反映されています。そのような中で次亜塩素酸ナトリウムは床の色が変色することから使用できないということも起こります。一般的な感染症流行時期やパンデミックの際の消毒の仕方は管理者と十分な話し合いの上、決定しておくべきだと思います。

(4) 手洗い場

　蛇口コックは複数の人が触れている場所ですので、常に清潔を保つようにします。常に水分を拭きとり、乾燥させておきます。一日に一回は必ず、0.02％濃度の次亜塩素酸ナトリウムによる消毒を行います。感染症流行時にはその頻度を増やします。

　水道設備の点検や害虫駆除は管理者の指示に従い、定期的に行います。

(5) トイレ

　トイレは雑菌に汚染していることが多い場所です。便器、水洗レバー、ドアやドアノブ、蛇口コック、汚物槽などは0.02％濃度の次亜塩素酸ナトリウムで一日に二回は必ず消毒をします。

　乳児用おむつ台は使う度に70〜80％エタノールで消毒をします。子どものおしりに敷くシートは使い捨てが望ましいですが、それが用意出来ない場合、共有したシートをその都度70〜80％エタノールで消毒をします。子どもに使用する際は消毒したシートにアルコール分が残っていないことを確認します。ノロウイルス、ロタウイルスなど感染症流行時には、0.02％濃度の次亜塩素酸ナトリウムによる消毒に切り替えます。

　感染症流行時ではなくても、保育者は一人おむつ交換をする度に手洗いをします。手荒れが著しい場合には使い捨ての手袋を使用し、おむつ交換をする度に新しい手袋へと交換します。

(6) 園庭

　園庭遊具の点検や樹木、害虫、雑草などへの対応は管理者の指示に従い、定期的に行います。ハチの巣に気づいた場合は管理者へ急いで報告をします。

(7) 砂場

　砂場は定期的に掘り返し、日光で砂を乾燥させます。

　降園以降の時間帯は動物の糞で汚染されないように、シートで覆います。子どもたちがいる時間帯はそのシートに隠れて、熱中症など引き起こす可能性がありますので、ビニールシートは使用しません。最近は砂場が見えるようにネット状になった小動物除けシートを使用することが多いようです。

　万が一、砂場が動物の糞などで汚染された場合はその糞を中心に広めに砂をえぐり、処分します。その後えぐった周辺を300倍希釈の逆性せっけんで消毒します。

(8) 遊具

　乳児用のおもちゃは唾液などで雑菌が繁殖しやすい状況になっています。洗浄、消毒ができるものが適しています。

　素材によって消毒方法が異なります。表4を参考にしてください。

　パンデミック時には、布製のおもちゃは使用しません。午前と午後でおもちゃを替え、それぞれ使い終わったら、速やかに洗浄、消毒を行います。

表4　遊具の消毒

	普段の取り扱い	消毒方法
ぬいぐるみ 布類	・定期的に洗濯をする。・陽に干す（週に1回程度）。 ・汚れたら随時洗濯する。	・糞便や嘔吐物などで汚染したら、汚れを落とし、0.02%（200ppm）濃度の次亜塩素酸ナトリウム液に十分浸し、水洗いする。

		・色物や柄物には消毒用エタノールを使用する。 ＊汚染がひどい場合は処分する。
洗えるもの	・定期的に流水で洗い、陽に干す。 ・乳児がなめるものは毎日洗う。	・糞便や嘔吐物で汚れたものは洗浄後に0.02〜0.1%（200〜1000ppm）濃度の次亜塩素酸ナトリウム液に浸し、陽に干す。 ・色物や柄物には消毒用エタノールを使用する。
洗えないもの	・定期的に湯拭き又は陽に干す。 ・乳児がなめるものは毎日拭く。	・糞便や嘔吐物などで汚れたら、汚れをよく拭き取り、0.05〜0.1%（500〜1000ppm）濃度の次亜塩素酸ナトリウム液で拭き取り、陽に干す。

出典：厚生労働省「保育所における消毒の種類と使い方」

　陽に干すとは、日光消毒のことを指します。日光消毒とは太陽光の紫外線を利用した消毒のことです。黄砂や PM2.5 など情報にも注意を払い日光に当てましょう。一般的に日光消毒は日光があたる朝 10 時から昼 14 時の時間帯が望ましいです。

4．子どもへの健康教育

　保育現場における子どもへの健康教育とは、「心身の健康の保持や増進を図るために必要な知識、態度を身につけるための教育」のことをいいます。

　保育のなかでは、子どもの発達や子ども自身の理解力に合わせた関わりが効果的です。園の年間指導計画に合わせて健康教育を行います。絵本、ペープサートなどを使用して、子どもたちに興味を持たせます。やってみたい、やってみようという気持ちが高まるよう工夫しましょう。

（1）手洗い

　0～1歳児　お食事の前や外遊びの後は、保育者が言葉をかけながら、液体せっけんを使用し、流水でしっかりと洗い流します。

　2歳児　保育者の見守りがあれば、一人でできるようになっていきますが、まだ不十分です。保育者は出来ていないところは後ろから手を添えて、一緒に洗います。

　「あわあわ、ごしごし」などリズミカルな言葉を使って楽しく洗うようにします。

　3歳児　言葉をかけると一人で出来ます。洗い残しがある場所を意識できるようその場で声をかけます。水道の使い方、石けんの使い方、流水で10秒以上流すことなども伝えていきます。

　4歳児以降　手から感染する病気があることや病気から自分を守るために手を洗うことを伝えます。どのような状況になれば手洗いをした方がいいのかも伝えていきます。

　スタンプ会社から子ども用に手洗いスタンプが販売されています。手に

つけたそのスタンプが落ちるまで洗うという目安が子どもには伝わりやすいと思います。

　感染症流行時、使い捨てのおしぼりを使用する場合は、使い終わったそのおしぼりをほかの子どもが手にしないよう速やかに捨てます。

(2) うがい

　うがいは「ブクブクうがい」と「ガラガラうがい」があります。「ブクブクうがい」は口の中に適量の水を含み、頬の筋肉を使って口の中をすすぐうがいのことです。「ガラガラうがい」は適量の水を使って、喉の奥を洗浄するうがいです。(社)日本歯科医師会によると「ブクブクうがい」は3歳児で約 50%、4 歳児では約 75%の子どもができるようになるとされています。また、「ガラガラうがい」は3歳児で約25%、4歳児では約50%、5歳児で約約75%の子どもができるようになるとされています。

　「ブクブクうがい」は2歳後半くらいから、口に水を少量含み、「ぺー」と言いながら吐き出すことから始めていきます。子どもの発達をみながら、口の周りや頬の筋肉を使って、口の中で拭くんだ水を上下左右に回すことを伝えていきます。

　「ガラガラうがい」は「ブクブクうがい」に比べて難易度が高く、鼻咽腔閉鎖が出来ないと成功しません。まず、水を含んで上を向くことから始めます。水を含んで上が向けるようになったら、息を止めて「アー」と息を出す練習をします。音は強く出す必要はありません。喉の奥から弱いガラガラが出せればよいです。

(3) 鼻を拭く・鼻をかむ

　2 歳ごろから一人で鼻をかめるようになります。それまでは保育者が鼻

を拭く必要があります。水分が多い鼻水はソフトティッシュペーパーで優しくふき取ります。乾燥している場合は人肌程度に温めた蒸しタオルを当て、柔らかくしてからふき取ります。

2歳過ぎて自分で鼻をかめるようになった時には、片方ずつ行うことを伝えていきます。

(4) 歯磨き

乳歯の生え始めの時期は歯茎がかゆくなることもあり、歯固めというおもちゃを使用することがあります。その歯固めの代わりに乳児歯ブラシのような形をしながらも、毛先がブラシではなく、ラバー毛（シリコン製のようなもの）でかつ、喉をつかないように安全プレートがついているものがあります。それを使用することによって、口腔内に棒状のものが入ることに慣れていくこともできます。しかし、これは歯を磨いたことにはなりません。単なる遊びの延長だと理解してください。

そして、乳歯が生え始めたら大人が子どもの歯に触れることから始め、段階を経て、歯磨き習慣をつけていくのがよいとされています。乳歯は一般的には6か月頃から生え始めるとされていますが、個人差が大きいです。乳歯が生えてきたら、寝かせ磨きの姿勢（図1 寝かせ磨き参照）をとり、ぬるま湯で濡らしたガーゼや綿棒を使用し、歯の表面を優しく撫でるようにします。この時期の子どもはうがいが出来ませんし、歯磨剤も使用していませんので、終わった後に白湯を飲ませるようにします。食事後、大人が子どもの歯の清拭を行うことで、子どもは食事の後に口腔内を清潔にするという体験を重ねていきます。その体験が歯ブラシを使った歯磨きへとつながっていきます。

ガーゼや綿棒での清拭に慣れて来たら、食後、安全プレートがついた歯

ブラシを持たせ、口腔内に入れることを経験させます。子どもが歯ブラシで喉をつく事故が起こっていることから、安全プレートがついていても目を離さないようにしてください。これも遊びの延長と捉え、最後は大人が仕上げ磨きをしていきます。仕上げ磨きは下の奥歯と上の奥歯を先に磨きます。その後上の歯表、上の歯裏、下の歯表、下の歯裏の順番で行います（図2仕上げ磨き参照）。

　歯磨き習慣は家庭での歯磨きと園との連携で身についていくものです。保護者と保育園、幼稚園が一緒になって取り組むようにしましょう。

　食後の仕上げ磨きを1歳から行っている保育園もあるようですが、一般的には3歳児になって自分で磨くように健康教育をされている園が多いようです。保育所、幼稚園という集団生活のなかで、友達と一緒に歯磨きをする楽しさも味わえるようにしましょう。

　歯ブラシやコップの管理ですが、毎日持参してもらい、毎日持って帰ってもらうようにします。園で管理する場合は0.02％濃度の次亜塩素酸ナトリウムによる消毒を毎日行うようにします。

図1　寝かせ磨き

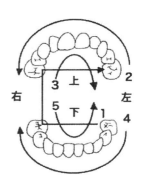

図2　仕上げ磨き

(5) プライベートゾーン

　プライベートゾーンとは水着で隠れる部分と口を指します。子どもたちへは他者に触らせないところであることを教えていきます。性犯罪に巻き込まれないようにするためも、また早期に信頼のある大人へ打ち明けられるようにするためにも伝えておかなければならない内容です（図3参照）。

図3　プライベートゾーン

引用文献

1)　厚生労働省「保育所における感染症対策ガイドライン(2018年改訂版)」2018年3月　pp24. 27-29. 68-70。

参考文献

＊一般社団法人日本保育保健協議会『保育保健2016』日本小児医事出版社　2016年。
＊遠藤郁夫他『子どもの健康と安全』学建書院　2019年。
＊大澤眞木子『子どもの保健〜健康と安全〜』日本小児医事出版社　2018。
＊厚生労働省「保育所における感染症対策ガイドライン(2018年改訂版)」2018年3月。
＊榊原洋一『子どもの保健演習ノート　改訂第3版追補』診断と治療社　2019年。
＊(社)日本歯科医師会　「母子健康手帳活用ガイド」2012年3月。
＊全国保育園保健師看護師連絡会学術委員会「保育現場のための新型コロナウィルス感染症対応ガイドブック第1版」2020年6月。
＊日本保育園保健協議会『最新保育保健の基礎知識　第8版改訂』日本小児医事出版社　2013年。
＊渡辺博『子どもの保健 改訂第3版 』中山書店　2017年。

（イラスト　伊藤愛）

第9章
現代の保育と保育内容「健康」

怡土　ゆき絵

1. 保育の目的と目標

　我が国では保育所と幼稚園、そして 2006 年に創設された認定こども園に、就学前の子どもたちが在籍する状況となっています。それぞれ、保育の内容に関する事項及び内容に関連した運営に関する事項が、保育所では『保育所保育指針』[1]（厚生労働省　2017）、幼稚園は『幼稚園教育要領』[2]（文部科学省　2017）、幼保連携型認定こども園は『幼保連携型認定こども園教育・保育要領』[3]（内閣府　2017）にて定められています（以下、要領・指針）。[4]（大滝　2021）

　これら 3 つの施設は、それぞれ特徴があるものの、共通して「子どもの健やかな心身の健康を図る」ということが目的となります。この目的を達成するために「5 領域」といわれる保育の目標が定められています。子どもの発達を「健康」、「人間関係」、「環境」、「言葉」、「表現」という側面から捉えた保育内容の教育的側面のことを指します。教育的側面というと、小学校以上の教科教育のように捉えがちですが、就学前の子どもたちは「遊び」と「生活全般」の中で学んでいきます。保育者は、上述した保育の目的と目標、領域について理解した上で、子どもたちが楽しく遊んだり、生活したりする中で成長できる保育を計画し、展開していくことが重要となります。

　さらに、「幼児期に育てたい 3 つの資質・能力」と、「幼児期の終わりまでに育ってほしい姿」も押さえておきたいポイントです。

　めまぐるしく変化し、発展していく現代社会において、子どもたちが今後どの様な状況、場面に直面しても自分自身の知識や能力を活用し、臨機応変に対応していく能力の習得が求められます。そのために必要と考えら

れる資質・能力として、要領・指針の中で次の3つが示されています。

1つ目は、「知識及び技能の基礎」。2つ目は「思考力、判断力、表現力の基礎」。3つ目に「学びに向かう力、人間性等」です。これら3つを土台として、小学校以上の学校教育においてもこの資質・能力は一貫して育成していくことが現在求められています。

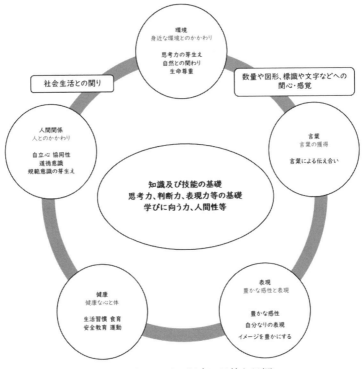

図1　現代における保育の目的と目標

小学校との円滑な接続を目的として、幼児期の学びを可視化し、小学校教諭と共有することを目的として作られたのが「幼児期の終わりまでに育ってほしい姿」です。これは5歳児後半に育っていく5領域の内容を具体

的な姿として「10の姿」で示されています。この姿は、保育者が保育を振り返り、評価改善するための軸ともなります。但し、この10の姿は「到達目標」や達成しなければならない事項ではなく、育っていく方向を示す「方向目標」です。子どもたち一人ひとりがこの姿に向かうよう保育をする為に、目の前の子どもたちの姿を捉えて保育計画をしていく事が望まれます。

　図1に示したように、就学前の子どもたちを育む保育では「保育内容（5領域）」と、「幼児期の終わりまでに育ってほしい姿」に示される「ねらい」と「内容」を包括的に捉えて保育をする中で、子どもたちの「3つの資質・能力」を育んでいくという構造が、現代における保育の目的と目標になっていると言えるでしょう。

2．現代の子どもたちと保育内容「健康」

　現代の子どもたちは、社会環境の変化や外出自粛を求められる状況下にあり、心身の健康に大きな変化が表れています。肥満、ネット依存、ネグレクト、憂鬱な気分や悲壮感、発達障害児の症状の悪化、運動機能低下、生活習慣の乱れなどが子どもたちに起きています。[5]（神川　2021）

　このような課題を抱えた現代の保育では、保育内容の中でも領域「健康」の掲げる目標に、特に力を入れていく必要があるでしょう。

　領域「健康」では、「健康な心と体を育て、自ら健康で安全な生活をつくり出す力を養う」ことが掲げられており、生活習慣、食育、安全教育、運動という側面から子どもたちの健康を育む保育を行うことが示されています。

　「健康」とは、疾病が無い事だけではなく、肉体的、精神的及び社会的にも良好な状態を指します。つまり、心身ともに健やかであるとともに、

子どもたちを健やかに守り育てる人々に囲まれている事が最も重要です。[6] (吉田伊津美ら　2019)

　まずは、子どもたちを取り巻く大人たちが、子どもたちの心身の健康を育むことを念頭に生活習慣を見直し、心と体の安定を目指していく取り組みも求められます。その上で、子どもたち自身が心身の健康を維持増進する行動がとれるよう、保育の現場と家庭が連携を取りながら環境を整えていくことが大切です。

　「幼児期の終わりまでに育ってほしい姿」でも、第一に「健康な心と体」を掲げており、子どもたちの健康を育む保育を提唱しています。そこには、「園生活の中で、充実感をもって自分のやりたいことに向かって心と体を十分に働かせ、見通しをもって行動し、自ら健康で安全な生活をつくり出すようになる。」と示されており、小学校就学前までに子どもたち自ら健康で安全な行動ができるように配慮する方向性が示されています。

3．「健康な心と体」を育む保育

　「健康な心と体」は、周囲の人との信頼関係のもと、自分のやりたいことに伸び伸びと取り組む中で育まれていきます。まず、子どもが主体的に遊びに取り組めるような環境を設定し、「体を動かすと気持ちいい」「園で過ごす時間が楽しい」と感じられるようにすることが大切です。思い切り心と体を使ってたくさん遊ぶと、自然におなかがすき、たくさん食べて、夜ぐっすり眠るという生活リズムができ、排せつのリズムも整います。

　上述した保育における要領・指針の保育内容「健康」を踏まえ、子どもたちの発達の目安と保育者の関り、そして保護者と連携して進めていきたい支援についても見ていきましょう。

157

(1)　乳児の「健やかに伸び伸びと育つ」

　指針に示される「乳児保育のねらい及び内容」では、0 歳児の発達が未
分化であり、保育者との関りが重要になることを踏まえて、「健やかに伸び
伸びと育つ」、「身近な人と気持ちが通じ合う」、「身近なものと関り感性が
育つ」という 3 つの視点で記載されています。

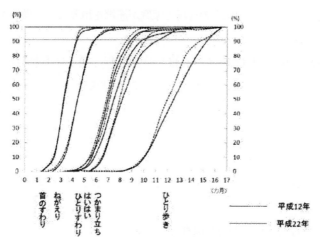

図2　乳幼児の運動機能通過率

出典：厚生労働省　「平成２２年乳幼児身体発育調査の概況」2013[7]

　「健やかに伸び伸びと育つ」では、1 歳以上 3 歳未満児、3 歳以上児の領
域「健康」の基盤となる視点で記載されており、その「ねらい」は、身体
感覚、運動、食事を含む生活習慣があげられています。それらを達成する
ための「内容」は、保育者との信頼関係を基盤とし、子どもたち一人ひと
りの個人差に応じた保育を行うことが示されています。乳児期の運動機能
は急速に発達し、自分でできることが増えていきます（図2）。指針の「内
容の取扱い」では、「寝返り、お座り、はいはい、つかまり立ち、伝い歩き

など、発育に応じて、遊びの中で体を動かす機会を十分に確保し、自ら体を動かそうとする意欲が育つようにすること。」とあります。乳児の発達を念頭に、保育の環境を整えて子どもたちの運動を引き出していきましょう。

　例えば、生後2〜3か月ごろになると、「首のすわり」ができるようになり、「転がる」（寝返り）が出現します。保育の中で、時には安全を確保しながらうつぶせの姿勢にしたり、目線の先に子どもの興味を引くおもちゃを置いたりする工夫を用いて、子どもたちの好奇心を高める環境づくりを行いましょう（写真1）。ふれあい遊びなども、大人との信頼関係を築きながら適度な運動を引き出すことが出来ます。子どもたちの機嫌が良い時間帯を選び、表情を見ながら運動を引き出していきましょう。

写真1　首のすわりと保育環境

　生後5か月から8か月ごろになると「つかまり立ち」ができるようになり、10か月ごろになると「つたい歩き」ができるようになります。さらに11か月から13か月ごろ「ひとり歩き」ができるまでに成長して行きます。この「つかまり立ち」から「ひとり歩き」、そして「歩く」運動が心配なく一人で出来るようになるまでの期間が最も転倒や転落の危険性が高くなります。危険だからさせないのではなく、子どもたちが安心して興味のあ

るものに手を伸ばし、運動できる環境を作っていきたいものです。子ども
たちが立位の姿勢になって届く場所は簡単に倒れたり落ちたりするもの
がないように環境を整え、安全を確保しましょう。

　健康な心と体を育てるために、指針では食事を含む生活習慣についても
示されています。「内容の取扱い」には、②「離乳食が完了期へと徐々に移
行する中で、様々な食品に慣れるようにするとともに、和やかな雰囲気の
中で食べる喜びや楽しさを味わい、進んで食べようとする気持ちが育つよ
うにする」とあります。離乳食開始の時期は5か月から6か月ごろを目処
とされていますが[8]（厚生労働省　2019）、あげてみても子どもが嫌がった
り、思うように進まなかったりすることもあります。その時は無理に進め
ず、子どものペースに合わせていきましょう。子ども自身が食事すること
に興味を抱き、自ら食べたいと思える環境づくりが大切です。授乳から離
乳食、完了期までは、保育者と、園の栄養士、保護者が連携を取り、子ど
もたちの食習慣形成を手助けしていくことが望まれます。

(2)　1〜3歳未満児の保育における領域「健康」

　「1歳以上3歳未満児の保育」では、前述したように保育内容を5領域
に分けて記載されています。領域「健康」では、3歳以上児の保育内容と
同様に、「健康な心と体を育て、自ら健康で安全な生活をつくり出す力を養
う」ことが目標となります。

　「ねらい」は、安定感、運動、基本的な生活習慣に関するもので、活動
そのものに向う子どもたちの心情・意欲を育むことについても記載されて
います。それらを達成するための「内容」では、食事や排せつ、着替えな
ど、基本的な生活行動の項目が増え、毎日の生活の中で子どもたちが自ら
身の回りのことが出来るようにしていく時期と捉えることができます。

この時期に保護者と連携して取り組んで行きたいのが「排泄の自立」、いわゆるトイレトレーニングです。要領・指針の「内容」では⑦「便器での排泄に慣れ、自分で排泄ができるようになる。」とあります。近年、トイレトレーニングを高い月齢から開始し、短期間で終了しようとする家庭の子育て姿勢の変化が指摘されており、排せつ自立の遅れが問題視されています。[9]（金山ら　2007）自我が芽生え、自分で何事にも取り組みたいと思うようになるとともに、友だちにどう見られるのかが気なり始めるこの時期は、子どもたちの意欲を引き出しながら、上手に排泄の自立を支援していきたいものです。排泄の自立は、日中の保育時間帯だけでなく生活全般を通して取り組んで行く必要があります。トイレトレーニング用カレンダーを園で作成し、子どもたちと一緒にご褒美シールを貼って自立へのゴールを可視化する工夫を取り入れていくのも良いでしょう。園での様子を家庭と共有し、家庭と園が一緒に子どもたちを支援していくことをお勧めします。

(3)　3歳以上児の保育における領域「健康」

　「3歳以上児の保育」では、「ねらい」として（3）「健康、安全な生活に必要な習慣や態度を身に付け、見通しをもって行動する。」と掲げられています。これは、「幼児期の終わりまでに育って欲しい姿」の「健康な心と体」に示される「園生活の中で、充実感をもって自分のやりたいことに向って心と体を十分に働かせ、見通しをもって行動し、自ら健康で安全な生活をつくり出すようになる」と繋がる内容になっています。

　「内容の取扱い」(2) には、「多様な動きを体験する中で、体の動きを調整するようにすること」と記載されています。左右の協応動作が巧みになり、体のコントロールができるようになるこの時期に、多様な運動経験の

中で身体を動かす楽しさを味わってもらいたいものです。

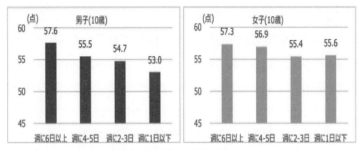

図3　入学前の外遊びの実施状況別新体力テスト合計点（10点）

出典：スポーツ庁「「令和元年度体力・運動能力調査」の概要」

　スポーツ庁の「体力・運動能力調査」によると、入学前（幼児期）の外遊びの実施状況別に、現在の新体力テスト合計点を見ると、男女ともに入学前の外遊びをしていた頻度が高い郡ほど高くなっており、入学前に週6日以上外遊びをしていた郡と週1日以下の郡とでは、男子が5点、女子は2点の差が出ています（図3）。10)（スポーツ庁　2020）　この調査結果により、幼児期に運動習慣を身に付けることが、小学校入学後の運動習慣の基礎を培い、体力向上に繋がる要因の一つになっていることが分かります。

　社会環境の変化や外出自粛を求められる現代において、友だちと一緒に伸び伸び遊ぶという活動がどこまで出来るのか、保育の中でも工夫を求められる難しい状況ですが、この就学前の運動経験の大切さを念頭に置き、子どもたちが主体的に様々な運動に取り組める環境づくりに取り組んで行きましょう。

　『幼児期運動指針』11)（文部科学省　2013）には、「幼児は様々な遊びを中心に、毎日、60分以上楽しく体を動かすことが大切」と記されています。

楽しく体を動かすのは、日中の保育時間だけでなく、家庭での手伝いや、散歩など、日常生活での様々な動きも含まれます。家庭での遊びの取り組みや、休日の過ごし方、園内での活動の様子を互いに共有し、様々な運動体験ができるよう配慮していきたいですね。

　ここで、小学生のスポーツ指導現場からの声を紹介します。

現場からのコラム　　[『楽しい』と感じてもらいたい　－スポーツ指導現場からの提案－]

　就学前の子どもたちにとって運動は、日常生活の「遊び」の一つであり、結果や成果にとらわれず、運動をどれだけ楽しむことができるかということにフォーカスしていきたいと考えます。

　子どもたちは成長が進むにつれて、運動能力の個人差が広がり、それによって運動に対する苦手意識が表れる子も出てきます。小学校へ入学する頃になると、苦手意識とともに運動能力の差も顕著になってきます。先に記したように、子どもたちにとっての運動は、楽しむことが最も重要であると考えますが、こうした能力格差が広がれば「楽しくない」と感じる子どもたちが増えてしまうでしょう。

　小学生のサッカーを指導する際良く見られる場面として、競技用のルールをそのまま適用してゲームをすると、運動が得意な子の独壇場となり、苦手意識のある子はそれをただ眺めるだけになってしまうことがあります。競技スポーツとして見ると、勝敗を決めるルールなので間違いではありませんが、運動に苦手意識のある子どもに対してこのルールのまま活動を進めてしまうと、これまで以上に苦手と感じ、運動に楽しんで取り組む姿は見られなくなるでしょう。その様な能力差が見られる時には、運動を苦手とする子どもでも、一緒に楽しめるルールを取り入れてみましょう。

例えば、全員が一個ずつボールを持ち、鬼に捕まらないようにドリブルをしたり、仲間と手をつないだままドリブルしてみたり。こうした「サッカー型の遊び」の中で、能力差に関係なく、その場にいる全員がプレーに関わることができれば、充実感や達成感を味わえるようになるでしょう。そんな工夫が施された遊びを提供していくことで運動への苦手意識を無くし、誰もが楽しめる運動の場を構築できると感じています。

　子どもたちにとって、「楽しさ」は何よりの原動力になります。「もっとやりたい」という自発性を引き出し、ワクワク感を高めることができます。どうすれば楽しくなるのか。そこに求められる工夫は何なのか。マニュアルはないうえに、正解は存在しない問いではありますが、これを突き詰めていく先に、子どもたちの笑顔があることを忘れず、教育にまい進していきましょう。

キッズスポーツトレーニングコーチ　杉　秋成

　このように就学前の運動経験は、生涯にわたる心と体の健康に繋がっていきます。心地良く体を動かし生活習慣を整えていくことを目標に、子どもと保育者自身が心躍る楽しい保育を志していってほしいと願います。

引用文献

1) 文部科学省　『幼稚園教育要領』　フレーベル館　2017。
2) 厚生労働省　『保育所保育指針』　フレーベル館　2017。
3) 内閣府　文部科学省　厚生労働省　『幼保連携型認定こども園 教育・保育要領』2017。
4) 大滝世津子　古谷淳ら　『保育内容総論』　令和出版舎　2021。
5) 神川晃　「日本小児科医会ニュース」(公社)日本小児科医師会　No.71　2021。
6) 吉田伊津美ら　『保育内容 健康』　光生館　2019　p1。
7) 厚生労働省　「平成22年乳幼児身体発育調査の概況について」　2013。
8) 厚生労働省　『授乳・離乳の支援ガイド』　「授乳・離乳の支援ガイド」改定に関する研究会　2019　p30。
9) 金山美和子　丸山良平　「幼稚園・保育所の3, 4, 5歳クラス幼児における排せつの自立の実態と保育者の意識」『上田女子短期大学紀要』第三十号　2007　p49。
10) スポーツ庁　「「令和元年度体力・運動能力調査」の概要」https://www.mext.go.jp/sports/b_menu/toukei/chousa04/tairyoku/kekka/1368159.htm　2020　p21。
11) 文部科学省　『幼児期運動指針』　2013　p6。

参考文献

＊加藤徳子　他　「平成22年乳幼児身体発育調査結果について」『小児保健研究』第71巻　第5号　2012　pp671-680。
＊黒木晶　「乳児の好奇心を高める保育環境に関する一考察」『福岡女学院大学大学院紀要　発達教育学』第6号　2018　pp9-13。
＊關章信 兵頭惠子 髙橋かほる　『遊びや生活のなかで"10の姿"を育む保育』幼少年教育研究所　2019。
＊西川潔　堀田千絵　「発達の連続性を踏まえた保育内容領域「健康」に関する園の支援・指導の現状と課題　―特別な配慮を必要とする園児も含む一考察―」『人間環境学研究』第18巻1号　2020　pp9-16。
＊吉田伊津美 砂上史子 松嵜洋子　『保育内容 健康』　光生館　2018。

第 10 章
幼児期において音楽表現はなぜ必要なのか

今釜　亮

1. はじめに

　皆さんは何か興味のあることに没頭することがありますか?読書だったり、スポーツだったり、絵を描くことだったり、音楽することだったり、何かに興味を持ってできることがあることは、とても大切なことです。

　子どもたちを観察していると、集中して物事に取り組むことがあります。泥団子を作ったり、カプラを積み上げたり、ずっと鬼ごっこを続けたり、周りは「疲れないのかな」「飽きないのかな」と思ったりしても、構わずずっと遊び続けます。この集中力はどこからくるのでしょうか?

　皆さんが何かに没頭したり、子どもが集中したりすることは、粘り強く物事に取り組む力に繋がっていきます。粘り強く物事に取り組む力は社会情動的スキルと言われるスキルの1つです。社会情動的スキルは、非認知能力とも言われ、できるできないでは計れない(認知できない)、粘り強さや人間関係、生きていくことに安心感を持てる自尊感情といった能力のことです。

　幼稚園教育要領(この章では断りがない限り、平成29年告示の要領を指します)第1章第2節「幼児期の終わりまでに育ってほしい姿」に10の姿が示されています。このうちの「自立心」「協同性」「道徳性・規範意識の芽生え」の3項目は社会情動的スキルに関連すると伊藤(2017)は示しています[1]。

　また、保育の五領域の表現領域において、歌唱やリズム活動など音楽表現に関する活動は自尊感情を育てる、という研究を筆者は行ってきました。特に近藤(2015)が自尊感情を分類したうちの基本的自尊感情は「子どもたちが感じ考えたことを表現したことを、周囲が認めることで育っていく

感情」[2]と言えます。

　保育の中で子どもの社会情動的スキルや自尊感情を育むために、表現活動は大きく役に立つと筆者は確信しています。なぜ確信しているのか、どのようなことを保育で気を付ければよいかなどを、この章で述べていきます。

２．幼児の音楽的な発達段階

　幼児一人一人を理解して保育を行うには、発達段階を知り、それに合わせた活動を計画しなければいけません。

　幼稚園教育要領の表現の内容は「音楽に親しみ、歌を歌ったり、簡単なリズム楽器を使ったりなどする楽しさを味わう」[3]と定められています。この項ではこの内容を元に、子どもの発達段階を音楽に関係する範囲で見ていきます。

(1) 音楽の能力の発達段階

　表１は子どもの音楽活動が一般的に何歳くらいで見られるかをまとめたものです。発達は個人差がありますし、熱心に音楽活動をする園や家庭とそうでない家庭では発達が大きく変わってきますので、あくまで目安になりますが、筆者がこれまで見てきた子どもの姿と一致しています。

表１　子どものおおよその年齢と見られる音楽活動 [4]

年齢	子どもの音楽的な活動
1歳	歌や音楽を聞く、他者の音遊びを真似る

1歳半	音楽が鳴れば動く、簡単な手遊びをする
2歳	歌の一節を歌う、音の好みが見られる
2歳半	音楽を集中して聞く
3歳	音楽を身体で表現する
4歳	みんなで揃って歌うなど音楽活動に加わりたいと要求する
5歳	音楽に合わせて表現できる
6歳	自分のパートに責任を持つ

　未満児の頃はその場で真似たり、即時反応のような動きだったりする活動が、徐々に自分の意志で活動するようになってくることが分かります。また、以上児になると個人の活動だけでなく集団での活動に興味を持つことも発達段階の重要な点です。

(2) 音楽活動の実例

　では、発達に合わせてどのような音楽活動が具体的に見られるのか、筆者が見た実例をいくつか挙げて表1と比較していきます。

①　1歳児

　ちょうど1歳になったY児が『むすんでひらいて』を保育士が歌うのを聞きながら体を動かしていました。この子は最後の「そのてをうえに」の部分が特に気に入っているようで、歌に合わせて手を上げ、顔まで上を向いてしばらくその姿勢を保っていました。

　簡単な手遊びが見られるので、表1に挙げた1歳半の子どもと同程度の発達段階にあると思われます。周りの子どもの月齢が高いことと日ごろから保育士がわらべうた遊びなど行っていること、家庭内でも歌うことが多いことから、やや早めの音楽活動が見られました。

② 1歳4か月児

U児は『かえるの合唱』を大人が歌うのを最初よく聞いていました。最後の部分の手前で大人が「ケロケロケロケロ」と歌って歌うのを止めると、R児は少し間をおいて「クワックワックワッ」と最後の一節を歌いました。

U児はY児の兄弟児で同じ保育所に通っているため、2歳児に見られる歌の一節を歌うという活動が、①と同じく早めに見られていました。

③ 1歳11か月

U児がおもちゃから流れる『それゆけアンパンマン』を聞いていました。周りの子どもが音楽に合わせて動き回り騒がしくなっている中、そのおもちゃを持って他の場所に行き、じっと音楽を聞いていました。

2歳半頃に見られる音楽を集中して聞く行為と言えます。

④ 5歳児

5歳のU児が、機嫌の悪い2歳のY児の機嫌を取ろうと『こっちからキツネ』の手遊びをしました。歌も手遊びもスムーズにできているのは、5歳児が音楽に合わせて表現できる段階にあると言えるでしょう。

⑤ 6歳児

園生活最後の生活発表会で取り組んだ音楽劇のリハーサルで、一人で歌う独唱部分の声が小さく、周りが心配したL児ですが、発表会本番に突然非常に大きな声で朗々と歌い上げました。劇を成功させようという責任が前面に出たものだと推察されます。

3．保育者が肯定することで表現を育む

子どもの楽しそうな反応や表現、音楽活動を引き出すために、保育者はどのようなことに注意し、子どもと関わればよいのでしょうか。保育者の

子どもへの態度や言葉かけはとても重要なものです。音楽活動や表現活動に範囲を絞っても様々なエビデンス（根拠）が示されています。

① ポジティブな態度

　大きな前提として、保育の中における音楽活動はできるようになることが目的ではありません。幼稚園教育要領の表現のねらいには「感性をもつ」「楽しむ」ことが示されていますし、後述しますができるようになることより興味をもつことや体験する時間を過ごすことが子どものスキルや自尊感情を高めていきます。

　これは音楽家の話になりますが、成功している音楽家は大人から指導されることより、「楽器で『面白く遊ぶ』」[5]ことが原体験になっているという調査があります。ほとんどが音楽家を目指すわけではない子どもたちに関わる保育者が、どのような振る舞いをするべきか大きな示唆を与えてくれています。

　また、楽器など上達した子どもは教師を「親しみやすく話しやすくリラックスし励ましてくれる人とみなす傾向が強かった」[6]と考えています。これも保育者がどのように振る舞うとよいのか示してくれています。

　私たち大人はどうしても成績を付けたり、できるできないで評価しがちですが、無藤（2018）が「評価は子どもを序列化することではない。それぞれの子どもの学びを援助し、先に向けての成長を助けるべく、その手立てを探るためである」[7]と述べている通り、特に幼児期では評価よりどのように援助するかを中心に保育をするべきです。

　そのような保育ではポジティブな態度で子どもと接することが大切です。できたことはもちろん褒め、認めます。それ以上に楽しかったこと、経験できたこと、感じたことを拾っていくことが大事です。気を付けたいのはどうしても私たち大人が、子どもが言い淀んでいることを言語化して

しまうことです。大人が「楽しかった？」と尋ねると、子どもによっては顔色を窺って「楽しかった」と答えるしかなくなります。自然に子どもたちが感想を言えるような環境を作り、そこから自然発生的に「楽しかった」という声が聞かれることが理想です。

② ネガティブな態度

　反対に保育者のネガティブな態度は子どもにどのようなことを引き起こすでしょうか。音楽に対する「否定感情のほとんどすべては演奏する試みまたは音楽への反応を教師が批判するような学習状況の中で起きた」[8]という調査の通りで、例えば歌ったことに対して「音痴」と言われたり、鍵盤ハーモニカが上手く演奏できないことに対して「なぜできないの」と言われたりするなどの批判的な言動は、子どもに音楽活動に対する否定感情を引き起こします。

　また、音楽活動に対して、周りの子どもの反応が「かっこわるい」「面白くない」と言った冷ややかな態度を保育者が認めることは「子どもが集団の規範に合わせるために、本当の音楽的興味を隠してしまう」[9]ことから、楽しめなくなり、結果的に保育者がネガティブな態度を取ることになります。

　園の器楽合奏でも「身長が高いから大太鼓」と言った決め方が子どもの興味を削いでいる例が残念ながら多く見られます。子どものやりたい楽器を選ぶことが難しい園の状況も分かりますが、少しずつでも変えていかなければいけません。また、できなければいけないという呪縛から大人が解放されなければ子どもが楽しむことは困難なままでしょう。

４．社会情動的スキルとは

　音楽活動や表現活動が生産的ではないという理由で軽視されたり、不要に思われたりすることがあります。確かに、音楽家になるなど特殊な例を除けば社会に出て行く上で一見不要なものに見えがちです。しかし、第1節「はじめに」で述べたように、表現活動は社会情動的スキルを育むのに大きな力になると考えています。

　社会的情動スキルには次のような分類がなされています。

表2　社会情動的スキルの分類と構成 [10)]

目標の達成	他者との協働	感情のコントロール
忍耐力	社交性	自尊心
自己抑制	敬意	楽観性
目標への情熱	思いやり	自信

　この構成要素は、認知スキルと言われる IQ や成績と違って数字で表しにくいものですが、人が人らしく生きていく上でとても重要な要素になることは言うまでもありません。

　社会情動的スキルが高まると、学力など認知スキルが高まるという研究もあります。学ぶための興味や自信、情熱が高まり、学ぶことへの興味が持続されるからです。従って、幼児期に社会情動的スキルの教育に力を入れることは、その子どもにとって大きな財産になるのです。

　表現活動のうち、グループで行うリトミック活動や器楽合奏は、他者との協働や目標の達成という部分で大きな効果があります。発達段階を考えると、3歳もしくは4歳から、グループ音楽活動が有効であることがわか

ります。

　感情のコントロールには自信を持つことや自尊心を育てる事が含まれます。このうち自尊心に焦点を当てて述べていきます。

5. 共有体験と自尊感情

　自尊感情の原語は self-esteem で 1890 年にアメリカの学者ジェームズが心理学の中で最初の定義づけを行ったといわれています。自尊心、自尊感情、自己肯定感と様々な類語があり、厳密には分けるべきでしょうが、この章では自尊感情としてまとめて話を進めます。

　自尊感情は自己評価の肯定、すなわち自分に価値があるかどうか判断する感情です。近藤（2015）は「相対的に人より優れているという」[11]思いの感情を社会的自尊感情、「成功や優越とは無関係に自分の良いところも悪いところもあるがままに受け入れ、自分を大切な存在として尊重する」[12]感情を基本的自尊感情と、2 種類のモデルを導き出しました。できるようになることを評価されることで育つ社会的自尊感情も大切ですが、自分が自分らしくあることを大切にできる基本的自尊感情を幼児期から土台として育てていくことは、人が生きていく上で大切になります。

　基本的自尊感情を育む鍵として近藤（2015）が挙げているのが共有体験です。例えば、何かを食べるとき、1 人で食べる場合と誰か大切な人と食べる場合で味が違って感じことはないでしょうか。「おいしいね」と言い合うことでそのおいしさは記憶に残ります。これは、「おいしい」と感じる感情が間違ってないと受け止めてもらったことで、記憶に強化されるからです。この積み重ねが「自分は自分でよい」という自己を認める感情として育っていきます。

幼児期においては、子どもがおもちゃで遊んで楽しいと思ったことを、保育者が一緒に楽しんだり笑いあったり、言葉に出して「面白いね」と言葉かけをすることで基本的自尊感情が育っていきます。表現活動も基本的自尊感情を育むことに繋がります。

６．幼稚園教育要領から見る音楽表現

　一人で楽器を楽しんだり音楽活動や表現活動をしたりすることも大切です。同様に、人が集まって活動することも大切です。これが前述の共有体験に繋がっていきます。
　幼稚園教育要領にも

　　　豊かな感性は、身近な環境と十分に関わる中で美しいもの、優れ
　　たもの、心を動かす出来事などに出会い、そこから得た感動を他の
　　幼児や教師と共有し、様々に表現することなどを通して養われるよ
　　うにすること [13]　（下線筆者）

と表現活動において共有体験が必要であることが述べられています。
　共有体験同じ時間を一緒に過ごし、思ったことを安心して伝えることが理想であり、それは一種のコミュニケーションでもあります。表現活動を通して互いの理解が進んでいき、「他者との協働」にも繋がっていきます。
　音楽はそのままだと、ただの音の羅列です。保育者によって意味合いを示し、整えられると音楽の方向がはっきりとし、子どもたちに伝わり楽しみ方もわかってきます。そのためには、ただ音楽を聴くだけではなく、音楽が可視化されることが大切になります。

また、内容の取り扱いに続けて

　自ら様々な表現を楽しみ、表現する意欲を十分に発揮させることができるように、（中略）表現する過程を大切にして自己表現を楽しめるよう工夫すること [14]

と書かれている通り、楽しむこと、意欲を持つことを重視するべきであり、できることになるようことは表現の項全体を読んでも示されていません。もちろんできるようになることで楽しくなる要素もありますが、まずはやってみて体験する環境を保育者が準備することが肝要であることは間違いありません。

　保育者自身も、子どもたちと一緒に音楽表現活動するときに技術的に困難であっても、音楽を CD や YouTube で流すのではなく、ピアノや楽器を自分で演奏したり、自分で歌ったりすることが子どもにとってプラスに働くでしょう。音楽はコミュニケーションでもありますので、他者（＝子ども）との協働になり、子ども自身の社会的情動スキルの向上にもつながる部分です。

7．音楽表現を引き出す様々な音楽教育とその実践

　音楽表現を育むため、19 世紀からヨーロッパを中心に音楽教育の在り方が研究され、日本でも明治時代から取り入れられ現在に至ります。子どもたちが楽しむための音楽教育のシステムをいくつか紹介していきます。

（1）音楽とは

　元々音楽は生活と密着していました。子守唄、踊りの音楽、儀式の音楽

など、特定の場所や行事のために設定されていました。儀式の音楽や戦い
の音楽は教育を受けたり技術を学んだりした演奏家が演奏することがほ
とんどであったものの、踊りの音楽やあそびうた、労働歌のように動きを
伴うものは誰もが奏でるものでした。現代では大昔のように生活の中に音
楽があるわけではなく、個人が楽しむための音楽という要素が強くなって
います。しかし、その楽しむという行為は人間の根本的なものであり、重
要です。

　その反面、古代ギリシア時代から音楽は知識人の教養として長らく位置
付けられてきました。特に宗教音楽においては宗教改革の頃まで庶民が演
奏することはおろか歌うことすら難しい時期が続きました。美しいものを
より美しくという芸術としての音楽はこうして花開いていきます。

　ですので、音楽は技術と概念が必要であると教育の場で考えられていま
した。そこに変革を与えたのがダルクローズでした。

(2)　リトミック
　エミール・ジャック＝ダルクローズ（1865-1950）はスイスの音楽教育家
です。音楽院で教えている学生が技術的には高い演奏であるのに、音楽を
感じられなかったり表現できなかったりすることに気付き、様々な考察と
実験を繰り返し、ゲームを作っていきました。その中で特にリズムに関す
ることを中心にしたものをリトミックと呼び、日本の幼児教育の現場でも
多く取り入れられています。

　リトミックは音楽や音を聴いて、聴いた音に身体が反応することを活か
す方法で、身体の反応は自由です。例えば、「皆さん森に散歩に出かけてい
ます。高い音が聞こえたら、樹の高いところに木の実を見つけたので取り
ましょう」というリトミックのゲームを行う時に、子どもは背伸びしても

ジャンプしても良いですし、なんなら取らないことも自由です。決められたことをするのではなく、子どもが感じたことを楽しみながら自由に表現することを育むことができます。また、リズムや空間を可視化していくこともリトミックの特徴と言えるでしょう。

(3) コダーイメソード

　ハンガリーの作曲家で音楽教育家であるコダーイ、ゾルタン（1882-1967）が中心になり、様々な音楽教育法をハンガリーの子どもたちのためにまとめました。

　コダーイは「音楽は選ばれた人のものではなく全ての人のためのもの。言語同様、音楽の読み書きができると楽しさが増え、人生の質も向上する」[15]という理念の元、トレーニングを行いました。幼児期においてはわらべうたのような単純な歌をうたい、音を聴いて声に出すことを基本として、徐々に多くの歌へ広げて、読んだり書いたりすることの準備を行います。

　特徴的なのは移動ド唱法とそれを声に出すだけではなくハンドサインと呼ばれる手の形で示すことです。音の高さを可視化することが表現の一助になっています。日本の幼児教育では、わらべうた遊びにコダーイメソードの概念が影響を与えています。

(4) オルフ アプローチ

　日本ではあまり取り上げられませんが、ドイツの作曲家カール・オルフ（1895-1982）のアプローチはボディーパーカッションのように影響を与えています。

　シュールベルク（学校の作品）という踊りと音楽を融合した試みから教育に発展し、オルフ楽器と呼ばれる楽器を様々に叩いて「経験」し、音色

などを「探求」するものになります。決まったやり方ではなく、子ども自身が自分で試みて音を探っていくやり方は、子どもの自由な表現を促すのに適していると言えます。

(5) 日本の保育現場

　以上のような様々なアイデアやメソッドが統合的に用いられていることが多いようです。この「良いとこどり」はメリットも多大な反面、思考停止に陥らないよう、どのような理念で、どの部分に焦点を当てて表現活動を行うと良いのかは考えるべきでしょう。

　音楽を使った日本独自の保育は、わらべうた遊びが挙げられます。近年は取り上げられることがかなり少なくなったものの、未満児クラス、特に0歳児や1歳児クラスでは熱心に取り入れている園もあります。子どもたちが楽しむためのものであり、手指の発達も期待されるものですが、保育者と子どもたちのコミュニケーションの手段として取り入れられています。更に、身体を動かすことで子どもたちの表現の萌芽を手助けする手段にもなっています。

8．まとめ

　幼稚園教育要領において示されているから、ということだけでなく、子どもたちの健全な育ちを援助していくために表現活動がなぜ必要なのか、どのような方法や考え方で進めると良いかを述べてきました。

　実践例は紙面の都合上他に機会に譲ることにしますが、「この方法が正しい」という正解がある訳ではありません。（安全に問題があったり、人に嫌な思いをさせてしまったりする不正解は存在します。）これは音楽表現

に限らず、保育全体に言えるというのが筆者の持論です。

　小泉（1963）は「大人が子供に教えたわらべうたというものは死んじゃうのです」[16]と、わらべうた遊びは教科書などに載せて教えるものではなく、子どもの生活の中で自然に発生して変遷していくことが重要であり、文化の発展であると説いています。子どもの自然な表現活動を引き出すには、ルールを厳格にする必要はないということに繋がります。

　前項で述べた通り、どのような理念を持っているかということ、そして子どもが楽しいと感じることが大切なことです。保育の準備をすることに追われてしまいがちですが、子どもたちが楽しむためには、保育者自身が楽しんで表現活動に参加することです。厳格にならず、楽しく、子どもたちが伸び伸びと表現活動できる保育者が増えていくことを心から願っています。

引用文献

1) 伊藤理恵「「保育内容人間関係」再考：非認知能力を育む保育の観点から」名古屋女子大学紀要 63　2017　P.286。
2) 今釜　亮「保育における音楽表現活動の探求―自尊感情の発達を援助する音楽表現とは―」『新時代における幼稚園・小学校教育の在り方』　中川書店　2018　P57。
3) 文部科学省『幼稚園教育要領』チャイルド本社　2017　第2章表現の項　2内容。
4) 次の資料を元に筆者作成。三森桂子『音楽表現』一藝社　2010　P28-31　D.ハーグリーヴズ他『人はなぜ音楽を聴くのか』東海大学出版会　2004　P235。
5) D.ハーグリーヴズ他『人はなぜ音楽を聴くのか』　東海大学出版会　2004　P242。
6) 同上　P247。
7) OECD　『社会情動的スキル』　明石書店　2018　P5。
8) D.ハーグリーヴズ他　前掲書　P242。
9) 同上　P245。
10) 次の資料を元に筆者作成。OECD　前掲書　P52。
11) 近藤卓　『乳幼児から育む自尊感情』　エイデル研究所　2015年　P23。

12) 同上　P27。
13) 文部科学省　前掲書　第2章表現の項　3内容の取扱い。
14) 同上。
15) L.チョクシー他　『音楽教育メソードの比較』　全音楽譜出版社　1994　P112。
16) 小泉文夫　『フィールドワーク』　冬樹社　1984　P93。

第 11 章
保育現場における絵本の可能性
－絵本を基にした保育の展開について－

北村　真理

1. はじめに

　保育園（保育所）、幼保連携型認定こども園、幼稚園では絵本を活用して保育をすることが求められています。そのことに関して、保育所保育指針や幼保連携型認定こども園教育保育要領、幼稚園教育要領においても示されています。保育者は、どの保育においても要領や指針に基づいて保育を立案し実施することが求められています。しかし、保育の中に絵本を取り入れるということはどういうことなのでしょうか。子ども自らが絵本を読むことや保育者が子どもの前で読み聞かせをすることが一般的ですが、その他に絵本を基にしてその他の保育に結び付けることができないでしょうか。もし、絵本を基にしてその他の保育に結び付けることができれば、絵本の保育は充実したものになると考えられます。

　子どもにとっての絵本は、保育の中でどのような役割を果たすことができるのでしょうか。絵本は、保育全般に渡って大切な役割を担っています。絵本の役割や可能性を子どもの発達に沿って考慮し関わることは、大切であると保育所保育指針や幼保連携型認定こども園教育保育要領、幼稚園教育要領からも感じられます。

　そこで、絵本の保育を充実させるために保育者がやるべきことを考えていきたいと思います。まずは、要領や指針に定められた5領域の内容を基に絵本の役割についてきちんとおさえることの重要性に触れていきます。その後、絵本を基にした保育の活動例を紹介し展開の仕方を考えていきたいと思います。

2．幼稚園教育要領と保育所保育指針、幼保連携型認定こども園教育保育要領における絵本の保育に基づいた活動をするために

(1) 年齢別にみる絵本の役割

　保育所保育指針や幼保連携型認定こども園教育保育要領、幼稚園教育要領において、絵本の保育を基にした活動を展開するためにおさえておくべき点について以下にまとめることができます。

① 乳児の保育

　保育園、幼保連携型認定こども園、保育園における5領域を基に絵本の役割について考えていきます。なお、乳児期は心と体、人やものとの関わりには相互に密接な関わりがあり、5領域ではなく「保育に関わるねらい及び内容」が身体、社会性、精神の3つとなっているため、乳児保育は1歳以上とは別に考える必要があります。保育所保育指針 [1]（厚生労働省2017）、幼保連携型認定こども園教育保育要領 [2]（内閣府・文部科学省・厚生労働省　2017）において記載された乳児保育に関わるねらい及び内容は、「ア　健やかに伸び伸びと育つ（健康な心と体を育て、自ら健康で安全な生活をつくりだす力の基礎を培う）。イ　身近な人と気持ちが通じ合う（受容的・応答的な関わりの下で、何かを伝えようとする意欲や身近な大人との信頼関係を得て、人と関わる力の基礎を培う。ウ　身近なものと関わり感性が育つ（身近な環境や興味や好奇心をもって関わり、感じたことや考えたことを表現する力の基盤を培う）」の三点となります。

　アは身体的発達として5領域の健康、イは社会的発達として人間関係と言葉、ウが精神的発達として環境と表現へと繋がって育まれます。

　0歳の子どもたちにとっても絵本の時間は大切です。「保育者が絵本をもって絵を見せながら話しかけてあげると、赤ちゃんは絵を見たり、絵を触

ろうとします。優しいおとなの声を聞くことから始まる赤ちゃんへの読み聞かせも、月齢が進むにつれて絵本に目が向き、声をあげ、笑い、じっと絵を見るようになります。反応も様々ですが、繰り返し読むことで次の場場面を期待する姿も見えてきます。」[4]（坂本　2015）とあるように乳児期に育みたい愛着形成や基本的信頼感、自己肯定感は、人との関わりで生まれます。

　瀧は、4か月から5か月頃の子どもを「はっきりとした色で描かれている絵本が発達に適しています。これらの絵本は、文も擬声語擬態語など繰り返しでリズミカルなので、子どもたちの興味をひきつけます。」、「9カ月頃になると、自分と相手と物という三項関係を獲得することで絵本の世界が広がります。大人の顔を見て喜びを共有する姿が見られます。このような共感が社会性の発達の基礎となります。」、「1歳頃になると、象徴機能が芽生えることで初歩的な見立て遊びがはじまります。絵本で食べるまねをしたり、保育者にも食べさせようと動作のやりとりをしたりして遊ぶことは、言葉の発達と密接な関わりがあります。また、子どもたちにとって言葉の体験は愛情の体験でもあります。絵本とともに、子守唄やわらべうたも楽しむことは豊かな情緒を育みます。」[5]（瀧　2018）としている。

　大人の膝で絵本を読んでもらう時間や環境は、子どもにとって人の声の心地よさに浸って安心できる時間になるため重要であるといえます。

②　1歳以上の保育

　保育園、幼保連携型認定こども園、幼稚園における1歳以上から幼児の発達と絵本については、保育所保育指針[1]（厚生労働省　2017）や幼保連携型認定こども園教育保育要領[2]（内閣府・文部科学省・厚生労働省　2017）、幼稚園教育要領[3]（内閣府・文部科学省・厚生労働省 2017）の1歳以上3歳未満児と3歳以上児の保育に関するねらい及び内容の5領域を基に考え

ていきます。

ア　健康

　5領域の健康についてみていくとすると、1歳以上3歳未満に対しては保育所保育指針の第2章保育の内容2 (2) ア健康、幼保連携型認定こども園教育保育要領の第2章第2健康において示されている。また、3歳以上に対しては保育所保育指針の第2章保育の内容3 (2) ア健康、幼保連携型認定こども園教育保育要領の第2章第3健康、幼稚園教育要領の第2章ねらい及び内容健康において「健康な心と体を育て、自ら健康で安全な生活をつくり出す力を養う。」と示されている。健康の領域から見た、1歳から5歳の子どもの姿から絵本を以下にまとめていきます。

　瀧は、「1歳を過ぎた子どもたちは、少しずつ生活の中でも自分でしようとする姿が見られるようになります。自分の思いを生活の中で発揮しようとします。」、「2歳になると子どもたちは、走る、歩く、跳ぶなどの基本的な運動機能が伸び、喜びに満ちた表情で活発に身体を動かします。」、「3歳になると、食事、排泄、衣類の着脱などもほぼ自立します。身近な食べ物の生育過程が描かれた科学絵本からも高まります。」、「4歳の子どもたちは、水・土・虫・木の実など、身近な自然に興味を示し、積極的に関わろうとします。泥団子づくりに夢中になったり、ボディーペインティングで開放感を味わったり、感覚を総動員してみたり触れたりするようになります。」、「5歳を迎えると、基本的な生活習慣はほぼ確立し、大人に指示されなくても1日の生活を通して次にとるべき行動を自分で判断できるようになってきます。人の役に立つことがうれしく誇らしく感じられたり、年下の子どもの世話をしたりするようにもなり、自ら成長を実感します。」[5]（瀧2018）としている。

　健康の領域では、身体の発達だけでなく心の発達も意識しながら、子ど

もの興味や発達に適した科学絵本や身近な生活が反映されて描かれた絵本を選ぶことで、子どもたち自らが環境や生活をつくり出す力を養うことに繋がると考えられます。

イ　人間関係

　5 領域の人間関係についてみていくとすると、1 歳以上 3 歳未満に対しては保育所保育指針の第 2 章保育の内容 2（2）イ人間関係、幼保連携型認定こども園教育保育要領の第 2 章第 2 人間関係において示されている。また、3 歳以上に対しては保育所保育指針の第 2 章保育の内容 3（2）イ人間関係、幼保連携型認定こども園教育保育要領の第 2 章第 3 人間関係、幼稚園教育要領の第 2 章ねらい及び内容人間関係において「他の人々と親しみ、支えあって生活するために、自立心を育て、人と関わる力を養う。」と示されている。

　瀧は、「乳児のときに、人の声の心地よさを経験した子どもたちは、少しずつまわりの人に関心をもつようになります。9 カ月〜1 歳半頃には、特に大人の表情を参照するようになります。」、「2 歳頃には、遊びの中で「はい、どうぞ」「ありがとう」など、物を介したやりとりなどで簡単なコミュニケーションを楽しむようになります。」、「3 歳頃になると、自己を主張するとともに、家族、友達、先生など、まわりの人との関係が分かりはじめます。」「身近な家族関係が登場し、お友達と一緒に再現して楽しむことのできる絵本が、子どもたちにとっての喜びとなります。」、「4 歳頃には、自分と他人の区別がはっきりとするとともに、自意識が芽生え、時にそれは心の葛藤となります。発達の節目の時期に、自分の気持ちを周りの大人に優しく受けとめてもらうことによって、子どもはやがて身近な人の気持ちも理解できるようになっていきます。」、「5 歳になると、相手の気持ちや立場を気使う感受性も持つようになり、人の役に立つことに喜びを感じます」[5]（瀧

2018）としている。

　このように、人としての思いやりを持つことができるようになる時期まで、人間関係に関する発達の段階で、子どもたちの発達を、心に寄り添い支えることができる絵本を選び読むことができる環境が望ましいといえます。

ウ　環境

　5領域の環境についてみていくとすると、1歳以上3歳未満に対しては保育所保育指針の第2章保育の内容2（2）ウ環境、幼保連携型認定こども園教育保育要領の第2章第2環境において示されている。また、3歳以上に対しては保育所保育指針の第2章保育の内容3（2）ウ環境、幼保連携型認定こども園教育保育要領の第2章第3環境、幼稚園教育要領の第2章ねらい及び内容人間環境において「周囲の様々な環境に好奇心や探究心をもって関わり、それらを生活に取り入れていこうとする力を養う」と示されている。

　瀧は、「1歳を過ぎると、子どもたちは歩行が可能になり身近なものに積極的に関わるようになります」、「2歳頃になると環境への意欲はますます増し、様々なものに積極的に関わろうとします。子どもたちの身近な自然や生き物への興味へとつながっていくことでしょう。」、「3歳頃にはその興味は、家族など身近な人々の生活にもむけられ、それを模倣して再現し、お友達とごっこ遊びを楽しむようになります。」、「4歳頃になると、環境に関する興味はさらに広がりを見せ、興味の対象も一人一人が個性的で多種多様になります。身近な動植物をはじめ、自然事象をよく見たり、触れたりして感じ、自ら発見します。科学絵本が、子どもたちの直接体験を科学的な興味へと導きます。」、「5歳頃になると、動植物の世話をしたり、大人の仕事に興味を持って、積極的にお手伝いをしようとします。このような

主体的な活動を通して、感動を伝え合い、共感し合うことにより、生命を大切にする気持ち、公共心、探求心などが養われます。植物と昆虫の共生関係を描いた科学絵本が、身近で小さな生き物の営みの中の、たくましい力を伝えてくれ、子どもたちが自然や生き物にたいして畏敬の念を抱くきっかけともなるでしょう。」[5]（瀧　2018）としている。

　環境の領域では、子どもたちが身近な生活において興味を持ったものを分かりやすい表現で、その興味をさらに広げてくれる科学絵本を充分に楽しむことができるような環境にすることが大切といえます。科学絵本を楽しむことで、科学的な興味・関心だけでなく、社会性や思考を深め、自己を見つめ、他人を理解しようとする姿勢においても、重要な要素となっていくと考えられます。

エ　言葉

　5領域の言葉についてみていくとすると、1歳以上3歳未満に対しては保育所保育指針の第2章保育の内容2 (2) エ言葉、幼保連携型認定こども園教育保育要領の第2章第2言葉において示されている。また、3歳以上に対しては保育所保育指針の第2章保育の内容3エ言葉、幼保連携型認定こども園教育保育要領の第2章第3 (2) エ言葉、幼稚園教育要領の第2章ねらい及び内容言葉において「経験したことや考えたことなどを自分なりの言葉で表現し、相手の話す言葉を聞こうとする意欲や態度を育て、言葉に対する感覚や言葉で表現する力を養う。」と示されている。

　瀧は、「1歳頃になると、子どもたちは簡単な言葉の意味がわかってくるようになります。身近なものを題材にした絵本が、盛んに指さしをするこの時期に適しています。」、「2歳頃の語彙爆発といわれる、言葉をどんどん獲得していく時期には、イメージをふくらませる遊びの世界が重要となります。生活の場面をイメージすることは、遊びの中に再現されます。自分

のしたいこと、して欲しいことも言葉で表すようになり、見立てを楽しむことで、遊びの中で言葉を使うことや言葉を交わすことの喜びを感じていきます。」、「3歳になると、子どもたちは、理解できる語彙数が急激に増え、日常生活での言葉のやりとりがほぼ不自由なくできるようになります。詩による美しい言葉の体験は、子どもたちのイメージをなおいっそう豊かに育みます。」、「4歳頃には、起承転結のある物語が理解できるようになります。言葉のやりとりが面白いわくわくするファンタジーが子どもたちをひきつけます。しりとりなどの言葉遊びもできるようになり、このような遊びを通して、子どもたちは音節分解などの概念も身につけていきます。」、「5歳になると、集団での活動が広がり、言葉による伝達や対話の必要性が増すことで、自分の思いや考えを伝える力や相手の話を聞く力を身につけていきます。この時期になると言葉によるユーモアも理解でき、仲間関係を中心に描かれる絵本が子どもたちを惹きつけます。」[5] (瀧　2018) としている。

　言葉の領域でも絵本の役割は重要であると言えます。豊かなイメージを伴って獲得された言葉は、思考力を深め、豊かな人間性の礎となっていくといえます。

オ　表現

　5領域の表現についてみていくとすると、1歳以上3歳未満に対しては保育所保育指針の第2章保育の内容2 (2) オ表現、幼保連携型認定こども園教育保育要領の第2章第2表現において示されている。また、3歳以上に対しては保育所保育指針の第2章保育の内容3 (2) オ表現、幼保連携型認定こども園教育保育要領の第2章第3表現、幼稚園教育要領の第2章ねらい及び内容表現において「感じたことや考えたことを自分なりに表現することを通して、豊かな感性や表現する力を養い、創造性を豊かにする。」

と示されている。

　瀧は、「1歳を過ぎた子どもたちは、象徴機能の発達により少しずつイメージする力もついてきます。心地よくリズミカルな文と、色彩豊かな表現がこの時期の子どもたちの感性を養います。」、「2歳頃の子どもは喜びなどを全身で表現しようとします。」、「3歳頃になると子どもたちは、絵本に登場する人物や動物と自分を、同化して考えながら、想像を膨らませていき、それらを、ごっこ遊びや劇遊びに発展させていきます。」、「4歳になると、想像力がますます豊かになり、現実に体験したことと、絵本や想像の世界で見聞きしたことを重ねたり、心が人だけでなく、花や虫にもあると信じたりします。想像力を膨らませて自分でお話をつくったりして遊びを発展させ、お友達とイメージを共有しながら想像の世界で遊びに没頭する姿も見られます。様々な物語を楽しむことは、想像力や表現力を育みます。ファンタジー世界を存分に堪能することは内面の豊かさのために大切です。」、「5歳になると、言葉によって頭の中にお友達と共通のイメージを描くことみできるようになりますから、長編のファンタジーも楽しめます。友達との連帯感が描かねている点もこの時期の子どもたちをひきつけます。」[5]（瀧　2018）としている。

　幼い頃に、本当に美しいものや心からの感動に出会うことが、子どもたちの表現力の基礎となることが分かります。自然などの身近な環境と十分に関わり、身近な大人や友達とその感動を共有する体験が豊かな感性を育むことに繋がるといえます。

3．絵本の保育を基にした活動

　保育所保育指針や幼保連携型認定こども園教育保育要領、幼稚園教育要

領において、子どもにとっての絵本が、保育の中でどのような役割を果たすことができるのかを抑えました。絵本の役割や可能性を子どもの発達に沿って考慮し関わることは大切であることも理解できたはずです。

　では、次に絵本の保育を充実させるため、絵本を用いた保育の展開の仕方を考えていきたいと思います。筆者は保育現場で保育教諭の経験を持つため、実施していた絵本を基にした活動例を紹介し、保育の展開の仕方を考えていきたいと思います。

(1)　『はらぺこあおむし』の絵本の保育展開案
①　実践の概要
　子どもたちの大好きな『はらぺこあおむし』を読み聞かせるだけでなく、「読んだ後も何かの保育に結び付けれないか」と感じたのがこの実践のきっかけです。

　この絵本の最後のページには、さなぎからきれいなちょうちょになるという場面があります。そのきれいなちょうちょの羽をその大きさに切った画用紙で隠し、画用紙には疑問符を付けました。実践の最中は、普段通りに読み聞かせをし、最後のページも普段通り読みます。読み終えた後に、子どもたちへ「さあ、このちょうちょ、どんなきれいな羽をひろげたんだろうね」と言葉かけをして終了します。その後、子どもたちから色々な意見がとんできますが、「みんなの思っている羽を先生も見たいな。そこで、みんなにこのちょうちょがどんな羽をしているか描いてもらいたいと思います」と、言葉をかけ、どのようにして描いていくのかを子どもたちの前で実践しながら説明をします。この保育では、保育者が予め絵本に出てくるちょうちょの胴体だけを印刷し全員分の胴体を準備し、配ります。その胴体を画用紙の好きな場所にのりで貼り、その周りの羽を自由に考えて

クレパスで描くという保育となりました。

② 実践年齢

　『はらぺこあおむし』は、4〜6歳頃がより成長の刺激になる絵本として知られています。筆者が担任として受け持った2歳児の子どもたちは、日ごろから『はらぺこあおむし』の物語が大好きであったため、2歳児クラスでの実践となりました。

③ 準備する材料

〈保育者〉絵本、絵本の中のしかけ、実演用の画用紙（黒板に貼るのであればシールの磁石を貼る：子どもが見える場所のどこで実演するのかを考える）、実演用のちょうちょの胴体、のり、パス

〈子ども〉テーブルに新聞、画用紙、ちょうちょの胴体、のり、パス

④ 留意点

　今回の保育は、『はらぺこあおむし』を取り上げて、子どもたちにきれいなちょうちょを考えてもらいましたが、その他の絵本でも実践はできると思います。例えば、物語の絵本でいうと「しあわせに暮らしました」はどんな“暮らし”なのかを考えさせるという展開もできると思います。しかし、一番大事にしたいことは年齢・発達段階、子どもの実態に合った絵本を選び、どのように子どもたちに製作させるのか。また、どのように製作をしたい気持ちにさせるのかが大事になります。日ごろから子どもたちがどのような絵本に興味を持ち、どのような動作ができるのかなどをよく観察し、実践することをおすすめしたいです。

(2) 『あめかな！』の絵本の保育展開案

① 実践の概要

　筆者が1歳児の担任をしていた際に実施した外遊びで、急に雨が降り始

めたことがあります。そこで子どもたちは "雨" を「つめたい」などと感じ始めました。その日に、子どもたちの前で読み聞かせをしたのがこの絵本です。

　この絵本は色彩がとても美しく、読み聞かせの際も子どもたちは指差しをして、それぞれが感じていたように思います。最後のページは、「ぱあっ　ぱっ　ぱぁ　はなだ」[6](U. G. サトー　2009) で終わります。その後の言葉かけで「今日は、雨が降っていたよね。この雨で花が咲くかな？今度、みんなで見に行こうね」と、読み聞かせを終了した。花を見に行くという保育へと展開させ、後日晴れた日の外遊びで実施しました。6月ということもあり、紫陽花がきれいに咲いており子どもたちは花と触れ合うことができ、「ぱあっ　ぱっ　ぱぁ　はなだ」と楽しむことができました。

② 実践年齢

　この絵本は、0〜2歳児の絵本として知られています。この実践では、1歳児で実施しています。

③ 準備する材料

　雨の日に絵本の読み聞かせ、読み聞かせた後日の晴れた日に展開の保育が実施できる時間を設ける

④ 留意点

　この絵本に限らず、年齢が上がるにつれて科学絵本なども保育に取り入れ、興味を待たせるきっかけを作ることが大切になります。また、今回の保育でも取り入れた、実際にものを見る・触る経験は子どもに本物を見せることとなるため、更にものを認識できるようになっていきます。本物に触れることは保育においても大事にしたいものです。

4．最後に

　今回は、絵本の保育を充実させるために保育者がやるべきこととして、要領や指針に記載された 5 領域の内容を基に絵本の役割についてきちんとおさえること、絵本を基にした保育の活動例を紹介し展開の仕方を考えていきました。

　保育者は、子どものことを常に理解し自らが豊かな感性を持ち一緒に絵本の読み聞かせや活動を楽しみ、絵本の世界を広げてあげることができれば、より一層子どもたちは絵本の世界に入り込み楽しめるはずです。

　この『保育現場における絵本の可能性−絵本を基にした保育の展開について−』でお伝えしてきた、絵本を読み合う活動が、読者の皆さんの保育に対する営みをより豊かにするきっかけとなればと思います。現在、様々な絵本が出版されていますが、時代や読み聞かせる子どもたちの実態、発達段階・年齢、指針や要領で定められていること、全てを考慮した上で充実させた絵本の保育を実施して頂きたいものです。

引用文献
1)　厚生労働省（2017）『保育所保育指針』フレーベル館　p16-30。
2)　内閣府・文部科学省・厚生労働省（2017）『幼保連携型認定こども園教育・保育要領』フレーベル館　p17-32。
3)　文部科学省（2017.4）『幼稚園教育要領』フレーベル館　p14-21。
4)　正置友子・坂本美穂子・大阪保育研究所（2015）『保育のなかの絵本』かもがわ出版　p52。
5)　瀧薫（2018）『保育と絵本』エイデル研究所　p19-28。
6)　 U.G.サトー（2009）『あめかな！』福音館書店　p20。

参考文献
＊エリック・カール（1976）『はらぺこあおむし』　偕成社。

第 12 章
絵本を使った領域「環境」の保育展開
－絵本『いろいろへんないろのはじまり』から考える－

原　陽一郎

1. はじめに

　平成29年に同時に改定された幼稚園教育要領、保育所保育指針、幼保連携型連携こども園教育・保育要領では、いずれにも「幼児教育を行う施設として共有すべき事項」が記載され、幼稚園・保育所・幼保連携型認定こども園は幼児教育を行う施設として共通化されました。

　そこでは、幼児教育の方法は「遊び」を通して行うものであると書かれています。ですから、幼稚園教諭・保育士・保育教諭といった保育者の役割は、子どもたちの主体的で自発的な遊びが生み出されるように環境を構成することです。

　この子どもたちに「やってみよう」「ためしてみよう」という主体性、自発性が生み出されるためには、物的環境を整えることはもちろんですが、人的環境としての保育者がきっかけを提示することが重要であるといえるでしょう。そのためには、保育者自身が「やってみよう」「ためしてみよう」という興味関心を持っているとともに、これを具体化する教材研究が丁寧に行われていることが大切です。

　本章では、保育における「世界の共有」の大切さと、このきっかけとしての絵本の有効性、これを遊びに展開するにはどのような教材研究が必要となるか考えてみましょう。

2. 絵本を保育展開のきっかけとするとは

(1)　「幼稚園教育要領 第1章 総則 第1 幼稚園教育の基本」から
　ここでは、教師の役割として

「このため教師は、幼児との信頼関係を十分に築き、幼児が身近な
　環境に主体的に関わり、環境との関わり方や意味に気付き、これ
　らを取り込もうとして、試行錯誤したり、考えたりするようにな
　る幼児期の教育における見方・考え方を生かし、幼児と共により
　よい教育環境を創造するように努めるものとする。」

　と記載されています。では、子どもたちが環境に主体的にかかわるため
に必要なものは何でしょうか。環境それ自身はそこにあります。しかし、
その環境の何かに注意を向けなければ、情報として取り入れられることは
ありません。ですから、子どもがそこにある環境に注意を向けるための視
点が必要であるといえるでしょう。

(2) 倉橋惣三「幼稚園真諦」第2編 保育案の実際 3.誘導保育案[1]より
　倉橋は以下のように述べています。
　「たとえば、ある組で水族館を以て誘導保育案を立てております。
　　ある組では汽車の遊びを以て誘導保育案を立てております。ある
　　組は八百屋、玩具屋、またある組は海底、釣遊びを以て誘導保育
　　案を立てています。この他にも自動車でも誘導保育案が出来まし
　　ょう。汽車でも出来ましょう。つまり、何かしら子供の生活にま
　　とまりを与えるようなものを用意していけばいいのであります。」

　ここで倉橋が重視しているのは、「まとまり」です。これは、「世界」と
してのイメージの共有であるといえるでしょう、海底であったり、おもち
ゃ屋さんであったりという1つのイメージに基づいた「世界」を保育者が
提示することによって視点が生み出され、子どもたちはそのイメージに基
づいて環境に注意を向け、遊びを展開するようになります。
　よって、教材研究では、この「世界」からどのような遊びが生み出され

るかを予想し、これを子どもたちが自由に選択し、試行錯誤したり考えたりできるように準備することであるといえるでしょう。

(3) 絵本で「世界」を提示する

このようなイメージのまとまりとしての「世界」を子どもたちに提示する上で、絵本はとても良いきっかけになるのではないかと考えられます。この場合に注意すべきことをまとめました。

① 絵本が生み出そうとしている世界を大切にすること

図鑑・百科事典などは、写真とその解説が記載されており、これは情報を伝えることが目的です。そこには、著者が伝えたいことなどの思いはありません。

これに対し絵本は、絵やお話によって著者が一つの世界を表現しているものです。ですから、そこで作者がどのような世界を表現しようとしているのかを考えて子どもたちに提示することが大切です。

② 情報の確認をすると絵本の世界が壊れます

よく保育現場で、絵本を読んでいる途中や読んだ後に、そこにあったことやものについて質問している姿が見られます。この行為は絵本にあった情報を確認しているものですから、これを行うと子どもたちは情報を意識するようになり、その絵本が生み出そうとしている世界を楽しむことができなくなります。絵本は絵やお話で生み出された世界を楽しむものですから、情報にこだわりすぎないことが大切です。

③ どのような世界を共に楽しみたいのかを意識して読みましょう

例えば、かこさとし：『からすのパンやさん』[2]という絵本に、スターパン・とんかちパンなど85種類のパンが描かれている場面があります。ここで子どもたちと何を楽しみたいかによって読み方がちがってきます。

私は、ここでは「概念崩し」つまりパンというのはこのようなものでなければならないという考え方を壊して、いろいろなパンを自由に考えるきっかけとしたいと思っています。ですから、「こんなにいろいろあるなんて！」という驚きを子どもたちに生み出すために、できるだけ早口で読んでいます。一つ一つをゆっくりと丁寧に指し示しながら読むと、そのようなパンがあるという情報は伝えることができますが、自由な発想のきっかけとしての驚きは生み出されないのではないでしょうか。

　このように何を伝えたいのかを意識し、そのためにはどのような読み方をすると伝わるかを事前に研究しておくことが大切です。

3.『いろいろ　へんないろのはじまり』³⁾を使った保育実践

　絵本は、どのようなものであっても共有イメージとしての「世界」が提示できます。先に挙げた『からすのパンやさん』でも、パンやさんだけではなく、4羽のカラスのイメージ、消防・救急・警察のイメージなどが提示できますので、これに基づいた遊びの発展が考えられます。

　ここでは、『いろいろ　へんないろのはじまり』を使って、領域「環境」のねらいを達成するため教材研究について考えてみたいと思います。

(1) あらすじ

① 場面1：はいいろのとき

　いろというものがなく、ほとんどがはいいろか、くろかしろの世界。これに対し、魔法使いは不満を持っており、この世界を忘れようと魔法の薬をつくったり、呪文を唱えたりして楽しんでいた。

② 場面2：あおいろのとき

　偶然につくり出した「あおいろ」を家に塗っていると人々が興味をもったので、これを分け与えた。そうして世界中が「あおいろ」の世界となり、「うん、なかなか　よい　ながめじゃ。」と思った。

　しかし、みんなかなしい気持ち、ゆううつな気持ちになり、笑わなくなってしまった。

③ 場面3：きいろのとき

　「なんとか　しなくちゃ。」と考えた魔法使いは、「きいろ」をつくり出した。これを垣根に塗り始めたところ人々が興味を持ったので分け与えた。そうして世界中が「きいろ」の世界となり、「うん、なかなか　よい　ながめじゃ。」と思った。

　しかし、みんな目がまぶしくてちかちかし、頭が痛くなってしまった。

④ 場面4：あかいろのとき

　次に「あかいろ」をつくり出した魔法使いが花に塗っていると人々が興味を持ったので分け与えた。そうして世界中が「あかいろ」の世界となり「うん、すばらしい　ながめじゃ。」と思った。

　しかし、みんな怒りっぽく、なぐりあったりどなりあったりする世界となり、「こんな　とんでもない　いろを　つくったのは、だれだ。」と魔法使いは石を投げつけられた。魔法使いもかんかんになって怒った。

⑤ 場面5：いろいろな世界

　なんとか新しい色を作ろうとしているうちに、つぼからあお・きいろ・あかがあふれて混ざり始めた。魔法使いは「これじゃ！これじゃ！」とよろこんでいろいろないろをつくり出した。そうしてこれを分け与えた。

　みんなは「どのいろを　なににぬるか　じょうずに　きめました。」

　そうして、「どこもかしこも、とっても　きれいに　なりました。それで、

202

もう　だれも、いろを　かえてくれとは　いわなくなりました、とさ。」

(2) 要素

　このストーリーは遊びとしてどのような要素を内包しているでしょうか。

① 色が気持ちに与える影響

　色のない世界に嫌気がさした魔法使いが、青、黄、赤という色を生み出しました。その色によって最初は良い世界と喜んでいましたが、その色の心理的影響によってだんだん世界に問題が起こっていきます。このような色による気持ちの変化は本当に起こるのか、どのような気持ちになるのかについて考えることができます。

② ３原色をもとにして様々な色を作り出す

　この物語は色の三原色をもとにして作られています。ですから、魔法使いがなぜこの３色を生み出したのかを基にして、色遊びを生み出すことができます。

　また、光の三原色もありますので、これを楽しむことができる環境を準備することができれば、色の世界についてより楽しむことができるでしょう。

③ 色の配置について考える

　最後の場面の「どのいろを　なににぬるか　じょうずに　きめました。」という文章から、どこにどのような色のものがあると気持ちよいか、楽しくなるか、などを考えることができます。これは、描画活動のきっかけともなりますが、保育室内や園内にどのような色があるかという探検とともに、そこに適切な色のものを置くという製作活動につなげることもできます。

203

(3) 保育展開

① 色が気持ちに与える影響を基にした身体表現

ア　環境設定

　色が気持ちに与える影響を感じ取るためには、環境をその色でまとめることが大切です。学生たちがホールのステージ上で実践した際には、ホリゾントライトを使用することによって世界を創り出すことができました。保育室で実践する場合には、天井や壁をその色の布で覆ってしまうと、色の影響を感じ取れるでしょう。この場合、裏地に使われるような薄い、光をある程度透過する布であることが大切です。

　紙などでメガネをつくりそれにセロファンを貼る、ゴーグルを使用するなども考えられます。しかし、メガネをかけてしばらくは周囲がその色の世界に見えますが、色順応によってその効果はなくなります。ですから、色が気持ちに与える影響としては感じにくいです。

イ　絵本が提示している色が生み出す気持ちを音楽で促す

　以前の実践では、

　　　〇その色の世界として具体的にどのような世界があるかを出し合う、

　　　〇その世界での動きを表現する

　　　〇絵本に書いてある気持ちになってみる

　という流れで展開しました。

　例えば、青の場合は海や空が提案されたので、真っ青な海や空をイメージしながら動き、絵本が提示している「かなしい気持ち」になるとこれがどのように変化するかを子どもたちが考えながら、身体表現を行いました。

　その際、これらのイメージをより豊かにするための曲を、上田聖子 [4]氏に作成して頂きましたのでここに掲載しておきます。

　青・黄・赤の世界のイメージがよりわきやすくなります。曲をどのよう

に弾くかについては、その色による「世界」がイメージされやすくなるように、子どもたちの表現に合わせて工夫してください。

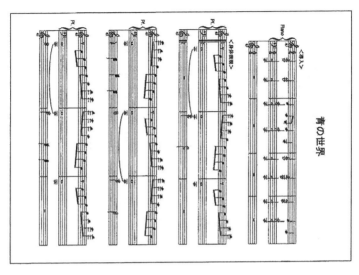

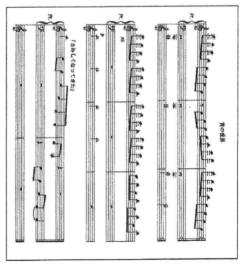

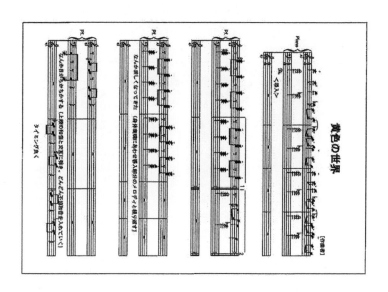

黄色の世界

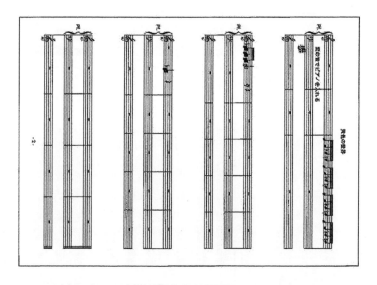

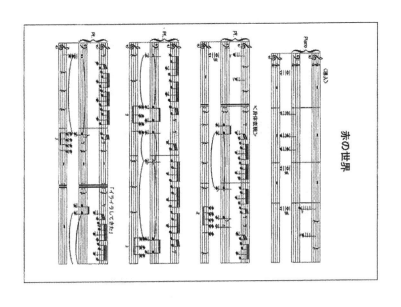

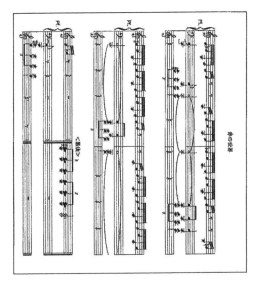

② 3原色をもとにして様々な色を作り出す

ア 色の三原色での遊び

　これは、絵の具が最も手軽ですので、般的に行われているのではないでしょうか。しかし、絵の具では色の配分がわかりにくいので、きれいな色をつくり出すことは難しいのではないでしょうか。

　そこで、以前の実践では、着色した小麦粉粘土を使用しました。小麦粉粘土だと、量をはかることが容易なので、きれいな色を作り出すことができます。小麦粉粘土の着色は、赤・黄・緑の食用色素（食紅）を使用しました。これを、はかりなどを使って量をはかり、1:1 だとどのような色になるか、2:1 だとどうなのかなど組み合わせと量を変えながら色の変化を楽しみます。

　小麦粉粘土で混色する場合、色が混ざりきるまで相当の時間練り続けることが必要ですので、根気が必要です。最初は混ざり合わずにマーブル状になりますが、根気よく練り込むことによって混色が出来上がりますので、出来上がったときの喜びは大きいです。

　ただし、小麦を使用しますので、小麦アレルギーがある子どもがいる場合には使用できません。米粉が使用できる場合は米粉での代用も可能です。子どもの健康に配慮しながら、何が使えるのかを試してみるのも面白いのではないでしょうか。

イ 光の三原色

　光の三原色については、

　○各色のセロファンなどを使用して赤・緑・青の光が透過するボードを
　　作成し、これを組み合わせてどのような色になるかを楽しむ。

　これは、これに各色のセロファンに枠をつけることによって容易に作成することができます。枠の幅はできるだけ小さくするか、透明プラスチッ

ク板などを使用すると、色の変化が把握しやすくなります。セロファンは
しわが入ると光が拡散されて色の変化がわかりにくくなりますので、しわ
ができないようにすることが大切です。色つきプラスチック板だと光の透
過が少ないので色の変化もわかりにくいです。

　○懐中電灯などの光が出る部分に各色の重ねたセロファン・プラスチ
　　ック板などを設置し、暗い場所でこの光をスクリーンなどに投射し
　　てどのような色になるかを楽しむ。

　投射された光がどのように変化するのかが具体的にわかりやすいので、
これを実際の遊びとして実施することができるととても喜びます。しかし、
暗い中でおこなわないと投射された色の変化がわかりにくいので、ホール
など暗くできる環境があるか、夜の時間帯におこなわないと難しいです。

　また、懐中電灯については、できるだけ光量が強いものを使わないとそ
の色の光がスクリーンに投射されません。以前の実践では、セロファンと
懐中電灯の光量とのバランスを探すのに苦労し、大型懐中電灯にセロファ
ンを4枚重ねたものが適切でした。できるだけ光が集約されている方が色
の重なりによる変化がわかりやすいので、高輝度LEDの懐中電灯がありま
すので、これを使用すると良いのではないかと考えられます。

③　色の配置について考える

　生活環境には様々な色がありますが、どのような色がどこにあるかなか
なか意識していないことが多いのではないかと思います。最初にお話しし
たように色という視点を提示することによって、生活環境にどのような色
があるかに気づくことができるのではないでしょうか。

　ここから、1つには色も注意深く観察することによって、1枚の緑の葉の
中に濃淡など異なった緑があることにも気づくことができます。このよう
な違いを発見する活動にもなります。

もう一つは、その環境がどのような色であって欲しいかということを考えて、子どもとともに生活環境を構成する活動にもできます。例えば切り花をもらったとき、その花の色に適切な花瓶の色はどのようなものか。絵本のコーナーは必要な時は見えている方がいいでしょうけど、それ以外は布で隠すとするならばどのような色の布がいいか。このようなことを子どもたちと論議しながら考えていくきっかけとしてこの絵本の世界は有効なのではないでしょうか。生活環境を子どもとともに考えることによって、生活の彩りを大切にする人間に育つでしょう。

4．まとめ

　「環境」のねらいを整理すると、興味、関心、発見、思考、物の性質や数量、文字への感覚が挙げられます。
　今回提示した実践は
○「色」を興味、関心、発見を生み出すための環境を観察する視点として提示している。
○色の三原色、光の三原色、色の心理的影響など、科学的思考の基盤となる遊びを提示している。
○色遊びにおいて、単に混ぜることのおもしろさだけではなく、何をどのように混ぜたらどのような色になるかがわかるために「量」を意識するような遊びを提示している。
と整理でき、ねらいを達成するような遊びが提示できています。
　ここで大切なのは、「色」についての教材研究が十分になされているからこそ、このようなねらいが達成できるといえるでしょう。
　絵本で「世界」として環境を観察する視点を提示して遊ぶためには、こ

のようにその物語の中に内包されている要素をいかに見出すかが大切です。これができれば、多くの絵本を基盤として子どもたちと共に豊かな遊びを展開することができます。ですから、多くの絵本と出会い、しっかり読み込んで、その「世界」を感じる力を育てましょう。そしてその「世界」に子どもたちが興味を持つような読み方を工夫しましょう。

　私たち保育者は子どものモデルですから、私たち自身が主体的・自発的に環境に対して、自然や物の性質、数量などについて発見する視点を持ち、興味、関心をもって情報を収集し、思考する姿勢が求められています。その保育者としての姿が子どもたちの遊びを生み出すことになります。現在では様々な情報が手に入れやすくなっています。ですから、教材研究をしっかりおこなって、子どもたちの遊びが豊かに展開されるような環境構成を丁寧に検討しましょう。

参考文献
1)　倉橋惣三：『倉橋惣三文庫① 幼稚園真諦』　フレーベル館　2008。
2)　かこさとし　『からすのパンやさん』　偕成社　1973、
3)　アーノルド・ローベル作 まきたまつこやく　『いろいろ　へんないろのはじまり』　冨山房　1973。
4)　上田聖子　九州大谷短期大学表現学科教授。

第 13 章
保育内容と絵本

怡土　ゆき絵

1．はじめに

　保育所、幼稚園、こども園には、就学前の子どもたちが在籍しており、子どもたちの健やかな心身の健康を図ることが共通の目的となっています。この目的を達成するために、子どもの発達を「健康」、「人間関係」、「環境」、「言葉」、「表現」という5つの側面から捉えた5領域と言われる保育内容の教育的側面が保育の目標として定められています[1]（大滝ら　2121）。その領域は、教科学習を中心とする小学校以上の教育とは異なります。就学前の子どもたちを育む施設では、"遊び"を中心とした保育の中で子どもたちの人格形成の基礎を培っていきます。その保育の中で、絵本は様々な場面で取り入れられています。

　例えば、保育者たちはカエルの鳴き声が聴こえる季節になると、保育の中でカエルが出てくる絵本を読み聞かせます。ときには、戸外遊びのときに鳴き声に気が付いた子どもが、『近くにカエルさんがいる！』と嬉しそうに周囲に呼びかける姿につながります。また園に戻った子どもたちは、保育者が読んでくれた絵本を探し、カエルを見たり、鳴き声を聞いたりした経験を、絵本を見ながら再び思い出して楽しみます。保育者が『かえるのうた』の曲をピアノで弾けば、絵本の世界や戸外遊びの中で感じたカエルのイメージを膨らませ、ぴょんぴょん跳びながら、楽しく表現して遊ぶ子どもたちの姿が見られるでしょう。絵本を保育に取り入れることで、日常の保育の中でも子どもたちの興味や関心がより深まります。やがて子どもたちは、自ら遊びに発展していくことができるようになっていきます。

　絵本に書かれている内容を読むだけでなく、「次どうなるかな？」「どうしてこうなったのだと思う？」などと子どもの想像が膨らむ問いかけを

したり、「このあと、こうなったかもしれないね」と保育者なりの考えを話したりすることで、子どもの探究心が芽生え、論理性や言葉のスキルが育まれて行きます。重要なのは、ひとり読みをするかどうかよりも、本の内容を味わったり、書かれていることを実際のできごとに結びつけて考えたりすることです[2]（荒巻 2019）。そんな子どもたちが絵本の世界に浸って楽しむ、絵本の世界を自ら周囲の大人や友だちに共有しようとする。そんな経験ができるように、絵本を積極的に保育に取り入れていきたいですね。

ICT 化が急速に進む現代ですが、絵本がもつ価値や、保育に活かしていく方法については、保育に携わる保育者、保護者の方々に是非見識を深めていただきたいと思います。

そこで今回は、保育内容5領域それぞれのねらいと、そのねらいを基にしたおすすめの絵本を紹介します。

2．領域「健康」

領域「健康」における「健康な心と体を育て、自ら健康で安全な生活を作り出す力を養う」という目標を達成するためには、生活習慣に関わる指導・食育に関わる指導・安全教育・救急対応・運動や身体活動など多様な場面で取り組む必要があります[3]（吉田ら 2018）。

この健康の掲げるねらいは、周囲の大人たち（保護者・保育者）による働きかけが重要と思われがちですが、子どもが主体的に健康を目指し、生活する力をつけていくことこそ重要です。そのためには、健康を目指す意味や、心身の健康が損なわれた時どうなるのかについて絵本を通して伝えていくことが有効でしょう。

保育では、登園・遊び・食事・午睡などの生活リズムを整え、心身の健康を保つ事が大切です。また、衣服の着脱や、排泄、手洗い、食事や片付けなども、子どもが主体的に取り組めるよう工夫してあげたいですね。

　食育では、野菜や食べ物の成り立ちに興味を抱き、食べることそのものへの意識、好き嫌いについても絵本を通して保育の中で触れてほしいポイントです。

　安全教育や救急対応では、避難訓練前後や、戸外活動前、長期の休暇前など、折に触れて機会を設け、生活上のルールや危険な遊び、そして万が一の対応などについても絵本を通じて子どもたちと共有していきましょう。子ども自身が危険を予測し、自分や他者の安全に配慮した行動をとれるようにしていくことが望まれます。

　運動や身体活動では、心地よく体を動かす楽しさを感じることや、友だちとルールを守って仲良く遊ぶためには、どのような遊びがあるのか、またどんなルールが必要なのかの規範意識を絵本で共有することをお勧めします。

〇領域「健康」のおすすめ絵本

『ペネロペ　ひとりでふくをきる』
文/アン・グットマン
絵/ゲオルグ・ハレンスレーベン
訳/ひがし かずこ
岩崎書店

『いただきまーす！』
文/二宮 由紀子
絵/荒井 良二
解放出版社

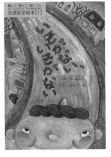

『いそがない、いそがない』
構成，文/矢橋 昇
絵/武村 理峰子
人間社

『パンダ なりきりたいそう』
作/いりやまさとし
講談社

3．領域「人間関係」

　領域「人間関係」では、「他の人々と親しみ、支え合って生活するために、自立心を育て、人と関わる力を養う」というねらいを掲げており、身近な人との信頼関係を基盤に子どもなりに関わる世界を広げていくことが望まれます[4]（岩立ら　2018）。保育の中で子どもたちは、生活を楽しみ、ま

ずは身近な人と関わる心地よさを感じることが大切でしょう。

　樋口ら（2017）[5]は、絵本の読み聞かせをしている中でも、読み合う人それぞれに豊かな感情や表情、行動が生み出されることを理解し、子どもに生み出されたものを受け止めながら読み手も豊かな感情や表情、行動をもって絵本を通した子どもとのやり取りと展開する。さらに、保育者が子ども同士に生み出されている感情や表情、行動に共感し、そのことを踏まえた上でその後の状況を展開する「読みあい」「読みあう」ことを薦めています。保育者による「絵本」の読み聞かせは、読み手の温かい心情に子どもたちは気づくことができます。そして、これを続けることによって、自分の気持ちを相手に伝えることや、相手の気持ちに気付くことの大切さなど、友だちの気持ちや友だちとの関わり方を丁寧に伝えることができるでしょう。また、絵本の世界を友だちと一緒に楽しみ、それを自分たちの遊びに変えていく中で人間関係が築かれていくでしょう。

　さらに、園に入園して間もない、不安と期待を抱いている時期や、友だちと遊びの中で上手くいかないことがあった時など、子どもたちのその時々の気持ちに寄り添って絵本を選んでいきたいですね。

○領域「人間関係」のおすすめ絵本

『ともだちや』
作/内田　麟太郎
絵/降矢　なな
偕成社

『きみなんかだいきらいさ』
作/ジャニス・メイ・ユードリー
絵/モーリス・センダック
訳/こだまともこ
冨山房

『コッコさんのともだち』
作・絵/片山健
福音館書店

4．領域「環境」

　領域「環境」は、「周囲の様々な環境に好奇心や探究心をもって関わり、それらを生活に取り入れていこうとする力を養う」というねらいが掲げられています。身近な環境との関わりを通して、環境への関心を育てたり、環境と関わる意欲や態度を育てたりすることが望まれており、そのことが、やがて数を数えたり、文字を読んだりという能力の獲得や、環境についての認識の深まりに結び付いていきます [6]（榎沢ら　2018）。子どもたちは様々な環境に関わる中で、探究心や思考力を身に付け、自らやってみようという意欲が出てくるのです。

　絵本の中でも、知識絵本（科学絵本、図鑑絵本、数の絵本）や、写真絵

本、しかけ絵本等は、身近な環境や科学、数や物の大きさなどへの興味・関心に繋がり、子どもたちの思考力の向上・探究心を育むことへと繋がります。

　また、自然の環境と疎遠になりつつある現代の子どもたちに、自然環境への興味を掻き立て、探索する気持ちそのものを引き出す絵本もたくさんあります。子どもたち自身が課題を見つけ、自ら探究できる保育を展開していきたいものです。自然との触れ合いが少ない子どもたちでも、絵本を通じてその体験を補うこともできるでしょう。

　さらに、身近な環境だけでなく、普段の生活の中では感じることのできない遠い外国や宇宙などの環境も絵本によって間近に感じ、好奇心を抱くことができるでしょう。

○領域「環境」のおすすめ絵本

『BABY NUMBER BOOK』
作/リサ・ラーソン、ヨハンナ・ラーソン
サンクチュアリ出版

『こんにちは、長くつ下のピッピ』
著/アストリッド・リンドグレーン
イラスト/イングリッド・ニイマン
翻訳/いしいとしこ
徳間書店

『アリから　みると』

文/桑原 隆一

写真/栗林 慧

福音館書店

5. 領域「言葉」

　領域「言葉」では、「経験したことや考えたことなどを自分なりの言葉で表現し、相手の話す言葉を聞こうとする意欲や態度を育て、言葉に対する感覚や言葉で表現する力を養う」というねらいを掲げています。この領域では、子どもの表現活動としての言葉の働きに重点を置き、子どもの内面を表現し、人間関係を構築するための手段としての話し言葉が自然に獲得できるよう考慮されています[7]（駒井　2018）。

　駒井（2018）は、幼児教育における言葉の育ちについて「言葉は、様々な役割をもっており、①コミュニケーションの手段、②思考する手段、③行動を調整する手段、④自己を表現する手段、⑤ものや行動を意味付ける手段の5つがあると一般的に言われている。乳幼児期は、これらの5つの役割をもつ言葉の基礎を養う時期である。それだけに、その言葉の育ちに関わる保育者の役割は重要である。」と述べています。従って、保育者もその言葉の育ちを念頭に保育を組み立て、実践して行く必要があるでしょう。

　幼児期の保育の中で言葉を育む教材は、絵本のみならず、ストーリーテリング、紙芝居、言葉遊び、伝承遊び、ペープサート、パネルシアター、人形劇や劇遊びなどがあげられます。この様な教材にふれる中で、簡単な言葉を繰り返したり、言葉を模倣したりする経験から、子どもたちの言葉

の力を育んでいきます。そのような保育者との言葉遊びや言葉の応答を繰り返し、言葉で表現する楽しさを感じることが大切です。

　絵本や物語などに親しむ中で、言葉に対する感覚を豊かにし、保育者や友だちと心を通わせることができるようになります。

　絵本の言葉の響きやリズム、新しい言葉や表現などに触れられるように絵本を選び、子どもたちが言葉使う楽しさを味わえる保育を目指していきましょう。

○領域「言葉」のおすすめ絵本

『あっちゃんあがつくたべものあいうえお』
　作/さいとう　しのぶ　原案/みね　よう
　リーブル

『だじゃれ日本一周』
　著/長谷川　義史
　理論社

『へんしんトンネル』
　作・絵/あきやま　ただし
　金の星社

6．領域「表現」

　領域「表現」では、「感じたことや考えたことを自分なりに表現することを通して、豊かな感性や表現する力を養い、創造性を豊かにする」というねらいを掲げています。子どもたちは生活の中でイメージを豊かにし、様々な表現を楽しむことが大切です。そうすることで、子どもは、自己肯定感を高めながら、自信をもって表現するようになっていきます。

　表現といっても様々な表現の方法がありますが、ここでは、イメージや感性を豊かにし、その自らのイメージを言葉、音楽、造形、身ぶりや手ぶりなどの身体を使って表現するという事を大切にねらいが設定されています。

　子どもたちは絵本によってイメージされる虚構の世界と現実の世界を行き来しながら、様々な表現のあそびを展開していきます。その代表的なものが、ままごと遊びやごっこ遊びです。過去に見た絵本の世界のイメージを膨らませ、現実の世界で自らを演出し、自分なりの表現をして楽しみます。

　また、体で表現するだけでなく、絵を描いたり、粘土や紙で登場人物を作ったり、歌ったりする表現を得意とする子どもも居るでしょう。子どもは、表現したものを周囲の大人や友だちに受け止めてもらうことで、自信や意欲につながっていきます。是非、子どもたちのイメージを掻き立て、表現を楽しめるような絵本を保育の中に取り入れていってほしいと思います。

○領域「表現」のおすすめ絵本

『てのひらどうぶつえん』
作/ハン・テヒ　絵/ハン・テヒ
訳/星あキラ　キム・ヨンジョン
瑞雲舎

『もこ　もこもこ』
作/谷川　俊太郎
絵/元永　定正
文研出版

『ねずみくんとおんがくかい』
作/なかえ　よしを
絵/上野　紀子
ポプラ社

7. まとめ

　本稿は、読者が理解しやすくなるよう5領域にわけて解説してきました
が、実際の保育においてはこの5領域が示すねらいそのものに取り組むの

ではなく、子どもたちが様々な体験を積み重ねる中で、5 領域全てのねらいを包括的に捉えていくことが望まれます。

　また、子どもの発達や興味関心、季節や行事に合わせた絵本選びについても大切にしていただきたいと思います。対象年齢を記載した絵本などもありますが、まずは子どもが好きな絵本を認め、その絵本の世界、絵本の楽しさを子どもと共有できることが一番ではないでしょうか。ここで、保育現場で絵本を用いた保育の展開例を紹介します。

現場からのコラム　［絵本『そらまめくんのベッド』を用いた保育の展開例　年長児　5月］

絵本『そらまめくんのベッド』　著:なかやみわ　出版社:福音館書店
　絵本の読み聞かせを行ったあと、5 月という季節もあり本物のそらまめを用意し、子どもたちが観察できるようにしました。子どもたちが気になっていた絵本の通り、皮の中が本当にふかふかのベッドになっているか確かめるために開けてみました。すると「あ！顔がない！」と一人の子どもが気付き、「どうしよう」と保育者に助けを求めました。保育者が子どもにどうしたいかたずねると、「顔を描いてあげたい」と子どもから出たことから、油性ペンでそらまめに顔を描きました。

　この時に出た「あ！顔がない！」という発言は、子どもが思っていたこととは違う事が起きたギャップから出た言葉と考えられます。子どもの育ちを見

ていくと、生活の中で心が動かされた経験となり、領域「言葉」の内容にある「したり、見たり、聞いたり、感じたり、考えたりなどしたことを自分なりに言葉で表現する」にマッチする経験となっています。

　そらまめに顔を描いたあと、全員のそらまめが寝るベッドをイチゴのパックで作り、自分のそらまめに名前を付けて遊ぶようになりました。その後、保育者がそらまめの人形を保育環境に置いたり、状況に合わせて援助を行ったりしました。すると子どもたちが人形のためにベッドを作ったり、遊びの中にそらまめを用いたり工夫して遊びを楽しむ姿が見られました。この遊びは様々な展開を経て卒園まで続いていきました。

　そらまめのためにベッドを作ったり、人形の寝心地を考えてベッドを考えたりして子どもたちで遊びを展開していることが分かります。ここでの子どもたちの育ちを見ていくと、そらまめの気持ちになり考えたりしている姿から、相手(そらまめ、人形など)のことの痛みや思いを知って遊んでいます。この子どもたちの経験は領域「言葉」の内容にある「絵本や物語などに親しみ、興味をもって聞き、想像する楽しさを味わう」にマッチするものとなっています。

　今回の絵本『そらまめくんのベッド』の読み聞かせからの保育展開では、絵本の世界と現実を結ぶ(本物のそらまめを用意する)や問いかけ(どうしたらいいと思う)、環境設定(そらまめの人形を置く)など、保育中で子どもたちの気付きや発見を促すきっかけづくりをいくつも行っていました。このきっかけづくりが成功したことで、子どもたちの主体的な遊びの展開があり、その中で領域「言葉」における育ちに繋がっていました。

元幼稚園主任教諭　秀島剛徳

このように絵本から展開し、子どもたちの成長に繋げている場面は数多くあるでしょう。その成長一つひとつに保育者が気付き、更なる援助や配慮をしていけるのは子どもたちを知る現場の保育者だからこそ出来るものです。その成長を、保護者とともに分かち合い、喜びに繋げていきましょう。

　保育者自身が積極的に絵本という教材を数多く手に取り、子どもたちの日頃の様子を感じ取り、その時々の子どもたちの気持ちに寄り添った保育を展開して欲しいと願います。

引用文献

1)　大滝世津子 古谷淳ら『保育内容総論』令和出版舎　2021
2)　荒巻美佐子「読み聞かせの実態と言葉の発達」『これからの幼児教育』ベネッセ教育総合研究所　2019
　　https://berd.benesse.jp/up_images/magazine/KORE_2019_spring_data.pdf
3)　吉田伊津美 砂上史子 松嵜洋子『保育内容　健康』光生館　2018　1-15
4)　岩立京子 西坂小百合『保育内容 人間関係』光生館　2018　1-13
5)　樋口正春・仲本美央 他『絵本から広がる遊びの世界』　風鳴舎　017　10-11
6)　榎沢良彦 入江礼子 『保育内容 環境［第3版］』建帛社　2018　1-13
7)　駒井美智子『保育者をめざす人の保育内容「言葉」［第2版］』みらい　2018　13-24

参考文献

＊石井光恵 甲斐 聖子 『保育で大活躍! 絵本から広がるあそび大集合』ナツメ社　2014
＊厚生労働省『保育所保育指針』フレーベル館　2017
＊關章信 兵頭惠子 髙橋かほる『遊びや生活のなかで "10の姿" を育む保育』幼少年教育研究所　2019
＊内閣府 文部科学省 厚生労働省『幼保連携型認定こども園教育・保育要領』フレーベル館　2017
＊文部科学省『幼稚園教育要領』フレーベル館　2017

第3部
児童期の子どもの教育

第14章
自分の考えを形成する学習過程を重視した国語科学習指導

立石　泰之

1．はじめに

　小学校では、令和2年度から新しい学習指導要領（平成29年告示）が全面実施となりました。小学校国語科における改訂のポイントの一つに、「学習過程の明確化、「考えの形成」の重視」があります。

　「学習過程の明確化」は、自ら学び、課題を解決していく能力の育成を目指し、平成20年告示の『小学校学習指導要領解説 国語編』で既に打ち出されており、「考えの形成」は、そのなかの「読むこと」領域のみの指導事項で扱われていました。平成20年告示の学習指導要領は、「言語活動の充実」のキーワードで注目されましたが、多くの小学校現場においては、国語科でどのような活動を設定するのか、その結果として、どのような力が身に付くのかに話題が集中することとなりました。今回の改訂では、学習活動の結果だけではなく、課題解決のプロセスのなかで児童に育成していくべき資質・能力がより具体的に示されるように各領域の学習過程が再整理されました。また、「考えの形成」は、「話すこと・聞くこと」「書くこと」「読むこと」のすべての領域の学習過程に位置付けられています。

　では、自分の考えが形成されるような学習過程を授業で実現していくには、どのように考えていけばよいのでしょうか。本稿では、今回の改訂で求められている自分の考えを形成する学習過程を重視した国語科授業の設計とその具体について論じていきます。

2．「自分の考え」とは

　「考え」を辞書で引くと、「考えること。また、考えて得た結論・判断・

予測・決意など。」[1] と説明されています。私たちは日常の活動をしている間、常に何かを思考している状態ではありますが、国語科学習で形成させる「考え」とは、どのようなものなのでしょうか。

　これからの国語科で求められているのは、情報を多面的・多角的に精査し構造化したり、感情や想像を言葉にしたり、言葉を通じて伝え合ったりするための「考え」です。[2] 藤森 (2019) は、国語科学習で求められる「考え」に深く関係するものについて次の五つを挙げています。[3]

・意見 (opinion)

　最も一般的な「考え」。ある課題や問いに対して自分はどのような立場をとり、どのように答えるつもりなのかを言語化したもの。

・主張 (claim)

　自分の意見として他の人に対して訴えようとする「考え」。討論や意見文の作成では、これがないと活動できない。論理的な筋道を立てて説明する作業が伴う。

・解釈 (interpretation)

　与えられた事柄について、それをどのように捉え、理解したのかを説明する際に結論となるべき「考え」。「読むこと」の学びでは、多かれ少なかれ必要となる。

・着想 (idea)

　何かを実現したり創造したりするための手段や方法、目のつけどころとして、こうしたらよいのではないか、これを取り上げてみてはどうかなどと思い巡らして得られる「考え」。詩歌・随筆の創作活動はもとより、創造的な学びで必要。

・概念 (concept)

　「…とは何か」という本質的で抽象的な問いに対する「考え」。個別で具

体的な事柄をまとめて理解したり、その性質や特徴について説明したりする際に求める。

　これらのような「考え」を授業において一人一人の児童のなかに「自分の考え」として形成していくためには、まず、どのような問題に対して、何が求められているのかを児童自身が把握しておかなければなりません。そして、求められている「考え」について自分で言葉にし、吟味していく必要があります。児童に「考え」を形成させていくためには、学習全体を通した過程が必要です。
　間瀬（2020）は、「考えの形成」とは、単に「推測・推定」や「評価・判断」を思いつくことではなく、「「事実」を根拠としながら「意見」を導き出したり、「根拠」を検討したり、両者の関係を吟味したりするプロセスを表す概念である」[4]　とし、その過程や支援の必要性について次のように述べています。[5]

　　　「考えの形成」の過程は、内言で思考すると同時に、それを外言に
　　置き換えるプロセスと言え、そこで形成される考え（推論）は、内言
　　の特徴を残したものとなるであろう。したがって、それをより妥当性
　　のあるものにするには、外言化のための支援が必要になる。

　一人一人の児童に考えが形成されていくためには、問題の解決に向けて、曖昧で省略された自分のなかの言葉を他者に伝わるような言葉へと変換するとともに、一度考えたことに対して、さらに妥当性のあるものへと自分で批判的に吟味し続けていけるような過程が必要なのです。

3.「自分の考えを形成する学習過程」とは何か

　これまでの国語の授業について、原田（2019）は、「従来見られた「訓詁注釈型」や「教師がしゃべり続ける授業」においては、「教師の思考」は活性化されていた。しかし、「子供の思考」については、置き去りにされていたように思われる」[6]と述べています。また、教師が一方的に話さず、児童が発言しているように見えていても、教師の頭の中にある「正解」を児童に言い当てさせるようなやりとりであれば、その授業も「子供の思考」が置き去りにされていると言えるでしょう。そのような授業では児童一人一人の考えは求められず、自身の考えの変容を児童が実感することがないからです。

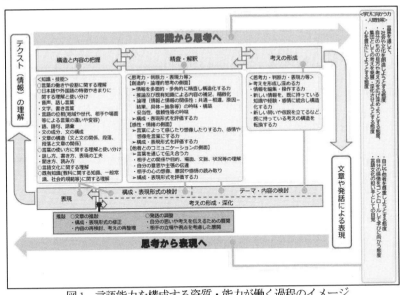

図1　言語能力を構成する資質・能力が働く過程のイメージ
（中央教育審議会教育課程部会　「言語能力の向上に関する特別チームにおける審議の取りまとめ」　平成28年8月26日）

235

学習過程とは、学習における児童の思考の過程です。過程のなかで、個々の児童の考えが次第に練り上げられ、自分の考えの変容を児童自身が実感していけるように、教師が思考のプロセスを構想していく必要があります。

中央教育審議会教育課程部会は、「言語能力を構成する資質・能力が働く過程のイメージ」を前頁図1のようにまとめました。[7]

図1のなかで「認識から思考へ」という矢印は主に児童のなかでのインプットの方向、「思考から表現へ」という矢印は主にアウトプットの方向を意味しています。そして、矢印の内側には、それぞれの方向に向けてどのような過程があり、どのような資質・能力が働くのかが示されています。

図1に説明されている過程が、「話すこと・聞くこと」、「書くこと」、「読むこと」における各学習過程に反映されることとなります。『小学校学習指導要領（平成29年告示）解説 国語編』において各学習過程は、表1のように示されました。

表1　「話すこと・聞くこと」「書くこと」「読むこと」における学習過

| インプット | | | | アウトプット | | |
| 読むこと | | | | | | |
説明的な文章	文学的な文章	聞くこと	話すこと	話し合うこと	書くこと
		話題の設定	話題の設定	話題の設定	題材の設定
		情報の収集	情報の収集	情報の収集	情報の収集
構造と内容の把握	構造と内容の把握	構造と内容の把握	内容の検討	内容の検討	内容の検討
精査・解釈	精査・解釈	精査・解釈	構成の検討	話合いの進め方の検討	構成の検討
考えの形成	考えの形成	考えの形成	考えの形成	考えの形成	考えの形成
共有	共有	共有	表現	共有	記述
			共有		推敲
					共有

236

これらの学習過程は、活動によって単元全体で行われたり、1 単位時間内で行われたりします。また、必ずしも上から下へと一方向に進むのではありません。活動の目的や状況、児童のそのときどきの課題意識などによって順序が変わったり、戻ったりする場合も考えられます。

　授業において一人一人の児童が自分の考えを形成していくためには、児童の思考の過程を大切にした授業の設計が必要になります。

４．自分の考えを形成する学習過程を重視した授業設計の例

(1) インプット型の学習過程（「読むこと」文学的な文章の場合）

　「読むこと」の授業の場合、単元全体において表１のような学習過程を構成していきながら、各１単位時間のなかでも「構造と内容の把握」、「精査・解釈」、「考えの形成」、「共有」が展開されていく場合があります。中学年で「精査・解釈」にある登場人物の気持ちの変化を考えようとする場合、前提として児童には「構造と内容の把握」で求められている登場人物の行動や気持ちについて叙述を基に捉えさせていかなければなりません。

　授業構想の実際は次のようになります。例えば、「カレーライス」（重松清、光村図書６年、平成 26 年３月検定済）という教材があります。本作品では、中心人物の「ぼく（ひろし）」の６年生となった自分を未だに子供扱いする父への言葉にならない不満と、親の愛情を感じて揺れる心情が一人称の語りで描かれます。物語では、ひろしと父の相互の見方について、題名にもなっている「カレーライス」が効果的に用いられています。このカレーライスの表現について「精査・解釈」する授業を行ったところ、学習後に児童は次のような自分の考えを書きました。

○　この文章には、作者の意図があると思いました。カレーライスが甘口から中辛になることが、ひろしが、子どもから少し大人になったことで、それをお父さんが認めたんだと思います。そして、カレーライスが題になっているのは、キーワードであり、カレーライスによって仲直りできたからだと思います。そう考えてみると、「カレーライス」は初め読んだとき、単純だと思ったけど、とても奥が深い話だったことが、今になって分かりました。

○　学習をして、気になるところがありました。それは、心の変わった部分です。ふだん読んでいる物語では、心の変化したところがはっきりとしています。しかし、この文章ではあいまいです。きっと、重松清さんは、「ひろしのような思春期の子どもたちの心の変化」を一番伝えたかったのだと思いました。

○　内容がどんどんパズルのピースのように当てはまっていくような感覚がおもしろかったです。ぼくが、昨日急に「分かった!!」とさけんだときも、分からなかった『中辛』というピースと、ひろし君はなぜ父に向かっておこっているのかというピースが、ピッタリ当てはまったので、すごくうれしくて、自発的に「わかった!!」という言葉が出てきました。なので、今回のわかったときのうれしさとピースが当てはまっていく感覚を大切にして、次の授業も受けたいと思います。

これらのような考えを児童のなかに自分で形成させていくには、教師が児童の課題解決のプロセスを意識して、教師がイメージする授業のゴールから学習過程を次のように逆に構想していくようにします。

・精査・解釈

　「精査・解釈」では、文章の内容や形式に着目しながら、目的に応じて必要な情報を見つけたり、具体的に想像したりします。第5学年及び第6年では、人物像や物語などの全体像を具体的に想像したり、表現の効果を考えたりすることが求められています。

　ここで構想しようとしている授業の場合、児童には、最終的に成長の象徴として用いられるカレーライスの「中辛」の意味とともに、物語全体に関わる父親のひろしに対する見方とその変化に気付かせたいと思います。そのために、着目させたい叙述は、「でも、「そうかあ、ひろしも『中辛』なのかあ、そうかそうか。」と、うれしそうに何度もうなずくお父さんを見ていると、なんだかこっちまでうれしくなってきた。」という一文です。なぜ、ひろしが「中辛」を食べられると知った父親が喜んでいるのか、「中辛」とは何を意味しているのか、などのようなことについて児童自身が気付けるようにするとともに、それぞれの解釈を引き出していきたいものです。そのためには、うれしそうに何度もうなずく父親を見て、「うれしくなってきた」中心人物のひろしの心情変化に着目させる必要があります。

・構造と内容の把握

　「構造と内容の把握」では、叙述を基に、文章の構成や展開を捉えたり、内容を理解したりします。第5学年及び第6年では、登場人物の相互関係や心情などを捉えることが求められます。

　「うれしくなる」前のひろしは、父親に対する言葉にならない不満から素直に話ができなくなっていました。しかし、父親の風邪をきっかけに一緒にカレーを作ることになり、着目させたい一文に描かれている父の変化を目にしてうれしくなるのです。

　そこで、児童には「不満を感じていたひろしのお父さんに対する見方は、

どこで変わったのか」と発問します。教師は、一人一人の児童にひろしの心情が変化した箇所についての最初の考え（最終的には「考えの形成」で見直す）を出させ、話し合わせるようにします。そうすることで、児童は自分の考えを確かめようと課題意識をもって本文中のひろしの心情の変化を追い、教師が着目させたい一文に気付いていきます。そして、心情が変化した説明のなかで、ひろしがうれしくなった理由について考えを出し合い、父親の喜ぶ理由とは何か、「中辛」の意味とは何かを全員で話し合うようにします。

　以上のような流れをまとめると、次のようになります。

表2　「カレーライス」の1単位時間の展開例

学習過程	学習の活動と内容
	1　お父さんに対するひろしの不満は解消されたのかについて話し合う。 ○本時の課題をつかむこと。
構造と内容の把握	2　お父さんに不満を感じていたひろしのお父さんに対する見方は、どこで変わったのかについて話し合う。 ○ひろしの心情の変化について考えること。
精査・解釈	3　ひろしが「中辛」を食べることを知り、なぜお父さんが喜ぶのかについて話し合う。 ○「中辛」の表す意味について考えること。
考えの形成	4　振り返りを書く。 ○話合いを通して考えたこと、自分が学んだことを自覚すること。
共有	5　発表する。 ○友達が考えたことや学んだことを知り、考えを広げること。

　「読むこと」の授業でねらいとすることについて児童に考えさせるためには、その前に確認したり考えたりさせなければならないことがあります。そのために、教師は、最終的な児童の思考や表現をイメージし、そこに向かって必要な学習過程を逆向きに構想していくようにします。また、「読むこと」の学習過程には、他の領域にある「話題の設定」のような児童の課題意識の喚起に関する過程は示されていません。児童に課題解決的に読ま

せ、最終的に自分の考えを形成させるためには、最初の考えを出し合わせ、自分の考えを確かめ、見直すために話し合わせるようにしていきます。

(2) アウトプット型の学習過程（「書くこと」の場合)

　表現の過程は、基本的には「主題の仮設→取材→構想→記述→推敲」[8]（森田 2010）とされています。これに対応して、『小学校学習指導要領（平成29年告示）解説 国語編』の「書くこと」では、学習過程を「題材の設定、情報の収集、内容の検討」、「構成の検討」、「考えの形成、記述」、「推敲」、「共有」と示しています。「書くこと」、「話すこと」のようなアウトプット型の学習過程の場合、「考えの形成」は「表現」や「記述」の前、つまり音声言語や文字言語で表現する前に位置付けられていますが、実際はそれぞれの過程のなかで、常に考えは形成されていきます。学習する児童は、表現する目的や相手などに照らしながら、自分が最適と考える主題の設定や情報の収集、内容や構成の検討、表現の見直しなどについて選択・判断していかなければなりません。

　また、学習指導要領が示すそれぞれの過程は、一方向のみに展開されるわけではありません。秋田（2002）は、文章を書くという活動について「構想（プランニング）」、「記述（翻訳）」、「見直し（推敲)」の三つの過程を「何度も行きつもどりつしながら複雑にからみ合って行われている」[9]と述べています。

　以上のことを踏まえながら、「調べたことを正確に報告しよう　みんなが過ごしやすい町へ」（光村図書5年、平成31年2月検定済）という教材を使って、児童に「考えの形成」を促す授業を構想します。

　・題材の設定・情報の収集・内容の検討

　「題材の設定、情報の収集、内容の検討」の過程において第5学年及び

第6年では、目的や意図に応じて、感じたことや考えたことなどから書きたいことを見付けたり選んだりし、集めた材料を分類したり関係付けたりして伝えたいことを明確にすることが求められています。

　この段階で大切なのは、児童自身に「①何について、②だれに対して、③何のために書き、④書き上げた文章がどう取り扱われるか、明確にすること」10)（田中 2001）です。この題材意識、相手意識、目的意識、処理意識が具体的になればなるほど、相手にとって必要な情報は何なのか、その情報によって相手にどのような状態になってほしいのか、そのためにどのように伝えればよいのかなど、その後の取材や内容・構成の検討のあり方などが児童のなかではっきりとしてきます。

　「調べたことを正確に報告しよう　みんなが過ごしやすい町へ」では、自分たちが住む地域や学校で、みんなが過ごしやすい場所にするための工夫について調べたことを友達に報告する文章を書くことになっていますが、例えば、伝える相手を市役所を訪れる高齢者と設定し、高齢者の方々が知らないような利用しやすくなる市役所内の工夫について調べたことを掲示して報告するとすれば、それぞれの児童は必然性を感じ、何をどのように調べ、何を伝えるべきかについて、意欲的に考えることでしょう。

　「題材の設定、情報の収集、内容の検討」の過程でそれぞれの児童が、自分が表現しようとする内容のイメージをもち、それに必要な多くの材料を集められるかどうかが、その後の活動に大きく影響を与えることになります。内容を検討するなかで、他の情報を収集する必要性を感じる児童もいます。そのような場合には、再取材できる場を与えたいものです。

・構成の検討

　「構成の検討」における第5学年及び第6年では、筋道の通った文章となるように文章の構成や展開を考えることが求められています。

ここでは、目的に向かって検討し、選択した内容をどのような順序で述べていくのかについて考えを形成していきます（必要に応じて内容を選択し直す場合もあります）。構成の検討をさせるためには、文章の枠組みとそこに入れていく内容の関係が問題になってきます。文章の枠組みとは、「初め・中・終わり」、「起承転結」、「頭括式・尾括式・双括式」などであり、その枠組みに入れていく内容の関係とは、「一般と特殊」、「時間的順序」、「重要さの順序」、「既知から未知へ」のような主題と事例の関係、事例と事例の関係などです。これらは、教科書に紹介されている文章などの読み手への効果や書き手の意図などについて全員で話し合い、そのよさを確認することで、文章を構成する際の視点として児童に共有されます。共有された視点はその後の評価の観点にもなり、それぞれが検討した文章の構成について相互に評価し合うこともできます。

　「調べたことを正確に報告しよう　みんなが過ごしやすい町へ」の場合、児童に書かせるのは報告文です。報告文では、①調査の動機、②調査の方法、③調査の結果、④今後の課題などのような構成になります。このように文種によっては、ある程度文章の枠組みが決まってくるものもあります。

・考えの形成、記述

　「考えの形成、記述」における第5学年及び第6年では、簡単に書いたり詳しく書いたり、事実と感想、意見とを区別して、引用したり、図表やグラフなどを用いたりして自分の考えが伝わるように書き表し方を工夫することが求められています。

　ここで求められていることの多くは、「内容の検討」、「構成の検討」の段階で既に児童は考えているはずですが、実際に言葉にして記述していくなかで、文章のリズムや意味の伝わりにくさから、内容を削除したり図表を付加したりするなど、考えていた計画を修正することも少なくありません。

記述中に鉛筆が進まない児童には、書き出し例を示したり、話し言葉で言わせた後に書かせたり、助言を与えたりするようにします。

・推敲

　「推敲」における第5学年及び第6年では、文章全体の構成や書き表し方などに着目して、文や文章を整えることが求められています。

　大内（1984）は、推敲指導を「①表記：表記の誤りを直す」、「②付加：足りないところを足す」、「③削除：余計なところを削る」、「④構成：前と後のくい違いを直す」の四点でまとめています。[11]

　実は、ここまでの「書くこと」の学習過程を通して情報の選択や内容・構成の検討など、児童は巨視的な観点での推敲を繰り返し行ってきています。そのため、この段階での大きな修正はあまりないと考えられます。この段階で行う推敲は、文のわかりやすさ、接続詞や指示語の使い方、言葉の選び方など、表記・表現面に関する微視的な推敲になるでしょう。

　推敲に当たっては、児童の表現意欲の低下を避けるため、下書きなどの時点で設定するようにします。すべての児童が書いた下書きを教師が事前に分析して、それを基にした推敲の観点を児童全員に確認させたところで、各自で推敲させるようにします。相互に推敲させる場合には、互いの書いた意図を確認し、書き手の意図を大切にした推敲を心がけさせます。

　「調べたことを正確に報告しよう　みんなが過ごしやすい町へ」の場合に相互推敲させる場合には、互いに想定している伝えようとしている相手の状況を伝え合い、推敲役は、その相手の立場から文章を読んで伝わるかを想像して推敲し合うことも必要になるでしょう。

５．おわりに

　中央教育審議会は、「考えを形成し深める力」として、「話すこと・聞くこと」、「書くこと」、「読むこと」のいずれにおいても、情報を編集・操作したり、新しい情報を既に持っている知識や経験、感情に統合して構造化したり、新しい問いや仮説を立てるなど、既に持っている考えの構造を転換したりする力を育成していくことが重要であると述べています。[12]

　このような力を育んでいくためには、インプットとアウトプットを組み合わせたような学習過程を設定したり学習課題の設定の仕方を工夫したりしていく必要があります。一人一人の児童が学習の最後に自分の考えを自信をもって表現できるようにするために、教師は児童の思考の過程を具体的にイメージし、課題解決的に学習に取り組めるように授業を設計していかなければなりません。

引用文献

1)　松村明監修　『大辞泉』　小学館　1995.12　p587。
2)　中央教育審議会教育課程部会　「次期学習指導要領等に向けたこれまでの審議のまとめ」　平成28年8月26日　p116。
3)　藤森裕治　『小学校　国語教室相談室№.187』光村図書出版　2019.1　pp2-5。
4)　間瀬茂夫　「『考えの形成』のプロセスを重視した『書くこと』の指導」日本国語教育学会『月刊国語教育研究 2020 6月号（通巻587)』　東洋館出版　2020.6　p6。
5)　前掲書　p7。
6)　原田義則　「国語科の学習過程」全国大学国語教育学会『新たな時代の学びを創る　小学校国語科教育研究』　東洋館出版　2019.9　p56。
7)　中央教育審議会教育課程部会　「言語能力の向上に関する特別チームにおける審議の取りまとめ」　平成28年8月26日。
8)　森田信義　「表現（「書くこと」）教育の研究」『新訂国語科教育学の基礎』渓水社　2010.4　　p52。

9) 秋田喜代美　『読む心・書く心　文章の心理学入門』　北大路書房 2002. 10
　　p98。

10) 田中宏幸　「取材」大槻和夫編『国語科重要用語 300 の基礎知識』
　　明治図書　2001. 5　p195。

11) 大内善一「推敲」田近洵一・井上尚美編　『国語教育指導用語辞典』教育出
　　版　1984. 10　p132。

12) 中央教育審議会教育課程部会　「次期学習指導要領等に向けたこれまでの審
　　議のまとめ」　平成 28 年 8 月 26 日　p117。

参考文献

＊大槻和夫編　「国語科重要用語 300 の基礎知識」　明治図書　2001. 5。

＊田近洵一・井上尚美編　「国語教育指導用語辞典」　教育出版　1984. 10。

＊原田義則　「国語科の学習過程」全国大学国語教育学会『新たな時代の学びを
　　創る　小学校国語科教育研究』　東洋館出版　2019. 9。

＊文部科学省　「小学校学習指導要領（平成 29 年告示）解説 国語編」　東洋館
　　出版　2018. 2。

第 15 章
小学校社会科における指導内容の系統に関する検討
－中教審答申にみる中学校社会科との関連－

松本　和寿

1. はじめに

社会科は、「青少年に社会生活を理解させ、その進展に致す態度や能力を養成すること」[1]を目的とし1947（昭和22）年に誕生しました。このとき強調されたのは、「一、人と他の人との関係」、「二、人間と自然環境との関係」、「三、個人と社会制度や施設との関係」に着目し、それぞれが「相互依存の関係」にあることを児童生徒に理解させることでした。そのため、社会科の指導内容は地理や歴史、あるいは公民といった社会科学の系統に基づく構成を避け、児童生徒が生きる社会生活そのものを対象とする総合的な内容とされました。

こうした特質を有する社会科には、戦後新教育において道徳教育の中核としての役割も期待されました。1945（昭和20）年12月に修身や日本歴史、地理の授業を禁止するGHQの指令[2]が発せられていたからです。

経験主義の理念を掲げた戦後新教育が系統主義へと転換するのは1958（昭和33）年の学習指導要領改訂からです。このとき激しい議論の末に小中学校の教育課程に「道徳の時間」が特設されます。1950年代後半の教育政策の変化については、1950（昭和25）年の朝鮮戦争を契機とした「逆コース」と呼ばれるアメリカの占領政策の転換や、「55年体制」と呼ばれる日本の政治状況の変化を踏まえた理解が必要です。その検討は本稿が目的とするところではありませんが、そうしたパラダイム転換の中にあっても、また、「道徳の時間」が特設されても社会生活における「相互依存関係」の理解を目指す社会科の特質と地理学や歴史学などの学問の基礎を系統的に学ぶのではなく、よりよい社会をつくろうとする人々の工夫や努力、そこに横たわる課題などについて問題解決的に学ぶなかで、地理や歴史、政

治、経済との関連を考察するという総合性は変わりませんでした。

　その一方で、総合社会科では社会的知識の理解がおろそかになるとの批判が社会科創設当初からありました。それは歴史教育において顕著で、1949（昭和24）年結成の歴史教育者協議会（歴教協）は社会科からの歴史教育の独立を主張しました。その他の議論は割愛しますが、そうした様々な動きのなかでも、後述する1989（平成元）年の改訂まで、小学校から高等学校までの 12 年間にわたる社会科教育の枠組が維持されてきたことには留意しておく必要があります。もちろん、中学校においては、地理的分野、歴史的分野、公民的分野の３分野構成になっていますので、実質的には社会科の枠組は解体されているようにみえますが、「的」が示すとおり中学校の社会科で地理学や歴史学の基礎を学ぶわけではありません。

　このような特質をもつ社会科ですが、（平成 29）年の学習指導要領改訂では、小学校の指導内容と中学校の３分野の内容のつながりがその解説書において説明されています。そもそも経験主義教育のなかで誕生し、総合性が特質であった社会科に、今回、指導内容の系統を強調する解説が付されたのはなぜでしょうか。それにより、今後の社会科の指導法はどう変わるのでしょうか。以下、こうした問題について考えていきたいと思います。

２．学習指導要領の改訂と社会科の性格

　まず、学習指導要領の改訂と社会科の性格について整理しておきましょう。1947（昭和22）年の「学習指導要領一般編（試案）」の公表以来、学習指導要領の大改訂は７回ありました。小学校の改訂の告示年でいえば1958（昭和33）年、1968（昭和43）年、1977（昭和52）年、1989（平成元）年、1998（平成10）年、2008（平成20）年、2019（平成29）年の改訂で

す。もちろん、この間にも一部改訂された年があります。

1958（昭和33）年の改訂の特徴は何といっても系統主義を基調とする教育課程への転換です。上述のとおり、このとき「道徳の時間」が特設され、社会科はそれまで担っていた道徳教育の中核としての役割から離れます。ただし、誕生以来、人の生き方や望ましい社会の在り方を主題とすることにより「公民的資質の基礎」[3]を培うことを目指した社会科の特質は同じですし、特に社会的な態度の育成については道徳教育との関わりが深いことは変りませんでした。

高度経済成長のまっただ中で行われた1968（昭和43）年の改訂では、各教科の指導内容が量的に戦後最大になったといわれています。当然社会科もそうで系統化が一層進みました。この頃、高等学校や大学・短大への進学率が右肩上がりに上昇し「受験地獄」と表現される進学競争の時代が続きます。堀尾輝久はこの頃の教育を「能力主義」[4]であると批判しています。こうした事態は1980年代に日本経済が低成長期に入っても衰えず、「能力主義」は「一部の選ばれたものたちによる競争原理としてだけではなく、学校教育全体を包括する選別原理」[5]として引き続き機能していきます。

1974（昭和49）年に経済成長率がマイナスに転じたことで高度経済成長は終了し以後、経済成長率が数パーセント台で続く安定成長の時代に入ります。しかし、高度経済成長期の成績で児童生徒を「輪切り」にする指導は継続され、学校教育に生まれたひずみが「登校拒否」（不登校）、対教師暴力などの形で噴出し社会問題化します。このような学校の状況をテーマとしたテレビドラマ「3年B組金八先生」（TBS）[6]が放送され始めたのはこの頃、1979（昭和54）年からです。そうした状況への憂慮から、1977（昭和52）年の学習指導要領改訂は「ゆとりと充実」がテーマとして掲げられ、ここから各教科の指導内容が量的に削減されていきます。もちろん、社会

科の内容も削減されました。なお、時間割のなかに、学校の裁量で内容を決めることができる、週当たり1時間の「ゆとりの時間」が設けられたのはこの改訂です。後にいわれる「ゆとり教育」の語源となったのはこのときのテーマにある「ゆとり」という表現でした。

1989（平成元）年の改訂の特徴は、何といっても「関心・意欲・態度」、「思考・判断」、「技能・表現」、「知識・理解」という新しい学力観が示されたことです。これにより、それまでの系統的な学習指導要領において、いわゆる内容教科とみられ、社会的な知識を教える教科として捉えられがちだった社会科像が転換します。この改訂以降、社会科は「知識・理解」だけを重視せず「関心・意欲・態度」、「思考・判断」、「技能・表現」を総合的に活用する問題解決能力の育成を目指す教科としての性格を強くしたのです。さらにもう一つ、この改訂が社会科の大転換点となったことがあります。それは、小学校1年生と2年生の社会科が廃止され生活科が誕生したことです。また、「高等学校学習指導要領」の改訂で社会科が廃止され、新たに地理歴史科と公民科が誕生しました。これにより、社会科の枠組は現在のように、小学校3年生から中学校3年間の合計7年間に学ぶ教科となったのです。

1989（平成元）年の改訂が示した問題解決能力の育成は1998（平成10）年の改訂でさらなる充実が目指され、このときから小学校3年生以上に「総合的な学習の時間」（以下、総合とします。）が設けられます。総合には、最大で年間140時間の指導時間が確保されました。そのため、この改訂で他教科等の指導内容と時間のうち3割程度が削減されました。文部科学省が公式に名付けたわけではありませんが、この学習指導要領による教育はマスコミを中心に「ゆとり教育」と呼ばれ、また、この教育課程で学んだ世代の児童生徒あるいは卒業生を「ゆとり世代」が呼ばれるようにもなり

ました。そして、ちょうどそのころ、OECD 加盟国による「国際学習到達度調査」（以下、PISA とします。）における日本の成績が低下したことが発表されたこともあり、そこに指導内容３割削減の事実も相まって、学力低下への不安が「ゆとり教育」批判となって世の中を騒がせました。ただし、読解と数学的リテラシーの成績が有意に低下した 2003（平成 15）年の PISA は、改訂されたこの指導要領が移行措置を経て全面実施された直後に調査された結果であり、対象となる 15 歳の生徒でいえば指導内容のほとんどを前版の学習指導要領で学んだ世代であるため、PISA の成績の低下とこの改訂とは無関係です。確かに、日本の子どもの成績が低下傾向にあるなかで新たな学習指導要領の内容を削減することの是非は議論の対象になると思いますが、残念ながら一般的にはそうした議論は広がらず、学力低下批判がいつの間にか「ゆとり世代」という揶揄に変わり、ステレオタイプな広がりをみせました。

2008（平成 20）年の改訂は、学力低下批判を受けて指導内容と指導時数の見直しが行われました。具体的には総合の時間が削減され教科の指導時間が増やされました。このとき、教科で学んだ内容を総合的に生かして問題解決を図る力を育成するため、総合と教科の関連が強調されました。特に社会科は問題解決的な学習展開が総合でいう探究学習と重なるものであるため、内容だけでなく学習の方法論の点でも総合と深く関わる教科といえます。また、この改訂では、「言語活動の充実」がコンセプトとされ、言語を用いた諸活動をとおして、思考力、判断力、表現力の一体的な育成が目指されました。

2019（平成 29）年の改訂でも、言語活動を重視することは変りませんでしたが、この改訂の特徴は、これまで教科等で若干の相違のあった学力の観点を統一し、「知識及び技能」、「思考力、判断力、表現力等」、「学びに向

かう力、人間性等」としたことです。なお、「道徳の時間」が廃止され「特別の教科　道徳」として教科化されました。これは、いじめなどの児童生徒をとりまく問題が多発するなかで、従来の「道徳の時間」で学んだ道徳的価値が行動化されていないことや、「道徳の時間」の指導が文章の読み取りに終わっている事例がみられること、および歴史的経緯から道徳教育そのものを忌避する風潮が教育現場にあることなどが理由とされています[7]。なお、この改訂で社会科については、上述のとおり中学校の地理的分野、歴史的分野、公民的分野との系統性が重視され、『小学校学習指導要領解説　社会編』[8]において具体的な関連性が説明されています。では、これまで述べた学習指導要領や社会科の変遷を踏まえて、社会科の内容の系統性について考えていきましょう。

3．2019（平成29）年改訂における指導内容の系統の明記

　2019（平成29）年改改訂版の『小学校学習指導要領解説　社会編』の「第1章　総説」は、2016（平成28）年12月の中央教育審議会による「幼稚園、小学校、中学校、高等学校及び特別支援学校の学習指導要領等の改善及び必要な方策等について（答申）」（以下、「中教審答申」とします。）を引用し、学習指導要領改訂の基本的な考え方を示しています。社会科についても、「2　社会科改訂の主旨及び条件」[9]の項で、中教審答申の関係部分がそのまま示されています。そのなかにある、指導内容の系統性に関する記述をみてみましょう。この部分は400文字ほどの文章なのですが、途中で区切りながら分析的に読んでいこうと思います。

　まず、「(1)改訂の趣旨」にある中教審答申の「社会科、地理歴史科、公民科の改善の基本方針及び具体的な改善事項」のうち、指導内容の系統性

についての説明は次の書き出しで始まっています。

　社会科、地理歴史科、公民科の内容については、三つの柱に沿った資質・能力や学習過程の在り方を踏まえて、それらの趣旨を実現するため、次の二点から教育内容を整理して示すことが求められる。

　ここで注目する必要があるのは、社会科だけでなく地理歴史科と公民科を含めた検討の枠組が示されていることです。1989（平成元）年の「高等学校学習指導要領」の改訂で社会科が廃止されたことで、地理歴史科と公民科は社会科から独立しました。つまり、別の教科となったのです。ただし、指導内容からすれば高等学校に置かれたこの2つの教科も関連深いということです。社会系教科とでもいうことでしょうか。そうであれば、なぜ高等学校の社会科を解体する必要があったのかとの議論になりそうです。むしろそこに3つの教科の本質に関わる重要な事柄が含まれていそうですが、本稿ではそれは追いかけないことにします。中教審答申に戻ります。

　視点の第一は、社会科における内容の枠組みや対象に関わる整理である。小学校社会科では、中学校社会科の分野別の構成とは異なり、社会的事象を総合的に捉える内容として構成されている。そのため教員は、指導している内容が社会科全体においてどのような位置付けにあるか、中学校社会科とどのようにつながるかといったことを意識しづらいという点が課題として指摘されている。

　ここに、今回、小学校社会科の内容と中学校社会科の3分野の系統性が強調された理由が書いてあります。それは小学校社会科が「中学校社会科の

分野別の構成とは異なり、社会的事象を総合的に捉える内容として構成されている」ため、小学校の教員が「指導している内容が社会科全体においてどのような位置付けにあるか」、「中学校社会科とどのようにつながるか」の2つについて意識しづらいということです。

　ここには、中学校の社会科が分野別であることが前提として書いてありますが、社会科創設の主旨からすれば総合社会科がまずあり、中学校でもそうしたいところであるが、指導内容の質や量の問題から生徒が社会事象を総合的にみるよりも、分野別にみた方が学習しやすいというための措置です。ちなみに、中学校社会科の構造として、地理的分野と歴史的分野はどの学年で学習してもよい、例えば、1年生から順に学習しても、学年をまたぎ2つの分野を行ったり来たりして学習してもよいことになっているのですが、公民的分野だけは他の2つの分野の学習を終えたあと、つまり3年生で学習することが決められています。これは、生徒の言葉に置き換えていえば「(私たちの) 町や市、県、日本、そして世界の地理や歴史があって、そのうえに私たちのくらし (政治) がある」という意識で学習することを想定してのことです。つまり、分野別ではあるけれど、中学校ではそうした構造を準備することにより、3年間を通して総合的な社会科の特質を保持しようとしているのです。これを理解した上で指導内容の系統性を考えなければ、現行の指導要領が目指す資質・能力の育成とは程遠い、記号的知識を覚える学習の再来になりかねません。この後に続く中教審の指摘をこのような社会科の主旨を踏まえた上で読んでいきましょう。

　　そのことを踏まえ、小・中学校社会科の内容を、①地理的環境と人々の生活、②歴史と人々の生活、③現代社会の仕組みや働きと人々の生活という三つの枠組みに位置付ける。また、①、②は空間的な広がり

を念頭に地域、日本、世界と、③は社会的事象について経済・産業、政治及び国際関係と、対象を区分する。

　ここに具体的に示されたのは、中学校の３つの分野を意識して、小学校の指導内容がそのどれに連続するものかを視点に、「①地理的環境と人々の生活」、「②歴史と人々の生活」、「③現代社会の仕組みや働きと人々の生活」の３つに分けるということです。当然、①が地理的分野、②が歴史的分野、③が公民的分野ということになります。

４．各学年の指導内容の系統性

　では、『小学校学習指導要領解説　社会編』に記された各学年の指導内容の分類をみてみましょう。

第3学年

　　(1)　身近な地域や市区町村の様子・・・・・・・・①

　　(2)　地域に見られる生産や販売の仕事・・・・・・③

　　(3)　地域の安全を守る働き・・・・・・・・・・・③

　　(4)　市の様子の移り変わり・・・・・・・・・・・②

第4学年

　　(1)　都道府県の様子・・・・・・・・・・・・・・①

　　(2)　人々の健康や生活環境を支える事業・・・・・③

　　(3)　自然災害から人々を守る活動・・・・・・・・③

　　(4)　県内の伝統や文化、先人の働き・・・・・・・②

　　(5)　県内の特色ある地域の様子・・・・・・・・・①

第5学年

(1)　我が国の国土の様子と国民生活・・・・・・・①

　(2)　我が国の農業や水産業における食料生産・・・③

　(3)　我が国の工業生産・・・・・・・・・・・・③

　(4)　我が国の産業と情報との関わり・・・・・・③

　(5)　我が国の国土の自然環境と国民生活との関連・①及び③

第6学年

　(1)　我が国の政治の働き・・・・・・・・・・・③

　(2)　我が国の歴史上の主な事象・・・・・・・・②

　(3)　グローバル化する世界と日本の役割・・・・・③

　これらは、従来の指導内が3分野のどれに近いか判断し、①から③に分類されただけですので、違和感なくみることができるでしょう。続けて、これらを①から③ごとに分けて並べ替えてみると、その系統がさらに明確になります。例えば①ならば次のとおりです。なお、小学校の①内容のあとに、中学校の地理的分野の内容10)も続けて書いてみます。

小学校　「①地理的環境と人々の生活」の内容

　(1)　身近な地域や市区町村の様子・・・・・・・第3学年

　(1)　都道府県の様子・・・・・・・・・・・・第4学年

　(5)　県内の特色ある地域の様子・・・・・・・・第4学年

　(5)　我が国の国土の自然環境と国民生活との関連・第5学年

中学校　「地理的分野」

　A　世界と日本の地域構成

　　(1)　地域構成　①　世界の地域構成　②　日本の地域構成

　B　世界の様々な地域

(1) 世界各地の人々の生活と環境

(2) 世界の諸地域

 ① アジア ② ヨーロッパ ③ アフリカ

 ④ 北アメリカ ⑤ 南アメリカ ⑥ オセアニア

C 日本の様々な地域

(1) 地域調査の手法

(2) 日本の地域的特色と地域区分

(3) 日本の諸地域

(4) 地域の在り方

 このように、小学校社会科の内容のうち、「①地理的環境と人々の生活」に当たるものと中学校社会科の地理的分野の内容を並べると、小学校3年生から順に学習対象が拡大していることが分かります。「身近な地域」→「市区町村」→「都道府県」→「日本」→「世界」といった順です。このうち日本と世界を対象にするのが小学校高学年から中学校です。

 社会科に限らず、カリキュラム構成の基本には、学習者にとって簡単なものから難しいものへ配列するという原則がありますが、社会科の学習対象には、空間的、あるいは経験的に身近なものから遠いものへ配列するという原則があります。これが指導内容の系統化の視点です。そうした意味でも「①地理的環境と人々の生活」と地理的分野で示した内容の配列は、まさに系統化されたものといえます。「②歴史と人々の生活」と歴史的分野、「③現代社会の仕組みや働きと人々の生活」と公民的分野でも同様のことがいえるでしょう。

 今回の改訂で小学校社会科の内容を①から③に分類したことは、中教審答申が危惧する小学校教員の社会科指導に関する2つの課題、すなわち

「指導している内容が社会科全体においてどのような位置付けにあるか」、「中学校社会科とどのようにつながるか」について意識しづらいという課題を解決するため、中学校社会科の３分野との関係や系統を可視化するための方策として非常に有効であることは間違いありません。

５．これからの社会科指導

本稿の目的は、現行の学習指導要領で指導内容の系統が強調された理由を明らかにすることと、それを踏まえて今後の社会科の指導法を探ることでした。これまでみてきたとおり、前者については一定の答えを得ることができました。では、これからの社会科指導について考えてみましょう。

まず、指導内容の系統性の視覚化の目的の方向と効果の期待は、先に述べたとおりですが、系統性の分かりやすさに落とし穴があるともいえます。社会科創設の際の理念や学習指導要領の何度もの改訂を経ながら、総合社会科としての特質が守られてきたことは確認しました。分野別学習の形態を取る中学校社会科においても、人の生き方を探る、よりよい世の中の在り方について考えることは変らず、分野別であるけれども３年間の学びを通して完成する総合社会科を目指しています。だからこそ、小学校においても中学校においても、学習指導要領は社会科の目標の一節に「公民としての資質・能力の基礎」の育成を目標に掲げているのです。

この場合、分かりやすくいえば、総合性とは横のつながりを明らかにすること、あるいは同時代的にある様々な事象を関連付けることです。小学校でいえば、私たちが住む市の様子をみていくなかに、地理的、歴史的、政治的事象の関係が見出せるのです。一方、系統性とは縦のつながりです。それは、先ほど整理した小学校から中学校にかけての学習対象の配列に表

れています。この配列が非常に分かりやすいため、指導者である教員は系統に眼を奪われて社会（世の中）の総合性を意識しなくなれば、結局、小学校に地理科、歴史科、公民科を置くことと変わりなくなります。中教審の危惧はもっともであり、首肯せざるを得ない小学校の社会科教育における課題ですが、教員の意識次第で社会科指導の時計を高度経済成長期の知識重視の覚える授業の時代に戻す危険性もあります。

　では、これからの社会科指導をどう展開すればよいのでしょうか。まず、系統性に関していえば、教員がこれを「知識及び技能」のうち「知識」の系統性としてのみ理解しないことです。『小学校学習指導要領解説　社会編』には「技能」や「思考力、判断力、表現力等」として押さえるべき事項も前学年の内容を踏まえて系統的な記述がなされています。授業を作る際にはとかく「知識及び技能」の目標に注意が向きがちですが、他の目標も踏まえた上で次学年や中学校で学習する内容との関りを検討する必要があります。

　その一方で、各学年の指導内容には、上位学年や中学校との「知識及び技能」に関する系統的な押さえが特に必要なものもありますので、それらについては上位で学ぶ内容を具体的に調べた上で、授業に臨むことも大切です。例えば、第4学年の内容である「(1) 都道府県の様子」では、「自分たちの県の地理的環境の概要の理解」と、「47 都道府県の名称と位置の理解」が含まれます。後者については中学校の地理的分野では県庁所在地まで学ぶことになっていますので、小学校における定着が不十分であれば地理的分野の学習がさらに困難になるでしょう。そのため、第４学年から第６学年までの社会科指導のなかで、そのときどきの内容に関わる都道府県の名称と位置を押さえながら、中学校での社会科学習の基礎的知識として定着させておくことが必要でしょう。

他にも第5学年の「(1)我が国の国土の様子と国民生活」では、「世界の大陸と主な海洋、主な国の位置」が含まれますが、例えば世界の主な国の位置は小学校では、「近隣諸国を含めてユーラシア大陸やその周りに位置する国々の中から10 か国程度、北アメリカ大陸、南アメリカ大陸、アフリカ大陸、オーストラリア大陸やその周りに位置する国々の中からそれぞれ2か国程度選択する」ことになっています。合計するとおおよそ20か国になります。これが地理的分野では「世界の4分の1から3分の1程度の国々の名称と位置を身に付けることが一応の目安」[11]とされており、おおよそ50か国から60か国以上ということになります。このなかには小学校で学習した国々を含まないことが原則ですので、両者を合わせれば70か国から80か国以上です。これは相当多い数といえますね。そのため、小学校でどの程度の学習ができているかは中学校での学習の充実度を左右する大きな要素となるのです。

　都道府県や世界の国々といった、基礎的「知識」に関する例を上げて説明しましたが、問題解決的に学習を進める「技能」や学習を深める「思考力、判断力、表現力等」に関する系統も意識した指導を重ねることが、中学校での学習を充実させることになるのです。そうした縦のつながりを意識しながら、横の関係性を明らかにする総合的な社会科指導をすることが大切といえます。

引用文献
1)　文部省、「学習指導要領社会科編（Ⅰ）（試案）」、1947、　第一章 序論。
2)　GHQ/SCAP、「修身、日本歴史及び地理停止に関する件」、1947.12。
3)　「公民的資質の基礎」が教科の目標に位置付けられたのは1968（昭和43）年の改訂からである。現行の学習指導要領では「公民としての資質・能力の基礎」と記述されている。

4) 堀尾輝久、「教育の「能力主義」的再編批判−教育的価値の観点から−」『現代日本の教育思想−学習権の思想と「能力主義」批判の視座−』、青木書店、1979、pp213-214。

5) 坂本旬、「『教育的価値』論と能力主義の二重構造」、『教育科学研究』第8号、1989. 7、pp91-99。

6) TBSテレビ、原作：小山内美江子、「3年B組金八先生」、初回放送1979(昭和54)年10月26日、以後続編を含め32年間にわたり放送された。

7) 文部科学省、『小学校学習指導要領解説 特別の教科 道徳編』、2018、廣済堂あかつき、pp1-2。

8) 文部科学省、『小学校学習指導要領解説 社会編』、2018、日本文教出版。

9) 以下、学習指導要領と解説、および中教審答申に関する記述は、文部科学省、前掲8を参照。

10) 文部科学省、「中学校学習指導要領 社会編」、第2 各学年の目標及び内容。

11) 文部科学省、『中学校学習指導要領解説 社会編』、2018、東洋館出版、p40。

第 16 章
心豊かな人間の育成を目指す音楽科の授業づくり
－主体的・対話的で深い学びを「聴く」活動から－

北原　涼子

1. はじめに

　子どもが社会の変化に対応し心豊かに生きていくためには主体的に生きる力を育成することが大切です。そこで、学校教育では子どもが自ら興味関心をもちながら学ぶ対象に関わり、考え、直接自分で体験して自分の心で感じ取り、自分の思いや考えを持ったり表現をしたりしながら、自分のよさや可能性を発揮してさらに伸ばすような学習をする意欲や態度を育てることが必要であると考えます。

　この意欲や態度を育てるには感動する心を育てることが重要になります。音楽の学習では、音楽のリズムや旋律のよさや美しさを感じ取ったり、歌ったり演奏したりするその声や音の響きを感じ取ったり、友だちと声を合わせて合唱したり、音を重ねて合奏を高めていったりする活動が中心で、このような音楽活動をすると一人一人の子どもの心を震わせることができます。また、友だちと協働して活動をすることにより多くの友だちとともに心を震わせることもできます。「音楽科は、まさにこのような心の豊かな人間の育成を目指す教科の中心的な役割を果たす教科である。」[1]　（金本・1997）と思います。音楽科の授業は、音楽を感受しその思いや意図をかなえる表現活動で、子どもの心を成長させることができるのです。

　つまり、音楽科の学習は、音楽活動（音楽の実践）を通じて学ぶ学習であり、子どもにとって音楽活動は一人一人の思いや願いを活動につなげ、子どもの素直な感情や感覚に直接に関係するものであり、音楽活動を繰り返し行うことにより子どもにとってより深い学びに高めていくのです。このように、音楽科は、心豊かな人間の成長に重要な枠割を果たしていると言えます。

では、どのように音楽科の指導を充実させればよいのでしょうか。

平成 29 年度改訂の学習指導要領の改訂の基本方針の一つである「『主体的・対話的で深い学び』の実現に向けた授業改善の推進」では、「子供たちが、学習内容を人生や社会の在り方と結び付けて深く理解し、これからの時代に求められる資質・能力を身に付け、生涯にわたって能動的に学び続けることができる」[2]（文部科学省　平成 30 年）ようにすることをねらっています。

そこで、「主体的・対話的で深い学び」について、小学校の音楽科の授業においてわかりやすく言い換えると次のようであると考えます。「主体的な学び」とは児童が楽曲から音楽のよさや美しさを感受し、自ら音楽活動の必然性「歌いたい」「演奏したい」「聴きたい」という思いや意図をもち取り組む学び、また、「対話的な学び」とは子どもが先生や友だち、教材、過去の自分と対話し様々な表現を工夫する学び、「深い学び」とは自分の思いや意図をもった表現を対話による学び等でより高いレベルの表現にしていく学びであると考えます。

この「主体的・対話的で深い学び」は音楽の学習においてその土台となるのは、子ども一人一人が音楽を「聴く」活動です。「それは、単に聞く活動でなない。『集中して聴き』『様々なものを感じ取る、味わう』活動でなければならない。」[1]　（金本・1997）のです。注意深く音や音楽を「聴く」ことにより、自分の声や楽器の音色を聴き取り自分のものであることを自覚し、そして、友達の声や音楽を聴く共に、互いの感じ方の違いや共通点に気付き互いを認め合い、より自分の音楽を自由に楽しみ高めていくことにより、音楽を工夫して表現するよさを実感することができると考えます。

そこで、本論では、まず音楽科の授業の基礎・基本について示し、それを踏まえた上で、音楽科の内容である「表現」の「歌唱・器楽・音楽づく

り」、「鑑賞」における「主体的・対話的で深い学び」になるための学習過程を「聴く」活動をポイントに述べます。

2. 音楽科授業の基礎・基本

(1) 小学校音楽科学習指導要領の理解

　教師は教科書を教えるのではありません。子どもの発達段階に応じて、何のためにどのような力をつけるのかを理解して日々の指導をしなければならないのです。

表1　小学校学習指導要領　第2章　第6節　音楽科

> 　表現及び鑑賞の活動を通して、音楽的な見方・考え方を働かせ、生活や社会の中の音や音楽と豊かに関わる資質・能力を次のとおり育成することを目指す。
> (1) 曲想と音楽の構造などとの関わりについて理解するとともに、表したい音楽表現をするために必要な技能を身に付けるようにする。
> (2) 音楽表現を工夫することや、音楽を味わって聴くことができるようにする。
> (3) 音楽活動の楽しさを体験することを通して、音楽を愛好する心情と音楽に対する感性を育むとともに、音楽に親しむ態度を養い、豊かな情操を培う。[3]（文部科学省　平成30年）

　小学校学習指導要領[3]（文部科学省　平成30年）における、表1の小学校学習指導要領　第2章　第6節　音楽科では、日々の「生活や社会の中の音や音楽と豊かに関わる資質・能力」を育成することを目指し、(1) に

266

「知識及び技能」の習得、(2) に「思考力、判断力、表現力等」の育成、(3) に「学びに向かう力、人間性等」涵養に関する目標が示されています。また、このような資質、能力を育成するには、「音楽的な見方、考え方を働かせ」3)（文部科学省　平成 30 年）ることが必要であると示しています。音楽科は人間の豊かな心の成長に重要な枠割を果たすものです。生涯音楽に関わる音楽の素地となる音楽活動のために、日々音楽の授業を何のためにどのような指導方法で行うべきか、教師が指導の方向性を明確に持つために学習指導要領の目標を理解することは大切なことです。

(2)　「音楽的な見方・考え方」

　小学校学習指導要領解説に示される「音楽的な見方・考え方」とは、「音楽に対する感性を働かせ、音や音楽を、音楽を形づくっている要素とその働きの視点で捉え、自己のイメージや感情、生活や文化などと関係づけること」2)（文部科学省　平成 30 年）です。

　「音楽に対する感性」とは、音楽的な感受性、つまり、音楽を聴いたり、歌ったり、演奏したりした時に心が動くこと、また心が動く働きを意味すると考えます。音楽の授業では、子どもの音楽的な感受性を豊かに働かせる工夫が必要なのです。

　「音や音楽を、音楽を形づくっている要素とその働きの視点で捉え」とは、前述の音楽の感受性を働かせるために、また表現の工夫をするための視点であると考えます。のちに詳しくみていきますが、今回の学習指導要領の内容の「共通事項」の中に示されている「音楽を形づくっている要素」は子どもの感受性の育成と表現の工夫に大変重要であると言えます。

　「自己のイメージや感情、生活や文化などと関係づけること」とは、音や音楽への感受性を働かせ、また、音楽を形づくっている要素と結び付けて

思考することでその音楽のよさや美しさをより良い表現や鑑賞に深めていく過程で、自分のイメージや感情、生活や文化などの経験など自分や友だち、教師などと対話し関連付けることであると考えます。

　この「音楽的な見方・考え方」を授業の基本にし、授業計画を立て指導をします。

(3)　音楽科の内容

　音楽科の内容（表2）は、「A表現」、「B鑑賞」及び［C共通事項］で構成されます。「A表現」は、歌唱、器楽、音楽づくりの3つの分野からなります。「B鑑賞」は、それ自体が一つの領域です。［共通事項］は、表現及び鑑賞の学習において共通に必要な事項となる内容です。

　［共通事項］は、先ほど述べたように、音楽科の授業において子どもの感受性の育成と表現の工夫には重要です。このことを理解して「主体的・対話的で深い学び」の授業づくりをすることができるのです。

表2　音楽科の内容の構成

A　表現	（1）歌唱
	（2）器楽
	（3）音楽づくり
B　鑑賞	
C　共通事項	

(4) 音楽科指導法の工夫には「音楽を形づくっている要素」(「共通事項」)

　「共通事項」とは、表現及び鑑賞の学習において共通に必要となる内容であり、「A表現」の各事項及び「B鑑賞」の指導とあわせて指導するものです。その内容は「小学校学習指導要領　解説　音楽編」[3]（文部科学省平成30年）に表3の通りに示されています。

表3　［共通事項］

ア	音楽を形づくっている要素を聴き取り、それらの働きが生み出すよさや面白さ、美しさを感じ取りながら、聴き取ったことと感じ取ったこととの関わりについて考えること。
イ	音楽を形づくっている要素及びそれらに関わる音符、休符、記号や用語について、音楽における働きを関わらせて理解すること。

　ここでは、アを「思考力、判断力、表現力等」に関する資質・能力、イを「知識」に関する内容として示しています。

　「音楽を形づくっている要素」については、「第3　指導計画の作成と内容の取扱い」[3]（文部科学省　平成30年）において表4のように示しています。

表4　音楽を形づくっている要素

ア　音楽を特徴づけている要素	音色、リズム、速度、旋律、強弱、音の重なり、和音の響き、音階、調、拍、フレーズなど
イ　音楽の仕組み	反復、呼びかけとこたえ、変化、音楽の縦と横の関係など

音楽科で指導する楽曲は、楽曲を構成するリズムや旋律、和声、拍子、調、形式、歌詞、奏唱法、音色、強さ、速さ等の音楽の要素から成り立ち、それぞれが互いに絡まり合って、その楽曲特有の曲想を醸し出しています。子どもに、主体的・対話的で深い学びの実現をさせるには、子どもが自ら考え、思いや意図をもち表現の工夫をしていく授業をすることが大切です。楽曲の曲想を感じ取らせる、また曲想から自分の思いや意図をもたせる、自分の思いや願いをもって実現するための表現の工夫をさせます。そのための指導のポイントになるのが、この「音楽を形づくっている要素」です。

　では、「もみじ」の楽曲を例として考えましょう。（表5）

　まず、範唱CDを聴かせて「もみじ」の曲想を「秋の夕日に照り映えるもみじと散り浮く谷のもみじの美しさを2部合唱で表した曲」であると捉えさせます。教師は、次に子どもにどのように表現したいか思いや意図をもたせます。その時に重要なのが「音楽を形づくっている要素」です。「もみじ」の場合、「ア　音楽を特徴づけている要素」からは音色、歌詞、旋律、速度、強弱、和音の響きなど、「イ音楽の仕組み」からは音楽の縦と横の関係などから、表5のように捉えます。（歌唱曲の場合、歌詞は「ア　音楽を特徴づけている要素」に含まれると私は考えます。）教師が楽曲分析でとらえた音色、歌詞、旋律、速度、強弱、和音の響き、音楽の縦と横の関係の「もみじ」のよさや美しさに気付かせることで、子どもは自分たちの感じ取った曲想とそれに実現する自分の思いや願いをもち、具体的に「○○のような表現の工夫をしたい」と思うのです。

　つまり、曲想を感じ取り、自分の思いや願いを持ち、表現の工夫をするための内容が「音楽を形づくっている要素」なのです。

表5 「もみじ」の音楽を形づくっている要素

曲想	秋の夕日に映えるもみじと散り浮く谷川のもみじの美しさを歌った2部合唱の曲
ア音色 （歌い方）	やさしくレガートな歌い方、ひびく声でもみじの美しさを表現できる
ア歌詞	1番:秋の夕日に映える山のもみじの美しさ、 2番:谷川の流れに散り浮くもみじの美しさを表現している
ア旋律	第1、第2フレーズの旋律、第3、第4フレーズの山型の旋律が山や谷のもみじの美しさを表現している
ア速度	♩＝88〜96により、山や谷のもみじの美しさを表現できる
ア強弱	第1、第2フレーズをmf、第3フレーズをf、第4フレーズをmfで歌うことで山や谷のもみじの美しさを表現できる
ア和音の ひびき イ音楽の 縦と横の 関係	第1、第2フレーズの輪唱的な2部合唱は美しさを感じる心や谷の流れの動的な美しさを、第3、第4フレーズの2部合唱はもみじの紅葉の重なりや秋の紅葉全体の美しさを表現している

(5) 年間指導計画

　各学年（当該年齢）の子どもの発達段階に応じて、どのような力を育成することが必要かを示しているのが学習指導要領です。そして、その力を育成するときに使う教具が教科書です。教科書を教えるのではありません。

　音楽の教科書には、多くの歌唱、合奏、音楽づくり、鑑賞の内容の曲が示されています。しかし、文部科学省が示す音楽の授業時数[4]（文部科学

省 平成30年）は表6のとおり、低学年では週に2時間、中学年や高学年
は、毎週2時間実施することはできません。各学校で年間指導計画を作成
しますので、指導内容の重点を考えて工夫し指導しなければなりません。

表6 「小学校音楽の標準授業時数について」

	1	2	3	4	5	6	計
音楽 （週時数）	68 (2)	70 (2)	60 (1.7)	60 (1.7)	50 (1.4)	50 (1.4)	358

4) （文部科学省 平成30年）

(6) 「題材」の構成

　「題材」（learning materials）とは「単元」（unit）と同義で、「児童
にまとまりのある思考を形成するために、指導内容と児童の経験、そして
教材とを有機的に組織づけたものである。題材は、目標、指導内容、教材、
指導計画、評価基準、展開過程、資料などの要素から構成される」5)（堀
内久美雄 他62名・2020）ものです。

　例えば、教育芸術社「小学生の音楽6」6)（令和2年、2020）の「もくじ」
を見てみましょう。題材「いろいろな音を感じ取ろう」では、表7に示し
たような題材構成がなされています。

　子どもに色々な音や音楽を感じ取らせ味わわせるために、まず、鑑賞曲
「木星」で様々の楽器、弦楽器、木管楽器、金管楽器の組み合わせから生
まれるオーケストラの響きの美しさを感じ取らせます。次に、こどもたち
が、自分で楽器を演奏し、自分の楽器の音色だけではなく、パートの役割、
つまりパートごとの音の重なりを聴き取り、その良さを味わって演奏する
こと、パートの役割つまり「主な旋律」「かざりの旋律」「和音」「低音」に

272

ついて音色の感じ取りから楽器を選んで演奏すること、音色の特徴を生か
して演奏の仕方を工夫すること、全体のひびきや音量のバランスに気を付
けながら合奏すること、など子どもにより効果的に色々な音を感じ取らせ
るように工夫された構成になっているのです。これが、「題材」構成です。
教師が題材構成の内容の関連性を理解した指導をすることで、子どもに対
し主体的に音楽に関わることができる授業となり、教師や友だちとより対
話をし、自分の表現を深めることができるのです。

表7　題材構成の例

題材名	いろいろな音色を感じ取ろう		
楽　曲	内容	それぞれの目標	
「木星」	鑑賞	オーケストラのひびきを味わいながらききましょう	
「ラバース　　　　コンチェルト」	合奏	パートの役割や楽器の音色の特徴を生かして合奏しましょう	
「ボイスアンサンブル」	音楽づくり	声のひびきが重なるおもしろさを生かして、音楽をつくりましょう	

(7) 楽曲分析をして題材や楽曲のよさや特徴を知る

　学習は、題材全体の学習計画を立て、その中で楽曲ごとの学習計画の中
の1時間単位の学習過程を考えます。

　学習過程を決めるには、児童の実態を把握し（児童観）、楽曲分析をし楽
曲のよさや特徴を十分理解し（教材観）、その上で、子どもにどのような力
を付けるかその過程を決めることです。そこで、教材のよさをどのように
生かすために、どのような指導方法で指導するか（指導観）を考えます。

その中で一番重要なのは、音楽科では楽曲分析です。題材や楽曲のよさを十分に理解しないと、子どもが主体的に関わる指導法の工夫や、子どもが対話してお互いに認め合い自分の良さを伸ばす指導法の工夫はできません。楽曲分析をし、音楽の良さや特徴を理解し、まず教師自身が感動して指導することが重要なのです。

３．主体的・対話的で深い学びができる子どもの姿から音楽科の授業を考える

　子どもにとって音楽科の授業は、音楽を感受しその思いや願いを表現する活動であり、その過程で子どもの心を成長させることができると述べました。では、教師は具体的に音楽の授業を通して子どもをどのような姿に育てたいのでしょうか。

　平野は「音楽の授業を通して育てたい人間像」[7]（平野・2017）を表８のように示しました。この視点から、音楽科の授業の在り方をみてみましょう。

表8　音楽の授業を通して育てたい人間像

1) 音、音楽を通して「楽しさ」、「美しさ」を感じられる人
2) 音、音楽を通して心が開ける人
3) 音、音楽を通して「自分らしさ」を発信できる人
4) 音、音楽を通して他者と関われる人
5) 音、音楽を通して多様性を認められる人

音楽の「楽しさ」「美しさ」を感じられる人を育成する音楽の授業づくりは一番大切なことです。音楽の授業では技能を身に付けることや表現の豊かさの「表現至上主義」の授業に目を向ける先生が多くいます。しかし、音楽科本来の授業の在り方に立ち返り、児童が「表現して楽しい」「聴いて楽しい」という本質を大切にし、音楽の「楽しさ」や「美しさ」を感じられる音楽の授業づくりをしていかねばならないと思います。

　「心が開ける人」とは音楽科とどのような関係があるのでしょうか。子どもは自分の思いを表現することができるのはそう簡単にはできそうにないと思います。音楽の授業で自分の声で歌ったり、リコーダーで演奏したりすることに子どもは構えてしまします。授業の目標である「何ができるのか」は大切ですが、その前に「表現することは楽しい」と子どもが心を開くこと、自分なりに少しずつ自信をもって教材とかかわり表現活動を楽しむことができる、すなわち心を開いて音楽活動をすることができるような授業が大切です。

　「自分らしさ」とは。音楽科の技能面では、一人一人の子どもに差が生じます。それまでの音楽経験の差や小学校の場合は特に家庭環境も大きく影響します。そこで、様々な状況や背景を把握した上で、その児童なりの音楽表現を伸ばし認めることのできる授業をしていくことが大切になります。「自分らしさ」とは、子どもの思いを実現するその子なりの表現です。その子どもが自分なりの精一杯の音楽を周りの人に伝えたり、お互いに認め合ったりすることができる授業をします。教師として、一人一人を大切にする授業は教育の基本ですのでこの意味を理解することは重要です。

　「他者と関われる」とは、文科省の答申の「他者と協働しながら」また、学習指導要領の改訂の方針の一つである「主体的・対話的で深い学び」の「対話的」な授業です。つまり、他者と関わる授業とは、すなわち対話的

な授業を工夫することで他者と関わることができる子どもになると考えます。授業における「対話的」とは、児童⇔児童、児童⇔教師、児童⇔教材、児童⇔児童の過去などが挙げられます。授業の在り方においては、指導の内容によりどの対話をさせるかを工夫します、音楽科の授業で一番大切なのは友達との対話です。音楽科の授業の過程で、どこにどのような「対話」を設定すると授業にとって有効であるかを十分に理解し、積極的に仕組んでいくことが求められます。

　小学校教育の中では「多様性」の育成が求められています。音楽科の授業で多様性を求めることができるのかと思われるようですが、実は音楽の授業には多様性を認められる人の育成ができると考えます。[3]平野は「楽曲を表現するための技能ベースで考えるのではなく、『個』がもっている『音楽の力』そのもので考えるのである。『上手い、そうでない』と捉えるのではなく、『その人自身の音、音楽はどうなのか』と捉えていくのである。」[7]（平野・2017）と述べています。一人一人の表現が違うからこそ、違う視点でよさを認め合うことが可能なのであり、音楽科や図画工作科は他教科より「違うからこそ良い」と多様性を認め合える授業をすることができると考えます。

　以上のように、「音楽の授業を通して育てたい人間像」から、音楽科の授業の在り方を考えました。この音楽の授業の在り方は、子どもが主体的に学び、様々の対話をし自分の表現を高めていく、主体的・対話的で深い学びの授業づくりそのものであると言えるのだと思います。

4．主体的・対話的で深い学びの音楽の授業の土台は「聴く」活動

(1) 子ども一人一人が音楽を「聴く」活動から

2-2 では、「音楽的な見方・考え方」とは、「音楽に対する感性を働かせ、音や音楽を、音楽を形づくっている要素とその働きの視点で捉え、自己のイメージや感情、生活や文化などと関係づけること」[2]（文部科学省　平成 30 年）であることを述べました。これは、音楽科の授業では子どもの音楽的な感受性を豊かに働かせる工夫が必要であり、より主体的・対話的で深い学びの音楽の授業の工夫ためには、感受したことを「音楽を形づくっている要素とその働きの視点」で捉えることが大切であるということです。

　感受するためには「聴く」活動を行います。それは、単に「聞く」活動ではありません。「『集中して聴き』『様々なものを感じ取る、味わう』活動」[1]（金本・1997）です。注意深く音や音楽を『聴く』ことにより、自分の声や楽器の音色を聴きとり自分のものであることを自覚します。そして、友達の声や音楽を聴くと共に、互いの感じ方の違いや共通点に気付き互いを認め合い、より自分の音楽を自由に楽しみ高め、音楽を工夫して表現するよさを実感するのです。つまり、音楽の授業でまず一番大切な土台は、「子ども一人一人が音楽を聴くこと」[1]（金本・1997）なのです。音楽の授業では、「聴く」ことについては、「耳と目と心で音楽を聴く」とも言います。また、「聴く」ことには、以下のような内容があると考えます。

　　○自分の声や自分の演奏する音や音楽をよく聴くこと。比べて聴くこと。
　　○友だちの声や演奏の音や音楽をよく聴くこと。比べて聴くこと。
　　○範唱や範奏、伴奏などの音や音楽をよく聴くこと。比べてきくこと。

(2) 主体的・対話的で深い学びのためには「聴き比べ」

　主体的・対話的で深い学びのための音楽活動で大切にしたいのが、「聴き比べ」です。「聴く」ことに留まらず、子どもは自然に自分の声や演奏を少し前の自分と比べています。また、友だちの歌や演奏と比べています。こ

のことを授業の目標や内容から「何を何のために聴かせるのか」、子どもは「何を聴くのか」を明確にし、子どもに意識させ聴かせることで、主体的な学びになり、対話的な学びになり、さらにそれが深い学びになるのです。「聴き比べ」の他に「歌い比べ」「歌い合い」「聴き合い」などの活動がありますので、指導の内容に応じて取り入れて主体的・対話的な授業にします。

5．主体的・対話的に学ぶ「歌唱」「器楽」「音楽づくり」「鑑賞」の学習過程

　「歌唱」「器楽」「音楽づくり」「鑑賞」どの内容においても、それぞれの題材や楽曲により学習過程は異なりますが、教師が指導するにあたり基本的な学習過程を理解し、それを指導内容によって応用することが大切です。それぞれの内容の基本的な学習過程を繰り返すことで、子どもは学習パターンを習得し、主体的に学習する型と取り組む姿勢を身に付けます。これからは、それぞれの内容の学習過程の基本的な例を示します。

(1)　「歌唱」の基本的な学習過程例（1時間）と「聴く」活動
　音楽科の学習時間の多くを占めるのは歌唱活動です。また「歌う」ことは私たちの生活に一番身近な音楽活動です。だからこそ、子どもが主体的に音楽に関われるように歌唱指導の学習過程を子どもに身に付けさせます。

歌唱の学習過程（1 時間）の例

| 導入 | ① 曲想を感じとり、どのように歌うか思いや意図をもつ
　※視点をもって聴く「何（内容）を聴くのか」
② めあてをつかむ |

| 展開 | ③ 曲想を感じ取って思いや意図の表現の実現に」むけて
　歌い方を工夫する
　※「強さ」「速さ」「歌い方」等
　※聴き比べ
④ くり返し歌い、表現を深めていく |

| 終末 | ⑤ 目標（思いや意図）の実現ができたか歌で確かめる
⑥ 次時への意欲を持つ |

　歌唱指導の導入では、まず、歌詞や旋律から曲想を感じ取らせます。ここで重要なのが、楽曲との出会いでありどのように聴かせるかです。ここから「聴く」活動のスタートです。そして、その楽曲の曲想を表現するための思いや意図（低学年は「思い」のみ：以下省略）を持たせます。ここで、めあてを考えさせます。（子どもに考えさせますが、めあては教師がたてておくべきものです。）

　そして、展開では、楽曲への思いや意図をもって表現するために表現の工夫をしていきます。実際の授業においては、教師が楽曲分析をし、目標と照らし合わせ、楽曲の「音楽を形づくっている要素」に視点を置いて、何を工夫させるのかを明確にしておくことが重要です。そうすれば子どもは何をすべきか自ら気付き表現を繰り返し、目標の実現を目指すのです。

展開での表現の工夫で重要な活動が、「聴き比べ」の活動です。教師が、「〜のように歌います」と指示するのではなく、子どもがもった思いや意図を表現するために、子どもに「歌い比べ」「聴き比べ」をさせ、子どもに思考・判断させ、どちらの表現が思いや意図を実現するのにより良いのかを歌唱で確かめながら、表現を深めるのです。

終末では、1時間のめあての実現への学びを歌唱によって確かめ、表現力の伸びや子どもの表現による楽曲のよさや美しさをさらに感じ取ります。この時学級全体で表現しますが、個人の表現の場　をもつことも効果的です。

(2)　「器楽」の学習過程例（1時間）と「聴く」活動

器楽指導は、子どもがこれまで培ってきた感性を働かせて、思いや意図をもって楽器で楽曲の表現を工夫する活動です。

器楽指導の歌唱指導と大きく異なることは、楽器を演奏することです。

ここで、器楽の特徴である楽器についてみてみます。私たち日本人の日常生活はあまり楽器と出会う環境ではありません。そこで、小学校の器楽は、子どもに楽器に出会わせる教材が多くあるのです。注意しなければならないのは、教師は楽器の演奏の仕方を教えなければならないという考えにとらわれるのではなく、楽器の音色に興味を持たせ、楽器で演奏すると自分の声と異なる、楽器の音色や演奏のよさや面白さ、美しさを感じ取らせることが大切であるということです。

指導する楽器の種類については、子どもの実態に合わせます。表8は、「小学生の音楽1〜6」（教育芸術社・令和2年）の子どもが演奏することを学ぶ楽器の例です。6年生は1〜5年で学んだ楽器を使います。教師が楽器の演奏方法を知っておくことは必然です。

表8 「小学生の音楽1〜6」（令和2年教育芸術社）の子どもが演奏する楽器例

1年	鍵盤ハーモニカ、カスタネット、タンバリン、すず、トライアングル、鉄琴、ウッドブロック
2年	クラベス、大だいこ、小だいこ、木琴、キーボード、オルガン
3年	リコーダー、ギロ、シンバル、ウィンドチャイム、しめだいこ
4年	マラカス、ボンゴ
5年	カバサ、コンガ、カウベル、アゴゴー、サスペンデッドシンバル、アコーディオン
6年	上記の楽器、及び子どもの実態に合わせた楽器

　また、器楽の教材にも特徴があります。器楽だけの教材（楽曲）もありますが、歌唱や音楽づくり、鑑賞と関連させる器楽の教材が多くあります。

　特に低学年の子どもには自然な形で楽器と出会わせ、高学年に向けて合奏曲を演奏できるようにしていきます。

　では、器楽の学習過程をみてみましょう。器楽の学習過程は歌唱に似ています。器楽指導の導入では、楽曲を聴かせ曲想を感じ取り、どのように演奏するかについて思いや意図を持たせます。ここで何に視点をおいて聴かせるのかが重要で、子どもが演奏したいと思う主体性に大きく関わります。そして、子どもの楽曲への思いや意図からめあてをたてます。

　展開では、子どもの思いや意図を実現するために演奏ができるように、また演奏の工夫のために練習を重ね技能を高めます。教師の押しつけではなく、子どもが自分の思いや意図を実現するためにもっと上手に演奏したい、思うように演奏したいと思わせる授業をすることが大切です。実際の授業においては、歌唱と同じで教師が楽曲分析をし、目標と照らし合わせ、楽曲の「音楽を形づくっている要素」に視点を置いて、どのような技能が

必要か何を工夫させるのかを明確にしておくことが重要です。子どもが自ら気付き表現を繰り返し、目標の実現に向かわせるようにします。

　さらに、表現の工夫や演奏の技能で重要な活動が、歌唱と同じ「聴き比べ」の活動です。教師が、表現の工夫や演奏の技能をよいかどうかを判断し一方的に指導するのではなく、子どもの思いや意図を表現するために子どもに「聴き比べ」をさせ、子どもに思考・判断させ表現を深めるのです。その際、教師は正しい技能や知識を教えることを忘れてはなりません。

　終末では、1時間のめあての実現への学びを器楽の演奏によって確かめます。この時、学級全体で表現しますが、個人の表現の場をもつことも大切にします。

器楽の学習過程（1時間）の例

導入	①　曲想を感じとり、どのように演奏するか思いや意図をもつ 　　※視点をもって聴く「何（内容）を聴くのか」 ②　めあてをつかむ

展開	③　曲想を感じ取って思いや意図の表現の実現にむけて演奏を工夫する 　　※「強さ」「速さ」「音楽の縦と横の関係」等 　　※聴き比べ ④　くり返し演奏し、演奏の技能を高める

終末	⑤　目標（思いや意図）の実現ができたか器楽演奏で確かめる 　　（演奏にひたる） ⑥　次時への意欲を持つ

器楽でも、楽器の特徴的な音や演奏の技能の向上のために「聴く」ことを大切にすることは言うまでもありません。

さて、器楽の特徴の一つである合奏の授業を考えます。合奏の授業で子どもの思いや意図を大切にする授業にするためにはどのようなことに気を付けたらよいでしょうか。合奏の思いや意図をもたせるためには楽曲のよさや美しさを一人一人の子どもに実感させ、その上で自分のパートの良さを実感させなければなりません。そこで、まず全員の子どもが旋律を演奏し、楽曲を知り、そのよさを実感することが大切です。その上で、打楽器、低音（ベース）、対旋律、副旋律と順に重ねていき、音を重ねると楽曲がより良くなり演奏が楽しくなることを実感していくのです。旋律を十分に演奏できない場合は演奏できるところだけ演奏させたり、旋律を歌ったりさせてもよいのです。また、打楽器も実際に演奏するのは数人で身体をつかったり身近なものをつかったりして演奏させ、全員に演奏する楽しさを実感させます。これらの活動を経験させた上で、自分が演奏したい楽器を選ぶようにさせます。

(3)　「音楽づくり」の学習過程例（1時間）と「聴く」活動

音楽づくりの活動は子どものよさを生かす、また、音楽を苦手とする子どもが音楽に興味をもつことができる学習です。「音楽づくり」に苦手意識をもつ教師は少なくありませんが、「聴く」ことを大切にする学習過程を工夫すればとても興味深い授業だと気付くと思います。

さて、音楽づくりには教材にあたる楽曲がありません。では、教師は音楽づくりの授業をどのようにつくればよいでしょうか。教科書の題材での位置付けをみると「音楽づくり」は自然に子どもが興味を持つように題材が構成されています。つまり、題材構成を踏まえた授業づくりをすると

よいのです。題材の中の鑑賞や歌唱、器楽の学習で音楽づくりへの考え方（思考力・判断力）、学習内容（知識・技能・表現）を身に付けさせていき、音楽づくりにつなぐのです。この子どもの思考の連続が授業づくりの大切なヒントになります。

　また、音楽づくりは、子どもがそれまでに重ねてきた歌唱・器楽・音楽づくり、鑑賞の学びの内容を生かす内容です。つまり、子どもの実態を把握することが必要です。さらに、共通事項に示される「音楽を形づくっている要素」を特に学ばせるために音楽づくりの活動がある場合もありますので、音楽づくりの指導の位置づけを理解して取り組みます。

　では、音楽づくりの学習過程を考えます。今回は、即興的な音楽づくりについてではなく、音や音楽を構成してつくる音楽づくりの学習過程の例について考えます。

　音楽づくりの導入段階では子どもが音楽づくりで何をどのようにつくるのか、見通しをもたせます。低学年では音遊びを通して音楽づくりの発想を得ます。子どもの実態に応じては学年にとらわれずに音遊びや楽器さわりをさせることが大切です。

　そして、今からどのような方法で学習すれば楽しい音楽や好きな音楽をつくれるのか、子どもに音楽活動の見通しをもたせます。具体的には、教師が「わたしもそんな音楽をつくってみたい」と多くの子どもが見通しをもつことができる音楽をつくって聴かせ、その手順を明確に示すことです。音楽づくりでは、この導入が重要です。そして、めあてをたてます。

　展開では、子ども一人一人が、またはグループで自分の目標達成に向けて音楽づくりに取り組めるようにします。音楽づくりでは「音楽を形づくっている要素」の「音楽の仕組み」を用いて音楽をつくりますので、その技能を工夫して身に付けさせます。その上で、展開の指導方法は指導内容

と子どもの実態に応じて工夫をします。

　さて、子ども一人一人が音楽をつくるとそれを誰かに聴かせたくなります。つまり、「聴く」活動をどのように仕組むかもポイントです。発達段階に応じて、2人グループ、生活班、目的に応じたグループなどで聴き比べや聴き合いをさせ、自分の表現を見直すようにします。また、さらに、教師が意図的に選んだ子どものつくった音楽を聴かせる中間発表、すなわち友だちの良いところを自分に取り入れるような場づくりをし、自分の音楽を見直します。展開では、個の学習が多くなりますので、個別指導を十分に行います。

　ここで気を付けなければならないことは、子どもがつくる音楽をすべて認めるのではないということです。本時では何の観点で音楽をつくるのか、導入での指導の観点を繰り返し示しながら授業を行うことで、子どもの達成感が大きく変わります。

　終末では、発表の方法を工夫し、子どものつくった音楽を聴き合わせます。導入での音楽づくりの観点でつくった音楽を聴くことが大切です。

音楽づくりの学習過程（1時間）の例

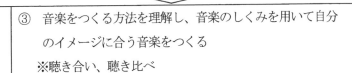

導入	① 音楽（音）づくりの内容をつかみ、見通しをもつ 　※どのような音楽をどのようにしてつくるのか ② めあてを持つ（イメージをもつ）

⬇

展開	③ 音楽をつくる方法を理解し、音楽のしくみを用いて自分 　のイメージに合う音楽をつくる 　※聴き合い、聴き比べ

	④ 二人組やグループで聴き合い、また中間発表で、よいところを自分の音楽に取り入れて、音楽づくりを高める

終末	⑤ 自分のイメージに合ったつくった音楽を発表し合う ⑥ 次時への意欲を持つ

(4) 「鑑賞」の学習過程例（1時間）と「聴く活動」

　音楽を「聴く」ことは、あらゆる音楽活動の土台であり、出発点であるので、その意味では鑑賞は、歌唱や器楽、音楽づくりなどの表現活動と深くかかわり合っていると言えます。鑑賞は、「聴く」ことに焦点を当てた「聴く」力を伸ばす直接的な指導であるのです。

　鑑賞教材には、様々の曲があり標題の付け方にも色々ありますが、その傾向を理解していると鑑賞の授業づくりに生かすことができます。表9は武末氏の示した「鑑賞教材の標題の種類と教材例」[8]（平成25年・個人実践録）です。

表9　鑑賞教材の標題の種類と教材例

標題の種類	教材例
情景や様子、動きを表す標題	・おどるこねこ　・白鳥　・春の海
曲の種類を表す標題	・トルコ行進曲　・メヌエット
曲の形態を表す標題	・ピアノ五重奏曲「ます」第4楽章
物語を表す標題	・ピーターと狼
伝統音楽を表す標題	・祇園ばやし・世界の国々の音楽

鑑賞の授業をつくるにあたっては、表9からわかるように、標題を授業づくりの参考にすると、その教材がどのような音楽であるのか、そしてどのような内容を子どもに聴き取らせていくことができるかがわかるのです。例えば、「おどるこねこ」であれば、こねこが踊る様子を表した音楽であるとわかるので、こねこがどのように踊っているのか、どこで変化するのかを聴きとらせる授業の方向性がわかります。第4学年の「メヌエット」（アルルの女「第2組曲から」ビゼー作曲）では、この題材はフルートの響きに親しむことをねらいとしていますが、メヌエットは3拍子の踊りの音楽なので、3拍子や踊りの音楽に視点をあてて聴かせることでより親しむことのできる授業づくりのヒントになります。全ての曲の標題を明確に分類することはできませんが、一つの方法です。

　鑑賞の授業づくりでは、この標題を含めて、特に楽曲分析が重要になります。音楽科のどの内容にも言えますが、鑑賞曲には様々の内容がその背景にあり、何を聴かせ何を感じ取らせるのか、何を考えるのかを明確にし、授業づくりを工夫しなければなりません。

　では、鑑賞の学習過程について考えます。

　導入では、子どもが鑑賞曲の音楽をもっと聴きたい、何度も聴きたいと思わせる工夫が必要です。導入の工夫の方法としては、様子や動きを表す楽曲では標題から予想させ部分的に聴かせたり始めと終わりを聴かせたり、曲の種類を表す行進曲では行進している様子に気付かせ始めと終わりを聴かせたりするなどがあります。そして、めあてを立てます。曲の形態や伝統音楽では標題を示して何を聴くのかを明確にして聴いてめあてを立てること、また、音楽を構成する要素や音楽の仕組みからめあてを立てることもあります。楽曲の指導内容によって、また楽曲の特性によって出会わせ方を工夫します。

展開では、指導内容、つまり聴かせる内容をどのように聴かせるのかによって工夫します。学習指導要領には、鑑賞の（指導計画の作成と内容の取扱い3、4年）2)（文部科学省　平成30年）には次のように示されています。

ア　鑑賞についての知識を得たり生かしたりしながら、曲や演奏のよさを見いだし、曲全体を味わって聴くこと。

イ　曲想及びその変化と、音楽の構造の関わりについて気付くこと。

1、2年、5、6年は発達段階によって少し文言が違いますが、このア、イを指導していくように楽曲分析をし、指導の仕方を工夫していきます。旋律を口ずさんだり、指揮をしながら聴いたり、リコーダーなどで演奏したりする方法も聴き方の一つの方法です。

終末では、本時のめあてを確認した上で、始めから終わりまで通して楽曲を聴き通します。

鑑賞の学習過程（1時間）の例

| 導入 | ①　標題や部分的な鑑賞などから曲想をつかむ |
| | ②　めあてを持つ |

| 展開 | ③　曲想及びその変化と音楽の仕組み、特徴的な要素を感じ取る |
| | ④　曲想と要素のかかわりをとらえる |

| 終末 | ⑤　楽曲全体を通して聴き、曲想に聴きひたる |
| | ⑥　次時への意欲を持つ |

6．考察と課題

　子どもが社会の変化に対応し心豊かに生きていくためには主体的に生きる力を育成することが大切であり、そのためには、教師の日々の授業改善が必要です。しかし、日々の授業改善の前に基本的な音楽指導の基礎・基本を身に付けなければなりません。音楽科は音楽活動（音楽の実践）を通じて学ぶ学習であり、一人一人の思いや意図を活動につなげ、子どもの素直な感受性を刺激し、そして、音楽活動を繰り返し行うことにより、子どもにとってより深い学びに高めていき、心豊かな人間の育成をすることに重要な枠割を果たしています。だからこそ、音楽科の特性を知り、また楽曲分析をして指導に生かすことが大切なのです。

　そして、音楽活動の土台となるのは「聴く」活動です。子どもは「何のために」「何を」「どのように聴くか」を明確にして聴くことで、次の音楽活動につなげます。「聴く」活動を土台として、音楽科の内容である「表現」の「歌唱・器楽・音楽づくり」、「鑑賞」の基本的な学習過程の基本的な学習過程を教師が身に付け指導を重ねることで、児童は主体的に音楽にかかわり、対話を重ねながら深いまなびを得ることができると考えます。その上で、「歌唱・器楽・音楽づくり」、「鑑賞」の指導内容にあった指導法の改善に日々取り組まねばならないのです。

　さて、授業づくりは、「子ども」と「教材」と「教師の指導」によって成り立ちます。本論では、「教師の指導」「教材」について述べましたが、「子ども」がいなければ授業づくりは成立しません。心豊かな人間の育成を目指す音楽科の授業づくりにおいてはなお一層「子ども」が重要であることは言うまでもありません。そこで、授業づくりでは子ども一人一人のよさを伸ばすために、音楽の指導内容によって子どもの実態を的確に把握し、

指導法について工夫したり見直したり、また個別の指導の工夫をしなければなりません。特に音楽は技能による表現が中心の教科ですので、より一層丁寧に実態把握、そして個別の指導が必要です。

　また、「教材」については本論でも述べましたが、残念ながら日本ではいわゆる教材となる音楽があまり生活と密着していません。音楽科は教材として多くの楽曲に触れますので、様々な楽曲のもつ多くの内容と背景などについて常に楽曲分析への努力を重ね、理解をするとともに教師が何度もその音楽を聴いてその音楽のよさや美しさを実感して指導することがとても大切です。

　音楽科の授業づくりにあたっては、教師が常に音楽のよさや美しさを感じ取ること、また「子ども」「教材」「教師の指導」の3つを理解し連携させ、工夫し改善し続けることは、いつまでも教師の課題であるのです。

引用文献

1) 東洋館出版社 (1997)「子供と音楽のかかわりを深める音楽科授業論」pp14-15 金本正武
2) 文部科学省(平成30年)「小学校学習指導要領（平成29年度告示）解説音楽編 平成29年7月　pp3～4、p9、p10、pp26～27、p78
3) 文部科学省(平成30年)「小学校学習指導要領（平成29年度告示）音楽編」平成29年7月　p98
4) 文部科学省（平成27年7月16日）中央審議会初等中等教育分科会資料3－3「小学校の標準授業時数について」
https://www.mext.go.jp/component/b_menu/shingi/giji/__icsFiles/afield file/2015/11/09/1363415_006.pdf　（2021年4月28日取得）
5) 音楽之友社 (2020)「初等科音楽教育法」p28　堀内久美雄　他62名
6) 教育芸術社（令和2年）「小学生の音楽6」pp6-7 小原光一　他17名
7) 学事出版株式会社(2017)「『資質・能力』を育成する音楽科授業モデル」p8　平野次郎
8) 個人実践録（平成25年）「音楽科授業のつくり方」p90　武末正史

参考文献

＊北原涼子 (2019)「音楽的な見方・考え方を働かせた協働的な学びについての実践研究」『筑紫女学園大学教育実践研究』第5号 pp69-80

＊北原涼子 (2020)「主体的・対話的で深い学びの音楽づくりの指導法の工夫－音楽づくりの発想を得る活動の見通しの持たせ方－」『筑紫女学園大学教育実践研究』第6号 pp93-104

＊武末正史（平成25年）「音楽科授業のつくり方」個人実践録 p90

＊平野次郎 (2017)「『資質・能力』を育成する音楽科授業モデル」pp8－12　学事出版株式会社

＊文部科学省(平成30年)　「小学校学習指導要領（平成29年度告示）解説　音楽編」平成29年7月 pp1-139

＊小原光一　他17名（令和2年）「小学生の音楽1～6」pp6-7 教育芸術社

第 17 章
一人一人の豊かな表現を保証する図画工作科の指導

納屋　亮

1．はじめに

Science（科学）・Technology（技術）・Engineering（工学）・Mathematics（数学）の頭文字から名づけられた STEM 教育は、2000 年代にアメリカで生まれた理数系科目重視の教育です。これは、主にロボットや AI といったシステム開発を行う人材育成のために始められたものでした。ところが次第に、こういった研究開発を行うには、理数系に強いだけでは不十分であると考えられるようになりました。つまり、幅広い知識や専門的な技術を身に付けているだけでは、現在の技術社会を支えることはできても、刻一刻と変化し続けている現在の状況には対応できなくなると言われています。

身に付けた知識や技術を生かし続けるためには、自由な発想力や想像力、それらを活用して生まれた自分の考えを具体化する力、つまり新しいものを生み出す創造力が求められます。このような点を鍛えるためには Art（芸術）分野が必要ということで、STEM 教育から A を加えた STEAM 教育へと変化します。また、2018 年 6 月に文部科学省が発表した「Society 5.0 に向けた人材育成～社会が変わる、学びが変わる～」においても、STEAM 教育の重要性について述べられています。

また、大人の学びの世界でも「アート的なものの考え方」が見直されています。激動する複雑な現実社会の中で「自分なりの答え」をつくる力が必要だと実感しているそうです。

このように、今、Art は見直されています。これを受け、小学校図画工作科でどのような力をつけにければならないのか、またそのためにどのような授業をすればよいのかについて考えていきましょう。

2．小学校図画工作科でつける力

　小学校学習指導要領解説　図画工作編 [1]の目標には次のように書かれています。

> 　表現及び鑑賞の活動を通して、造形的な見方・考え方を働かせ、生活や社会の内の形や色などと豊かに関わる資質・能力を次のとおり育成することを目指す。
>
> (1)　対象や事象を捉える造形的な視点について自分の感覚や行為を通して理解するとともに、材料や用具を使い、表し方などを工夫して、創造的につくったり表したりすることができるようにする。
>
> (2)　造形的なよさや美しさ、表したいこと、表し方などについて考え、創造的に発想や構想をしたり、作品等に対する自分の見方や感じ方を深めたりすることができるようにする。
>
> (3)　つくりだす喜びを味わうとともに、感性を育み、楽しく豊かな生活を創造しようとする態度を養い、豊かな情操を培う。

　まず、この文を読んで気付くのは「創造的」や「創造」という言葉が何度も使われているということです。このことについて、学習指導要領解説図画工作編では、目標の改善の項で「育成を目指す資質・能力の三つの柱のそれぞれに「創造」を位置付け、図画工作科の学習が造形的な創造活動を目指していることを示す。」と書かれています。「創造力」が重要になっている今、図画工作科がその力を高めるのに必要とされている教科であることが、ここから分かります。

　次に、教科の目標について読み進めます。先ほど「図画工作科の学習が造形的な創造活動を目指している」とありましたが、「創造的な造形活動」

ではありません。また、目標の文頭に「表現及び鑑賞の活動を通して」とも書かれています。これらのことから、造形活動そのものを目標としていないことが明確になってきます。

　それでは、図画工作科の目標はどのようなことでしょうか。

　「造形的な見方・考え方」とは、「感性や想像力を働かせ、対象や事象を、形や色などの造形的な視点で捉え、自分のイメージを持ちながら意味や価値を作り出すこと」であり、活動や作品をつくりだすということは、図画工作科の学習が、単に作品づくりではなく、造形的な創造活動を通して、自分なりの意味や価値をつくりだすことに教科の本質があることを示していると言えます。

　「豊かな情操を培う」[2]の説明には、「このような過程は、その本来の性質に従い、おのずとよさや美しさを目指すことになる。それは、生活や社会に主体的に関わる態度を育成するとともに、伝統を継承し、文化や芸術を創造しようとする豊かな心を育成することにつながる。」とあり、これを「図画工作科の目指す姿」としています。このことからも、図画工作科の学習は、ものづくりそのものを目標とするものではなく、よりよく生きようとする児童の情意の調和的発達をねらいとしていることが分かります。

3. よい授業を行うために

(1) 小学校学習指導要領が求める授業

　平成29年に告示された小学校学習指導要領では、「主体的・対話的で深い学び」の実現に向けた授業改善が求められています。それは、どのような授業なのでしょうか。

　今までの図画工作科学習指導の課題として、「作品主義」がよくあげられ

ます。図画工作科は、教科が持つ特性として、必ず作品が残ります。そして、その作品は作った本人以外の児童や教師のみならず、他学級の児童や保護者、そして他の教師にも見られます。その時、見られるということを第一に考えた授業を考えた場合、見栄えのよい作品をつくらせようという授業になりがちです。そのためには、児童一人一人がもつよさを発揮させることよりも、教師が児童の活動を細かに指示する場面が多くなります。このような授業は、児童にとっても見栄えのよい作品を完成させることができるため、他の種の満足感や達成感を抱きやすいため、教師、児童の間で共通の価値観をもたらせることになります。

　しかし、このような授業で、どのような資質・能力が育まれるのでしょうか。その資質・能力は教育活動として行われる図画工作科としてふさわしいのでしょうか。少なくとも、学習指導要領で示されている資質・能力の中で「発想・構想の能力」や「創造的な技能」を育成しているとは言い難いと考えられます。

① 図画工作科における「主体的・対話的で深い学び」の位置付け

　学習指導要領（図画工作）の「指導計画作成上の配慮事項」には次のように書かれています。「題材などの内容や時間のまとまりを見通して、その中で育む資質・能力の育成に向けて、児童の主体的・対話的で深い学びの実現を図るようにすること。その際、造形的な見方・考え方を働かせ、表現及び鑑賞に関する資質・能力を相互に関連させた学習の充実を図ること。」これは、学習指導要領総則に書かれているように、各教科の指導に当たっては、一単位時間の授業の中で「主体的・対話的で深い学び」が実現されるものではなく、題材のまとまりの中で行うことが求められています。

② 言語活動の充実について

　「対話的な学び」の中で重要になるのが「言語活動」です。これは大き

く分けて二つあります。一つ目は「自己との対話」です。表現と鑑賞は表裏一体のもので、児童は表現している時「自分が表したいことはできているか」「この形や色でいいのか」等、常に内面で自分と自問自答しています。このことは、創造的な造形活動を行う上で欠かすことができないことです。二つ目は「他者との対話」です。自己と対話しながら表現したものを、児童同士で見合いながら自分が感じたことや考えたことを伝え合う。この活動を充実させることが大切です。しかし、形式的に話し合う活動を行えばよいわけではなく、表現する際に自己との対話が十分行われることで、他者の対話が効果的に行われるのは言うまでもありません。

4．教科書を使った指導について

学校教育法34条には「小学校においては、文部科学大臣の検定を経た教科用図書又は文部科学省が著作の名義を有する教科用図書を使用しなければならない。」とあります。図画工作科の授業において、教科書はどのような使われ方をすればよいのでしょうか。

(1) 教科書を読み解く

教科書を使って授業をするためには、教科書から何を学ぶことができるのかを教師が十分読み解いておく必要があります。

① どのようなことが載っているか

図1は、令和2年版　日本文教出版　図画工作1・2年下の教科書[3]です。このページには、形をうつして表す活動が紹介されています。

まず、題材名の右に「うつしてできる形に気付き、工夫して表す」「形をつくりながら、どのように表すか考える」「形をうつして表すことを楽しむ」

図1　題材「たのしく　うつして」

というこの題材で児童に付けたい力を、児童自身が意識できるように書かれています。これだけでなく、「馬の形と木の形をうつしたよ」と活動の基本的な内容を示すだけでなく、「今度は黄色で形をうつそう」とか「ハートがクローバーになった」などという活動中の「自己との対話」を載せ、児童の発想や構想、表現のヒントとなる工夫もされています。これだけでなく使った画材は題名の下に書かれているので、児童も理解しやすくなっています。

　また、この題材では、「型紙を使って表す」「紙版画で表す」「スチロール版で表す」という三つの方法が載っています。このように、一つの題材であっても、複数の表現方法がある場合は児童の発達段階を考慮したうえで適した方法が書かれています。

②　それぞれの活動について詳しく知る

それでは、各活動の特徴について見ていきましょう。

　型紙を使って表す活動は、画用紙を自分の思いに沿って切った型を使うことで、紙にうつす活動が短時間でできます。しかし、型紙は輪郭線のみとなるので、細かな表現はパスなどを使って描くことになります。

　紙版で表す活動は、紙を重ねて版をつくり印刷するものです。紙を重ねて表現するため型紙を使った表現より細かな部分まで表せますが、紙を貼り重ねた段差部分が印刷すると白くなるということや、版と印刷物は左右反転することを十分理解させておく必要があります。

　スチロール版は、スチレンボードに物を使って跡をつけ、その部分が印刷時に白くなるという表現です。スチレンボードに跡をつけるため、釘などを使って絵的な表現もしやすいのが特徴です。また、スチレンボードですので水性インクを使った場合は印刷時に色を変えることも容易です。しかし、印刷時に左右反転する点は紙版と同じです。

　このように、一つの題材に複数の表現方法が載っている場合はそれぞれの特徴を十分理解しておく必要があります。

③　それぞれの作品についてさらに詳しく見る

　「型紙を使って表す」のページ（図2）[4]には、「うまと　いっしょに　あそんだよ」と「たのしい　ゆうえんち」という二つの作品があります。

　どちらの作品も、画用紙を使って二つの型をつくり、それぞれ、型の外側と内側に絵の具をつけて、型をうつしています。また、型をうつすだけでなく、クレヨンやペン、タンポを使って描き加えています。しかし、二つの作品には大きな違いが多数あります。「たのしい　ゆうえんち」の方は、型紙を使って形を表していない部分にもローラーを使って色を付け型紙で表したものがある環境を表しています。また、型そのものもはりつけている点も違います。さらに詳しく見ていくと、「うまと　いっしょに　あそ

んだよ」では、型の裏表を使って、馬の向きを変えていたり、形をうつす
ときに一色ではなく、木の幹と葉、たてがみや胴の部分などの色を変えて
いたりしていることが分かります。更に右上の馬(図3)[5]の尻尾の部分は型
をうつした後に着彩していることも分かります。このように、教科書には、

 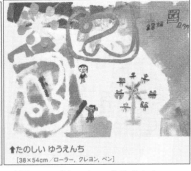

図2　「うまと　いっしょに　あそんだよ」　　「たのしいゆうえんち」

活動時に役立つ内容が多く載せ
られています。
　これらのことを、教師が先に教
えるのではなく、児童が気付ける
ようにするのは、児童の主体的な
活動を生み出す上で大切なこと
です。

図3　尻尾の色の付け方

5．教材研究について

　教科書を読み解くことで、表現に役立つ多くの事が分かりました。しか
し、教師が実際に活動しないと分からない点もあります。

(1) 再現する

　まず、教科書に載っている作品を実際につくってみます。この時、どの順番で表現したかを読み取ることが必要になります。これは、児童が何を思いついたのか、またその発想のもととなったのは何かを知ることにつながります。大人となった教師が忘れてしまっていることを思い出させてくれることもあり、発達段階に応じた指導につながります。

　また、実際に活動することで表現時の課題にも気付きます。例えば、水彩絵の具を使って版をうつす際、水加減が作品の出来を大きく左右する場合があります。紙版の場合は、それぞれの紙のどちらを手前に貼るかで位置関係が変わること。のりしろの必要性や、紙の隅までのりを付けてない場合は印刷時にローラーではがれてしまう事があるなど、作品をつくることで気付くこともあります。

(2) 自分の作品をつくる

　教科書に載っている作品を再現した後は、児童になったつもりで作品をつくってみます。この時に大切なのは、児童と教師という二つの視点です。

　例えば、版をつくってうつす活動を始める時、初めに「〇〇を表したいな」という思いをもつと思います。この時、児童は「はやく活動を始めたいな」とか「どうやって表していこうかな」など、いくつかの事が心の中に浮かんでいます。このように児童がその場その時に感じたり考えたりしていることを味わうことが必要です。また同時に教師の視点で「表したい思いはどうやって決めたのか」と分析することで、表したい思いが浮かばなかったり決められなかったりする児童に対し、どのような手立てが必要なのかを考えることができます。また、この題材を通して身に付けられる「知識及び技能」「思考力、判断力、表現力等」「学びに向かう力、人間性

等」はどのようなものがあるかについても体感しながら考えることができます。

　これらのことを体感したり考えたりすることは、授業をするうえで大変重要なことです。特に、児童が困る点を体感しておくことは、同様の場面に遭遇した時、児童の心に寄り添って共感的な言葉や必要な指導・支援につながります。そのためにも、複数の作品を多様な方法でつくることが求められます。

6．指導計画について

　作品をつくることで分かったことをもとに指導計画を立てていきます。

　まず、題材を通してつけさせたい力です。「今日は紙版を完成させる」というのは学習の流れの目安であり予定です。しかし「紙でつくったそれぞれの部分を、自分の思いに合うような位置に、はがれないように接着させ紙版をつくる」とすれば、図画工作科で育てる資質・能力ねらいを含んだものになります。

(1) 題材全体の指導計画

　次に、題材全体の指導計画を立てます。各学校ではどの題材に何時間使うかという年間指導計画が立てられていると思います。その配当時間をもとに、図画工作の基本的な流れである、発想、構想、製作、鑑賞の各段階をそれぞれ何時間使うかを決めていきます。この時、それぞれを連続して行った方が効果的な場面と、そうでない場面を考えると時間を有効に使えます。例えば、紙版で表すとき、版を完成させる場面と印刷する場面を連続で行うと、接着剤が十分乾いていなかったり印刷の準備の場所が確保で

きなかったりします。また、必要限に使う材料を集めておく必要がある場合などは、発想・構想と表現の間を空けたり、事前に保護者等へ材料収集のお知らせをしておいたりするとよい活動につながります。

(2) 単位時間毎の指導計画

　全体の指導計画を明確にした後は、各時間の指導計画を立てます。

　題材全体の目標をもとに、この時間ではどのような力をづけることができるかを考えます。各時間にすべての観点を入れることも考えられますが、発想、構想、製作、鑑賞のどの段階で特に付けさせることができるのかを見通すことも必要です。

　各時間の目標を決めた後、児童の活動や思考がスムーズにいくような活動の展開を決めます。この時、教材研究で作品をつくった経験を想起することが重要です。

　展開が決まると、指導事項や指導上の留意点も明確になってきます。

　児童がこの活動をするために必要なものは何かについて、技術面だけでなく思考面からも考えます。この時、既習内容や思考の傾向などを含めた児童の実態把握が重要になります。また、全体か個別かという指導の対象、実演・資料提示・口頭説明という方法も考えなければなりません。さらに、「何をやって見せ、やって見せないか」について考えることも大切です。提示する参考作品についても、児童が「やってみたい」と思いつつ「私なら…」と思いを膨らませることができるものにします。

　安全に関する内容は必ず全体指導で確実に行うことが必要です。この時、具体物を使って実演しながら危険な理由も添えて丁寧に指導します。特に刃物を使う場合は、刃物を使う児童だけでなく、周りの児童がどのような行動をとらなければならないかを十分理解させるだけでなく、活動する場

所を十分確保しておく、さらに、集中力が切れない範囲の時間で活動させることも必要です。

　材料の準備は、最初から多くのものを用意するのではなく、基本的に必要最低限で構いません。材料がそこにあるから安易に使うのではなく、「今ある材料を使ってできないか」とか「自分の表現に必要な材料は何か」と思考を促すことにつながります。しかし、児童が「先生、○○はありませんか」と言ったときに渡せるように準備しておくことは必要です。

　いずれにしても、児童一人一人の十分な活動を保証するためには、この段階でどれだけの指導・支援の方法を準備しておけるかにかかっているといっても過言ではありません。そのためにも、教材研究として作品をつくる時、「○○さんならどうするか」というように、児童の個性を思い浮かべながら作品をつくることを心がけましょう。

7．授業の実践について

　指導計画ができれば、いよいよ授業の実践となります。
　場面ごとに考えていきましょう。

(1) 導入

　児童は「今日はどのような活動ができるかな」と楽しみにしています。
　図画工作は活動を通して学ぶ教科ですから、十分な活動時間を保証する必要があります。したがって、教師が話したり見せたりする時間はできる限り短くしましょう。そのためには、指導のねらいを明確にして言葉を吟味する必要があります。
　また、児童が活動のめあてや見通しを持てるようにすることも大切です。

終末時に「私はこの時間こんなことができるようになった」と振り返ることができるようにしておくことは、児童の満足感を高めることにもつながります。

(2) 活動中

　図画工作の学習は、児童が自分の思いを自分なりの方法で表現していくのが基本です。教師は、それぞれの児童のよさを十分引き出していけるようにしましょう。そのためには、児童が資質・能力を発揮する場面を奪わないことです。活動が止まり困った顔をしていてもすぐに声をかける必要はないかもしれません。児童なりに解決方法を考えていることが少なくありません。しばらくして、活動を再開した時「どんな工夫を考えたの」と言葉をかけると「あのね、…」と嬉しそうに自分の考えについて話します。そして、「そうか、そんな素敵なことを思いついたんだね。」共感的な言葉を伝えることで、その児童は自信をもつことにつながります。

　また、児童が「どうしていいか分かりません」と言った時、教師が「こうしたらいいよ」解決策を伝えることもありますが、まず、「どうしたいの」と、児童の思いを尋ねましょう。こうして児童の思いを確認した後、一緒に解決策を考えます。この時、教師が思いついた方法を押し付けることは避けます。あくまでも表現しているのは児童ですから、少なくとも二つの方法を示して選択させるようにします。こうすることで児童は、自分の思いを大切にして作品をつくったと思えるようになります。

　児童なりの工夫をしている所を見つけた時は、そこを指さしながら「先生、ここ好きだなぁ」と伝えましょう。教師は「いい」と思っても児童は「失敗した」と思っていることもあります。その時「よくできているね」という言葉は、「評価」ですから児童に響きにくいのですが「好きだなぁ」

という言葉は「思い」ですから受け入れてもらいやすく、時間がたつとその部分に対する児童の評価が変わることもあります。

　また、児童は他の児童の活動から学ぶこともあります。活動中に自主的な交流を促したり、隣にいる児童に対する教師の発言から気付いたり学んだりすることもあります。

　教師は児童の活動からよさを見付ける、このことを大切にしましょう。

(3) 終末

　「学習してよかった」は次の「学習したい」という意欲につながります。そのためにも、終末時に自分の活動を振り返ることが必要です。どのようなことが楽しかったのか（うまくいかなかったのか）を具体的に話したり書かせたりすることで、児童が自覚するだけではなく、教師も指導を振り返ることができます。一人一人に話させることが時間的に難しいときは図工ノートなどに書かせ、コメントを入れて返すこともできます。

　作品を掲示する時は、それぞれの作品のよさが他の児童に分かるようにしておきます。鑑賞の能力が十分高まっている場合は作品を掲示するだけでも構いませんが、初期の段階では教師が各々の作品についてよさを書いておきます。こうすることで児童もよさを味わいやすくなります。

8．まとめ

　今まで書いてきたように、図画工作科の授業は、正解があるのではなく、児童一人一人のよさを伸ばすことです。これは、教育そのものではないでしょうか。

　「これでいいですか」と教師の顔を伺いながら活動するのではなく、「ど

うしようかな」「やった、できた。」と自信をもって活動する姿を見るのは、自信をもって生きていけるように育てたい教師としての喜びとなることでしょう。「表現したいものは、その子の中にあるのです。」

引用文献

1) 文部科学省「小学校学習指導要領（平成29年度告示）解説　図画工作編」日本文教出版株式会社　平成30年　p9。
2) 文部科学省「小学校学習指導要領（平成29年度告示）解説　図画工作編」日本文教出版株式会社　平成30年　p16。
3)4)5)　日本文教出版社　「たのしいな　おもしろいな　ずがこうさく1・2年下」日本文教出版社　令和2年　pp52.53。

参考文献

1) 文部科学省「小学校学習指導要領（平成29年度告示）解説　図画工作編」日本文教出版株式会社　平成30年。
2) 末永幸歩「自分だけの答えが見つかる13歳からのアート思考」ダイヤモンド社 2020年。
3) 奥村高明「平成29年度改定　小学校教育課程実践講座　図画工作」ぎょうせい 2018年。
4) 岡田京子「成長する授業」東洋館出版社　2018年。

第18章
初等教育で求められる体育授業

宮平　喬

1. はじめに

　2019年にNHKで放送された大河ドラマ「いだてん」は、1964年の東京オリンピック開催までの物語を描いています。　物語は金栗四三[1]がオリンピックに出場するところから始まりますが、この出来事をきっかけにして、学校体育のあり方にも目が向けられました。　一例を挙げると水泳競技です。「いだてん」でも描かれているように、日本はオリンピックの水泳競技に自信満々で参加しましたが、結果は惨敗でした。その敗因は泳法にありました。海外がスピードを競うことに適したクロール泳法が主流だったのに対して、日本は日本泳法（古式泳法）でのぞんだようです。日本泳法は、元々鎌倉時代、戦時に用いられたもので、その特徴は相手に見つからないように静かに長く泳ぐことです。まさに、井の中の蛙でした。この苦い経験から海外と肩を並べるために、日本でも競技スポーツに近代泳法[2]を取りいれるようになります。　そして、現在では学校体育においても近代泳法が教材として用いられています。

　また、海外で行われていた体育教材も輸入してきました。　例えば、現在小学校で行われているドッジボールは、　元来ヨーロッパで行われていた円形デッドボールが原型で、可児　徳[3]が日本に普及させました。

　加えて、女子体育にも変革が起こりました。二階堂トクヨ[4]がイギリス留学中にダンスを習得してきます。帰国後、女子体育の教材にダンスを取り入れます。当時、「女子体育は女子の手で」という信念のもと始まりましたが、現在では、ダンスは男女区別なく行われています。

　そして、学校体育の目的は社会背景からも大きく影響を受けてきました。戦時下において、体育の授業内容は軍事色の濃いものでした。戦後はアメ

リカのGHQ支配下の中、民主的な教育に準じた内容へと変わっていきます。

　これまで述べてきたように、スポーツのグローバル化と社会背景によって学校体育に求められるものが変わっていきます。「求められる」ということは、「重視せよ」、又は「不十分なので改善せよ」といわれているのに等しく、言い換えると、児童らに身に付けてほしい事と言い表せます。その内容は10年毎に改訂される学習指導要領に記されています。令和を迎えるにあたり、体育では何が求められているのでしょうか?

　本章では小学校学習指導要領解説体育編（文部科学省、2018）[5]の改訂点の中から、新たな教材の提示や、運動が苦手又は意欲的ではない児童に対する指導に焦点をあてました。加えて、児童の社会性の未熟さから起こる授業時のつまずきをソーシャルスキルの観点から解説します。

２．体育科改訂の要点

　学習指導要領には体育科の改訂の趣旨と要点が記されています。今回、運動領域の中からは、水泳運動系とボール運動系に着目しました。以下に示したのは、その記述内容の要約です(P12)。

　水泳運動系では新たに領域名を「水泳運動」とし、内容を「クロール」、「平泳ぎ」及び「安全確保につながる運動」で構成しています。そして、適切な水泳場の確保が困難な場合は「水遊び」及び「水泳運動」を取り扱わないことができるが、これらを安全に行うための心得について必ず取り上げることとされています。

　ボール運動系の「ゴール型ゲーム」については、味方チームと相手チームが入り交じって得点を取り合うゲーム及び陣地を取り合うゲームを取り扱うものとしてタグラグビー、フラッグフットボールなどを指導するこ

ともできると記されています。

　また、体育科の改訂の趣旨（③改善の具体的事項ア）には以下の内容が記されています(P.7)。

　全ての児童が、楽しく、安心して運動に取り組むことができるようにし、その結果として体力の向上につながる指導等の在り方について改善を図る。その際、特に運動が苦手な児童や運動に意欲的でない児童への指導等の在り方について配慮する。

　このような背景には、積極的に運動する児童とそうでない児童の二極化傾向が考えられます。生涯に渡ってスポーツに親しむ素地を作るためにも小学校体育から改善をはかる必要があるでしょう。

　学習指導要領では運動領域ごとに「運動が苦手な児童への配慮の例」、「運動に意欲的でない児童への配慮の例」が記されています。　そして、育成を目指す資質・能力の中で、前者は知識及び技能、後者は学びに向かう力、人間性等に該当されています。

　特に、「学びに向かう力・人間性等」について、具体的な指導内容が示されているのは体育科・保健体育科だけであると指摘した白旗（2020）は、単に何を指導するか、できたか否かにとどまらず、体育科の価値や役割を十分認識した上で、「どのように学ぶか」といった学びの過程を大切にした指導が期待されると述べています。　まさに「体育を学ぶ」だけでなく、「体育で学ぶ」ことも念頭にいれないといけません。

3．改訂理由と具体的な授業の取り組み

(1) 運動領域
① 水泳運動系に新たに設けられた「安全確保につながる運動」
1) 水遊び・水泳運動に対する心得
　学習指導要領における水遊び・水泳運動に対する心得は「学びに向かう力、人間性等」において以下のような具体的な記述があります。

　準備運動や整理運動をしっかり行う、丁寧にシャワーを浴びる、プールサイドは走らない、プールは飛び込まない、友だちとぶつからないように動くなどの水遊びの心得を守ること。また、水遊びする前には、体（爪、耳、鼻、頭髪等）を清潔にしておこなうこと。【第1学年及び第2学年、P.57】

　バディで互いに確認しながら活動する、プールに飛び込まないなど、水泳運動の心得を守って安全を確かめること。【第3学年及び第4学年、P.95】

　プールの底・水面などに危険物がないか確認したり、自己の体の調子を確かめてから泳いだり、仲間の体の調子にも気を付けるなど、水泳運動の心得を守って安全に気を配ること。【第5学年及び第6学年、P.139】

　上記の留意点は、プール使用時に準じた授業の心得となっていますが、水泳運動そのものの定義について記載がありません。そこで、水泳の心得に関することを資料収集し、丁寧に整理した稲垣・岸(2018)の研

究を参考にしてみました。

　表1に示す20項目は、その研究から得た水泳の心得を記載したもので、それを著者が、関連あるものを類型化しラベリングしました。 具体的には、項目の示す内容から「能力の把握」、「救助法の知識」、「健康状態」、「同行・情報の共有」、「環境の把握」としました。

　表1をみても分かるように、先に述べた学習指導要領には「同行・情報の共有」に関する記載がないことが分かります。また、この研究では、「救助法の知識（項目の4、5、6）」に関して小学校で指導された経験が少ないという結果が得られました。 いわゆる他者を助ける方法については、中学校以降に重点がおかれていました。 小学校の水泳授業ではまず、自分自身が水難事故に遭わないような環境を整えることを優先してきたという事になります。

　子ども達の水辺の安全を守る意味においても、教師は先に示した留意事項を踏まえ指導することに加え、「同行・情報の共有」と「救助法の知識」についても周知しなければなりません。

2)「浮いて待て」に必要な背浮きの習得

　海の安全を守る海上保安庁は、水難事故に遭遇した際の自己救命策として「浮いて待て」を推奨しています。「浮いて待て」とは、衣服を着用した状態で海や川に転落するなど、水難事故に遭遇した際、そのままの状態で、呼吸を確保し、できるだけ体力を使わないように救助を待つことで、生還できる可能性を高める自己救命策です（海上保安庁、2019）。

　この「浮いて待て」のポイントとしては、落ち着いて体の力を抜く、息を吐くのを我慢する、背浮きになる、あごを上げ手足を大の字にすることを挙げています。このポイントから理解できるように、 浮いて待つために

は、 背浮きという技術の習得が求められます。

「安全確保につながる運動」の例示（P137）に、「10秒〜20秒程度を目安にした背浮き」とあるように、常に呼吸ができ、長時間浮き続け、 エネルギーを消費しない背浮きをマスターすることが、水難事故から身を守ることに役立ってきます。

水泳運動系では、泳力をつけるとともに、毎年頻発する水難事故から身を守る安全教育も単元の目標にしています。ちなみに、 この「浮いて待て」は "UITE MATE" とも表記され、他国でも自己の命を守る合い言葉として定着しつつあります。

表1　水泳の心得と分類

No.	著者による分類	内容
1	能力の把握	自己の技能・体力の程度に応じて泳ぐ
2		長い潜水は意識障害の危険があるので行わない
3	救助法の知識	人が溺れていたら, 泳いで救助するのは危険である
4		人工呼吸法を理解する
5		心臓マッサージの方法を理解する
6		AED（自動体外式除細動器）の使い方がわかる
7	健康状態	健康を害している場合は泳がない
8		空腹時には泳がない
9		疲労時には泳がない
10		食事の直後には泳がない
11		激動の直後には泳がない
12	同行・情報の共有	プールに行くときは, 必ず水泳の経験に富む大人と同行する
13		海に泳ぎに行くときは, 必ず水泳経験に富む大人と同行する
14		河川に泳ぎに行くときは, 必ず水泳の経験に富む大人と同行する
15		水泳に行くときは事前に行先, 帰宅の予定時, 行者を家庭に知らせておく
16	環境の把握	危険な場所未知の場所では絶対に泳がない
17		水底に危険物がないか捜査する
18		水深を確認する
19		流勢を確認する
20		水温を確認する

＊稲垣ら（2018）の調査を基に著者が編纂した

② 新たにゴール型ゲームに加えられたタグラグビー

　タグラグビーは、1990年代はじめにイングランドで競技として考案されました。タグ（Tag）とは「札」を指し、「鬼ごっこ」という意味もあります。タグラグビーは、児童が遊びで体験する鬼ごっこの感覚で始められるスポーツともいえます。

　タグラグビーが採用された主な理由は、運動が不得意な子にもゲームを楽しめる点にあります。具体的には、ボールを持った時の動きやすさとみんながゲームに参加できることが挙げられます。

　ゴール型ゲームの醍醐味は、いかに相手ゴールに近づき、得点できるかです。タグラグビーにおける相手チームのゴールまでの移動のやさしさ（しやすさ）を、ポートボールと比較したところ、ポートボールよりもやさしく感じていたという調査結果があります（鈴木、2017）。

　ボールを抱えて走るタグラグビーの方が、移動時にドリブルが必要なポートボールより、運動が不得意な子にも適しているといえます。ボールをつきながら移動する動作は、ボールを操作することと、相手の動きに協応することを同時に行う技術が求められます。その点、タグラグビーはボールを保持するだけなので、ドリブルに意識を向ける必要はありません。

　またタグラグビーはパスが回りやすいので、みんなが活躍できるゲームだと評価されています。一般に運動が不得意な子が球技をする際には、目立たないように後方にいる場合が多いですが、ルール上、前へのパスを禁止しているタグラグビーは、必然的にボールに触る機会が増えます。実際の触球数調査においても体育を苦手する子が授業を重ねる毎に、体育を得意に感じる児童と比較して増える傾向にありました。運動の得意な児童だけがゲームをするのではなく、みんなが競技に参加できることが、自分も勝利に貢献しているという気持ちにもつながっていきます。加えて、単

元前より単元後に学級風土[6]（雰囲気）や共感性が高くなったという報告もあります（高山、2004）。

　タグラグビーを通して、積極的にゲームに参加する機会が増えることで仲間意識が芽生え、クラスの雰囲気が醸成されることもゴール型ゲームにタグラグビーが加えられた理由だと考えられます。

(2) 運動が苦手な児童への配慮

　小川（2017）によると、運動が苦手な児童は主に技能面の未習得がその原因であると指摘しています。その対処法として「自分の課題を理解させる」、「課題解決の方法に対する理解を促す」、「易しい教具を提供する」、「易しい教材を提供する」、「仲間と一緒に取り組む機会を設定する」ことが必要だと述べています。

　まず、自身の運動のつまずきがどこにあるのか、そして、その解決にどういう方法が適切なのか認識させる必要があります。具体的には、易しい教具や教材をつかって、恐怖心を取り除き、スモールステップで技術を習得してきます。そして、学び合いの中で孤立させないことを挙げています。

　例1では、前回り下り運動が苦手な児童に対して、易しい技術（教材）を用いていることが分かります。

例1…第3学年及び第4学年の鉄棒運動（P.83）

　前回り下りが苦手な児童には、ふとん干しなどの鉄棒に腹を掛けて揺れる運動遊びに取り組んだり、補助を受けて回転しやすくしたりして、勢いのつけ方や体を丸めて鉄棒から離さない動きが身に付くようにするなどの配慮をする。

鉄棒運動が苦手な児童に対して、授業で皆と同じ課題を与えても上達は期待できません。練習頻度の少なさが一因と考えることもできますが、上達を実感しないと課題への意欲もわきません。そこで、技術の習得は易しいことから、徐々に難易度を上げ習得していきます。例1の場合、簡易なフトン干しを行い、補助してあげることで、前回り下りの感覚をつかみます。このように易しい教材を提供することで、課題となる技術の習得に近づけていきます。

(3) 運動に意欲がみられない児童への配慮

　続けて、先述の小川は運動意欲がみられない児童への対処法として「苦手意識の克服」、「恐怖心を取り除く工夫」、「やってみたくなる運動」、「仲間意識の向上」が必要だと述べています。　運動に対する苦手意識から運動意欲がわかないことに加えて、痛み、辛いなどの恐怖をいだくことも原因だと述べています。

　高学年の陸上運動では、「恐怖心を取り除く工夫」がみられます。ハードルに衝突した時の身体的苦痛を想像し、積極的に課題に取り組めないことがあります。恐怖の対象物になっているハードルに工夫を加えることで安心感を得ることができます（例2）。

例2…第5学年及び第6学年の内容　C陸上運動　　（P.134）
　ハードルにぶつかることへの恐怖心がある児童には、ハードルの板をゴムや新聞紙を折りたたんだものやスポンジ製のものに変えるなどの配慮をする。

また、例3では、「仲間意識の向上」を目指していることが分かります。意欲的に取り組むには、一つの目標に向かってみんなで協力してやり遂げる雰囲気が大切です。チームのメンバーを変えたりすることで、表情や行動がどう変わっていくのか、児童の様子を見ながら対処していくことを心掛けます。

例3…第1学年および第2学年の内容　Eゲーム（P.61）
　友だちとうまく関われないためにボールゲームや鬼遊びに意欲的に取り組めない児童には、対戦相手を変えたり、チーム編成を工夫したりするなどの配慮をする。

(4)　ソーシャルスキルが身についていない児童への対応
　体育授業に関わらず他の教科においても、　単元計画にそって児童が学習してくれるのが理想ですが、実際には児童同士で意見がぶつかり、スムーズな授業展開ができないことがよくあります。そういう場面で児童を一方的に叱りつけるというやり方だけでは問題の本質の解決には至らないでしょう。
　人間社会は、人と人の関係性の中で生きていかなければなりません。様々な場面で自分の考えと異なる他者と、うまく折り合いをつけていく必要があります。児童間の衝突は学習を停滞させ、教師にとってはかなりのストレスですが、社会性を身に付けるよい機会だと認識し、人間的な成長を促していく必要があります。
　尚、この社会性の育成は文部科学省が教育の目標として掲げる資質・能力の中の「思考力、判断力、表現力等」に該当すると考えられます。そこには情報を捉えて多角的に精査したり、課題を見いだし他者と協同しな

がら解決したり、自分の考えを形成し伝え合ったり、思いや考えを基に創造したりするために必要な資質・能力であると記されています（P.21）。単に体育を通じて運動が上達すれば良いのではなく、体育で思考力、判断力、表現力を磨くことも視野に入れなければいけません。そこで、キーワードになるのがソーシャルスキルです。

　心理学辞典によると、ソーシャルスキル（社会的スキル）とは言語とノンバーバル・コミュニケーションの両方を含む、満足できる十分な社会的相互作用に必要なスキルとされています（藤永・仲真監修、2004）。

　社会生活を営む中で、自分の考えを他者へどういう表現方法を用いながら、伝えていくか、これは大人にとっても難しいことです。ただ、スキルという言葉が意味するように、社会性を身に付けることは技術であって、生来から会得しているものではありません。自分は意見を通さないと気がすまないとか、引っ込み思案で内向的な性格なので、みんなと上手にコミュニケーションをとる能力がないと決めつけるのでなく、社会に適応していく経験を積み重なることで獲得していくものがソーシャルスキルと理解してください。

　では、体育実技においてどんなソーシャルスキルを身に付ける場面が想定できるでしょうか？

　他の教科と比較して、ゲームなど集団で競うことが多い体育は、仲間とうまくコミュニケーションがとれない場面に遭遇します。その際に児童目線で考え、なぜそういう行動をとるのか、そのためにどんな手立てで解決すべきか考えておく必要があります。

　著書（阿部編、2017）「気になる子もいっしょに体育ではじめる学級づくり」には、ソーシャルスキルのつまずき場面を取り上げ、その背景と解決のためのポイント、応援プランが詳細に記されています。この著書の中で

は、特別支援教育の視点から体育で育てたいソーシャルスキルについて以下のことが述べられています。

　葛藤の経験を通して、子どもたちは「自己調整能力」を養います。体育の授業には「葛藤」を豊富に経験することができるという大きな価値があります。子ども達は「葛藤」を通して、上手に「自己主張」できるようになり、また、相手や仲間の事情を考慮して折り合いをつけたり、言い過ぎにならないように心にブレーキをかけたりといった「自己抑制」の力を発揮できるようになることを目指してソーシャルスキルの指導を取り組んでみましょう。

　すなわち身に付けたいことは、アクセルとなる「自己主張」とブレーキとなる「自己抑制」をうまく調整することを意味します。

　他者との関わりの中から自分の感情をコントロールしていく術を獲得していくことが、将来社会生活への適応能力の獲得へとつながる可能性があります。体育の授業は身体運動をする場面では葛藤が生じやすい。その中での教師の手立てが必須となることはいうまでもありません。

４．時代の変化に適応した学校体育

　板東（2019）はLGBTQ+の実態調査から、小学校の教師は教室にLGBTQ+の児童が「いる」のだという認識を持ち、取り組んでいく必要があると述べています。この提言を受けた場合、学校体育はどう教育すべきか答えを探すことになるでしょう。性的違和感をもっている児童に対して、配慮がなされているか常に考えないといけません。保健領域における体の発育・発達では、「体は思春期になると次第に大人の体に近づき、体つきが変わった

321

り、初経、精通などが起こったりすること。また、異性への関心が芽生えること」と記述されています(P. 108)。この文章一つとっても、配慮が必要になってきます。今、子ども達にとって良い教育とは何か、求められている体育授業は何か、その答えは目の前にいる子ども達にあると思います。そのためにも教師は子ども達と真摯に向かい合う姿勢が大切になるでしょう。

引用文献

1) 阿部利彦・清水由・川上康則 編著 (2017)「気になる子もいっしょに体育ではじめる学級づくり −ソーシャルスキルのつまずきを学級経営に生かす応援プラン 」学研教育みらい

2) 板東郁美 『小学校における LGBTQ+への対応と授業づくり−「自分らしさ」を認め合う仲間作り』葛西真記子編著 (2019)「LGBIQ+の児童・生徒・学生への支援」誠信書房 pp. 129-131.

3) 藤永保・仲真紀子監修 2004「心理学辞典」丸善 P. 302.

4) 稲垣良介・岸 俊行 (2018)「水泳の心得の指導を受けた経験に関する調査研究 −大学生を対象にして」体育科教育学研究 34 (2) pp. 17-25.

5) 海上保安庁 (2019)「もしものときは『浮いて待て』−落水や波にさらわれたら https://www.kaiho.mlit.go.jp/08kanku/news/31topics/teirei/R1.7/003.pdf (2021 年 3 月 25 日閲覧)

6) 文部科学省(2018)「小学校学習指導要領解説体育編」東洋館出版社

7) 小川史子 (2017)『内容の取り扱い解説 運動が苦手、意欲的に取り組まない子への指導』 岡出美則・植田誠治 編著 「平成 29 年版小学校 新学習指導要領ポイント総整理 体育」東洋館出版社 pp. 162-165.

8) 白旗和也 編著(2020) 「平成 29 年版小学校 新学習指導要領の展開 体育編」明治図書出版 P. 13.

9) 鈴木秀人 編著 (2017)「公式 BOOK −だれでもできるタグラグビー」小学館 pp. 78-79.

10) 高山由一 (2004)「運動嫌いが変わる！−心と体をはぐくむタグラグビー」東洋館出版社 pp. 89-90.

参考文献

＊後藤一彦編 (2005)「みんなが主役 フラッグフットボール・タグラビー −陣取り型スポーツの計画・実践・評価」東洋館出版社

＊辰野千寿・高野清純・加藤隆勝・福沢周亮 編 (1996) 項目教育心理学辞典　教育
　出版　P58.
＊松村真宏 (2020)「仕掛け学 －人を動かすアイディアのつくり方」東洋経済新報社
＊通信教育で教師を目指す教育用語集
　　　　https://tuushin.jp/word/ka-gyou2/post_133.html (2021年2月15日閲覧)
＊日本女子体育大学　https://www.jwcpe.ac.jp/　 (2021年4月24日閲覧)
＊木下まゆみ編 (2019) NHK 大河ドラマ・ガイド いだてん 前編　NHK 出版
＊木下まゆみ編 (2019) NHK 大河ドラマ・ガイド いだてん 後編　NHK 出版
＊水難学会 (社)　http://wr.umin.jp/index.html_ (2021年3月25日閲覧)
＊高島二郎・川崎登志喜 編著 (2017)「教科力シリーズ 小学校体育」玉川大学出版
　部

注

1 ストックホルムオリンピックに日本人初の代表選手としてマラソン競技に出場
　した。
2 　4 大泳法とも呼ばれ、クロール、平泳ぎ、背泳ぎ、バタフライを指す。
3 東京高等師範学校教授。明治から昭和にかけて体育教育に貢献し、ドッジボール
　を世に広めた。
4 イギリス留学を経て日本に女子体育を普及させた第一人者。1922年、二階堂体
　操塾 (現日本女子体育大学) を創立した。
5 以後の文章を学習指導要領と表記する。また、文中で示すページの記載は全て
　学習指導要領を指すものである。
6 学級の子ども達が感じ受容する教室を支配する雰囲気をさす。 風土は集団の雰
　囲気と同義に用いられる。 また、学級成員の相互作用によって醸成される一般
　的生活気分とされ、その規定要因として、学級担任の性格と統率性の型、児
　童・生徒の性格、学級の目標や構造などがある。

第 19 章
よりよい人間関係を形成する学級活動における取組
－構成的グループエンカウンター等を活用した実践事例－

石原　努

1. はじめに

　昨今の教育現場を取り巻く問題は様々であり、多岐にわたっています。直接、子どもに関係する問題としては、いじめや不登校、学級の荒れ等が挙げられます。これらの問題と、子どもの不適応行動は深く関係しています。不適応とは、「個人が環境との快適な相互作用を形成できず、不調和で不快な関係が続いている状態」[1]のことです。具体的な不適応行動としては、いじめを行う、不登校になる、ひきこもり、暴力行為等が挙げられます。このような不適応行動を引き起こす背景や原因は様々で、それらが複雑に絡み合っており、一つに絞ることができません。ただ、共通して言えることは、何らかの外的刺激（＝ストレッサー）があり、それを自分の中でうまく処理することができずに、望ましいと思われる行動をとることができない状態であるということです。

　ここで、学校生活を送る中で、子どもが感じているストレスについてみてみます。山野・高平（2013）の小学5年生を対象としたストレスに関する調査によると、男女差は見られるものの、学習・授業・成績等に関するストレス、教師との関係性に関するストレス等が要因の一つとして挙げられています。そして、最もストレスを感じている要因は、友人関係に関するストレスであるということが明らかになっています。学校生活の中で、最大のストレス要因である友人関係をよりよく構築することができれば、子どものストレスを軽減することができ、不適応行動を減少させていくことに繋げることができると考えています。

　そこで、本章では、不適応行動を引き起こす原因の一つと考えられる人間関係に関するストレスを軽減することができるような取組について考

えていきたいと思います。具体的には、まず、特別活動と人間関係形成の
関係についてみていきます。次に、よりよい人間関係形成に向け、学級活
動の中で活用することができる手法を紹介します。最後に、それらを活用
した学級活動における具体的な取組について考えていくこととします。

2．特別活動における「人間関係形成」の位置付け

　現行の『小学校学習指導要領解説特別活動編』(2017) では、育成を目指
す資質・能力に関する重要な要素として、「人間関係形成」「社会参画」「自
己実現」の三つの視点が示されています。この3つの視点を踏まえ、以下
のような特別活動の目標が設定されています。

　集団や社会の形成者としての見方・考え方を働かせ、様々な集団活動
に自主的、実践的に取り組み、互いのよさや可能性を発揮しながら集団
や自己の生活上の課題を解決することを通して、次のとおり資質・能力
を育成することを目指す。
(1)　多様な他者と協働する様々な集団活動の意義や活動を行う上で必
要となることについて理解し、行動の仕方を身に付けるようにする。
(2)　集団や自己の生活、人間関係の課題を見いだし、解決するために話
し合い、合意形成を図ったり、意思決定したりすることができるように
する。
(3)　自主的、実践的な集団活動を通して身に付けたことを生かして、集
団や社会における生活及び人間関係をよりよく形成するとともに、自己
の生き方についての考えを深め、自己実現を図ろうとする態度を養う。

　　　　　　　　　　　　　　　　　　　　（※下線は筆者によるもの）
　目標に示してある下線部分からも分かるように、特別活動では、よりよ

い人間関係を形成したり、その基盤となる力を身に付けさせたりすること
が重視されていることが分かると思います。

　次に、特別活動の内容についてです。特別活動は、各活動（学級活動・
児童会活動・クラブ活動）と学校行事から構成されており、先に述べた3
つの視点（「人間関係形成」「社会参画」「自己実現」）を踏まえ、それぞれ
独自の目標と内容が設定されています。今回は、この中の学級活動に焦点
を当てて考えていきます。

　学級活動の中に、よりよい人間関係を形成していくために育んでいきた
い力や態度、そして、その具体的な内容等が示されています。育んでいき
たい力や態度としては、「多様な他者と互いのよさを生かしながら、将来を
切り拓いていく力」「様々な違いにかかわらず他者と協働する力」「自己理
解を深め、互いに協力し合って温かな人間関係を形成しようとする態度」
2)が示されています。そして、このような力や態度を身に付けさせるための
内容として、「友達と仲よくする、仲直り、男女の協力、互いのよさの発見、
違いを認め合う、よい言葉や悪い言葉、友情を深める」3)等が示されていま
す。また、このような取組を推進していくことで、問題行動を未然に防止
したり、いじめの防止に繋げたりしていくことが期待できると示されてい
ます。

3．よりよい人間関係形成に向けた取組

　学級活動を通して、よりよい人間関係を形成していくこと、また、その
ために、互いのよさを見つけ認め合ったり、協働・協力したりすること等
の取組を推進していかなければならないことが分かったと思います。ここ
からは、具体的な取組や進め方について考えていきます。今回は、ブレー

ンストーミング法（以後「BS法」と略して記載）と構成的グループエンカ
ウンター（Structured Group Encounter）の2つの方法を紹介します。

(1) 人間関係形成を主目的としたBS法

　BS法とは、小集団のグループを構成し、そのメンバーで様々な意見を出
し合いながら、アイディアを生成することを目的とした集団的思考法の一
つです。この手法は、主に、創造的なアイディアを生成しようとする際に
用いられるものです。しかし、これまでの先行研究より、BS法には、個人
単独による発案のパフォーマンスを超えるような促進効果は見られない
ことが明らかになっています。では、なぜ、そのような手法を紹介するの
かということなのですが、BS法のルールを人間関係形成に役立てることが
できると考えているからです。

　ここから、BS法の基本的な進め方について説明します。最初に、何らか
の議題や課題等を提示します。例えば、学級活動の場合、「○年○組をもっ
とパワーアップする作戦を考えよう」といった議題を提示します。次に、
その議題について考えていく小集団のグループをつくり話し合いを行い
ます。この段階で、各グループのメンバーは、議題について思いつくまま
にアイディアを出し、他のメンバーと意見交換を行っていくことになりま
す。この一連の流れにおいて、守らなければならないルールがいくつかあ
ります。そのルールの中で、最も大切なことが、意見交換を行う際、他者
の意見を批判したり、否定したりしてはいけないというものです。批判や
否定ではなく、相手を認める・受容するということを前提に話し合いを進
めていくのです。このルールを守ることで、場の中に、安心して発言する
ことができる空間ができます。このことは、発言者の自己開示にも繋がり
ます。もう一つが、意見の質よりも量に焦点を当てて進めていくというこ

とです。グループのメンバーは、どのような考えや意見であっても、批判も否定もしませんので、活発に意見交換を行っていくことができるのです。話し合いの内容によっては、その考えは実現できないだろうと思う場面も多々出てきますが、実現できそうにない意見・ユニークな意見等も歓迎する場としていくのです。このようなルールの下、BS 法を進めていきます。

　学級活動における話し合いで BS 法を活用するときの留意点としては、以下の点が挙げられます。最終的には、議題に関して、何らかの結論や実現可能な以後の方策を決めなければいけません。よって、BS 法の中で出された様々な意見が、反映されない場合も出てきます。このことを事前に子どもに伝えておく必要があります。BS 法は、最終的な結論を出す前段階までの取組と考えてください。以上のように、他者を認め受容する・自己開示するということを主目的とした BS 法を取り入れることで、人間関係形成に役立てていくことができると考えます。

　また、この取組は、日々の学級経営にも役立てていくことができます。例えば、教室に、「教室は間違えるところだ」「失敗をおそれない」等の目標や合言葉を掲示して、教師の思いを子どもたちに伝えたとしましょう。これらは、結果目標となります。この結果目標だけを子どもに伝えたとしても、実現することは難しいと思います。なぜなら、その結果目標の実現に向けた具体的な行動目標が必要になるからです。この例でいうと、「間違えたことを発言しても受容する」「失敗した時に励ましの言葉かけをする」といった行動目標を意識させる必要があるということです。BS 法のルールである他者を批判・否定しない、相手を受容するといったことを地道に行うことで、子どもは「間違えても大丈夫だ！」と思うことができるようになるのではないでしょうか。誰だって、みんなの前で間違えてうれしいはずはありません。間違えてもいいから頑張って発言しようと思える心理に

なるには、自分が間違えたとしてもみんながしっかりと受け止めてくれるという安心感が必要です。そのような受容的学級風土の構築に、BS法を活用することができると考えます。

(2) 構成的グループエンカウンター（SGE）

　エンカウンターの辞書的な意味は、出会う、遭遇するといったことになります。グループエンカウンターは、小集団で意見交換等を行いながら、相互理解を深めたり、心の交流を図ったりする手法の一つとして用いられています。このグループエンカウンターを大別すると、非構成的・半構成的・構成的の3つに分けることができます。違いを簡単に説明すると、非構成的グループエンカウンターは、リーダーや手順などの決まりが示されておらず、自由討議で進めていくのが特徴となります。それに対し、構成的グループエンカウンター（以後「SGE」と略して記載）は、リーダーが用意したプログラム（エクササイズ）をもとに、作業・ゲーム・討議等を行いながら、心のふれあいを深めていくこととなります。半構成的グループエンカウンターは、それぞれの中間的な位置付けとなります。この項では、SGEに焦点を当て、そのポイントを説明していきます。

① SGEとは

　SGEに関する研究は数多く行われています。まず、SGEの位置付けですが、杉田ら（2020）は、「コミュニケーション能力や技法の修得を介して、人間関係の形成や変化、活性化を促進する一つ手法」[4]としています。國分（2006）は、「ありたいようなあり方を模索する能率的な方法として、エクササイズという誘発剤とグループの教育機能を活用したサイコエデュケーションである」[5]（サイコエデュケーションとは、國分が提唱した言葉で、心理教育のことだと考えてください。）としています。また、SGEのエクサ

サイズでは、自己理解・他者理解・自己受容・感受性の促進・自己主張・信頼体験の6つの要素をねらいとしていると述べています。

② SGE の効果

SGE の効果として、上野・大河内（2019）の研究では、SGE を行うことで集団凝集性が高まったことが報告されています。ここで言う集団凝集性とは、メンバーの親密さや人間関係、メンバーへの価値等のことです。稲垣・澤海（2019）の研究では、他者との関係性の深まりや新たな自分への気づきが見られたことが報告されています。

以上のことより、SGE を通して、グループ内のよりよい人間関係を形成したり、自分自身をみつめ自分の生き方を考えたりすることができるということが分かると思います。

③ SGE の進め方

基本的な進め方は、1インストラクション2エクササイズ3シェアリングの流れとなります。それぞれの内容について以下に説明します。1インストラクションは、リーダーが中心となり、参加者全体にエクササイズの目的や進め方、注意点等について説明する場となります。2エクササイズとは、対象者の心理面の発達を促進するために行う課題のことです。このエクササイズの目的は、先に國分（2006）が示している6つの要素をねらったものとなります。3シェアリングの辞書的な意味は、分け合う・共有するという意味です。エクササイズを振り返り、気づいたことや感じたこと等を他者と一緒に共有していくこととなります。その中で、自分や他者に対する新たな発見をしたり、人間関係形成に関する気づきを抱いたりしていくこととなります。

このような一連の流れでSGE を展開していきます。具体的なエクササイズについては、次項で説明します。

④　SGE の特徴

　SGE の特徴として、國分（2006）は、「1 レディネスに応じてスピードを調整できる。2 レディネスに応じてレベルを調整できる。3 専門的リーダーでなくても展開できる。4 時間に応じてプログラムを伸縮できる。5 短時間にリレーションを高められる。6 グループ・サイズを大になしうる。」6) の 6 つを挙げています。リレーションとは、「やさしさを基盤とした恐怖や構えのない関係」7) のことです。

⑤　学級活動と SGE

　これまで述べてきたように、よりよい人間関係形成に向けて、SGE を活用できることが分かったと思います。この SGE を学級活動において行う場合、次のような点で有効であると考えます。一つ目が、子どもの発達段階や子どもの実態、学級の様子等に応じて、エクササイズを調整して取り組むことができるということです。エクササイズのレベルを調整することで、幼児を対象とした取り組みもできると考えます。二つ目が、学級担任がリーダーとして取り組むことで、教師と子どもの人間関係形成に繋げていくことができるということです。三つ目が、45 分の学級活動の時間だけでなく、朝の会・帰りの会、学級遊びの時間等に活用することができるということです。四つ目が、学級全体でも小グループでも行うことができるということです。五つ目が、学級経営の一環として行うことができるということです。次項で、SGE の具体的な実践例を紹介します。

4．学級活動における SGE の具体的な取組

　以下に紹介する SGE は、教師がリーダーとなり展開していく場面を想定して作成しています。先にも述べましたように、SGE は、子どもの発達段

階や学級の実態等に応じてエクササイズの内容を修正したり変更したりしていくことが可能です。以下の実践例を参考にしながら、場面の状況（子どもの実態・活動時間・場所・人数等）に応じて SGE を進めていくことが求められます。

　以下に2つの実践例を挙げます。また、この時、BS 法のルールを活用することで、受容的な雰囲気の中で活動を展開することができます。

(1) 活動題「みんなは何を考えているの？」

① 主なねらい

　学級・グループのメンバーへの理解を深めたり、自他のよさを認め合ったりする。

② 活動概要等

対象	エクササイズの内容により、小学校低学年から大学生まで
活動時間	10分〜50分程度　※出題数により時間調整
活動時期	どのような時期でも活用可能
活動場所	基本的には教室
人数	3〜40人程度
活動形態	個別に回答することも、グループ別に回答することも可能 ※以下は、6人×6グループ程度の展開例
準備物	A3 版程度のホワイトボード・A4 用紙・ペン類

③ 展開案

　「T」は教師（teacher）、「P」は子ども(person)を表しています。

1　インストラクション
T　グループを作ってください。

※日常の学級で活用しているグループ等を活用する。

今からルールを説明します。これから先生が出すお題について、想像した人物や物などを答えてください。答えは、グループで話し合って、必ず一つに決めてください。そして、その答えをとなりのグループに見えないように、こっそりホワイトボードに書き込んでください。答えの中で、一番多かった答えを出したグループがポイントとなります。答えを考える時間は、先生が「終わり」の合図を出すまでです。その後、「せーの」の合図で、一斉にホワイトボードを上げながら、各グループの答えを言ってください。

例えば、「黄色で思い浮かべるものは？」というお題を出して、グループで考えた答えが「バナナ」だとすると、それを記入します。その後、一斉に答えを言います。「バナナ」と書いたグループが一番多ければ、そのグループのポイントとなります。他のグループが、そして、友達が、どのように考えているのかな？ということを想像しながら答えを考えていきましょう。獲得したポイントは、先生が黒板に記していきます。

2　エクササイズ

T　それでは、お題を出します。

お題例

「将来、お家の中を一番きれいに掃除していそうな人は？」

「机の中の整理整頓が上手そうな人は？」

「笑顔いっぱいだなと思う人は？」

「地球滅亡の危機でも、ドンマイ！といって元気そうな人は？」

「無人島でも、なんとかやっていけそうな人は？」

「料理上手で、いろいろな料理を作りそうな人は？」

「将来、テレビに出演していそうな人は？」

「将来、○○になっていそうな人は？」

「一番、○○が得意そうな人は？」等

※○○には、学級の子どもをイメージしながら、いろいろな言葉を入れて出題する。

【留意点】

　お題は、学級・子どもの実態等に応じて適宜変更します。学級の子どもを思い浮かべながら、可能な限り、プラス面でいろいろな友達の名前が挙がるようなお題を考えるのがコツとなります。

　上記のお題例は、答えが学級の友達になるものとしていますが、「物」が答えになるお題でもできます。お題の内容によっては、幼児も対応することができます。

P　グループで話し合い、考えた答えをホワイトボードに記入する。

【留意点】

　子どもの回答中は、グループ全員で話し合いができているのかを確かめながら声掛けをしていきます。ホワイトボードには書かれていないが、話し合いの中で出された子どもの名前等をチェックしておき、回答後の教師のコメントを伝える場面で、子どもへフィードバックしていきます。

T　では、そろそろ、考えが決まったようですね。みんなで一斉に答えを言いますよ。「せーの！」

P　○○！　□□！　△△！

T　はい、○○と書いたグループが３つ、□□と書いたグループが２つ、△△と書いたグループが１つです。ということで、○○と書いた

グループは1ポイントです。（といって、ポイントを「正」等を用いて板書する。）

　さっきのみなさんの話し合いの中では、他にもAさんの名前や、Bさんの名前も出ていましたよ。では、次のお題です。

※活動時間に合わせてお題を出す

【留意点】

　答えを言った後の教師のコメントは、子どもを肯定し認めるようなコメントであれば、どんなことでも構いません。答えに関すること以外でも、グループで協力している様子等も伝えていきましょう。

T　　（お題終了後）今日は、〇グループが5ポイントで一番でした。

3　シェアリング

T　では、今日の活動を振り返ってみましょう。グループごとに、次の点について振り返ってみましょう。

①　楽しく活動することができましたか？

②　グループで協力して答えを出すことができましたか？

③　自分の考えを素直に表現することができましたか？

④　友達の考えを聞いて、「なるほど！」と感じたことはありましたか？

⑤　次は、どのようなSGEのお題について考えたいと思いましたか？

P　各グループで、上記の内容について振り返りを行う。

　今回の展開は、学級全体で行うことを想定して記載していますが、10名以下であれば、個人で回答して、上記と同様の展開で行うことができます。また、その状況やねらいに応じて、お題を調整したり、シェアリングの視点を変更したりして進めてみましょう。

(2) 活動題「友達ビンゴ」

① 主なねらい

　友達への理解を深めたり、自分の特徴を他者に伝えたりする。

② 活動概要等

対象	ビンゴの内容により、小学生から中学生程度まで
活動時間	25分～40分程度 ※ビンゴのマス数を変更することにより時間調整可能
活動時期	学級編成後の4月が望ましいが、どのような時期でも活用可能
活動場所	基本的には教室
人数	10人～40人程度
活動形態	ペアを変えながら活動を展開する
準備物	友達ビンゴカード（3×3マス、もしくは、4×4マス程度） 鉛筆等（子ども一人一人に持たせておく）

③ 展開案

1　インストラクション

　T　今からルールを説明します。これから先生がビンゴカードを配ります。そのマスには、いろいろな特徴が書いてあります。例えば、「絵を描くことが好きな人」などです。みなさんは、その特徴に合う友達を見つけてください。見つけたら、そのマスの中に友達のサインを書いてもらいましょう。ビンゴができたらOKです。同じマスに2人以上の友達からサインをもらっても大丈夫です。普通のビンゴと違って、同じ列でも2つのビンゴができてもOKです。

　では、友達ビンゴのルールを説明します。

①友達に進んで声をかけます。

②向かい合ったら、握手をして自分の名前を伝えます。

③ビンゴカードに書いてある特徴の中から質問を選びます。

　一人につき、2回まで質問できます。例えば、○○さんは、絵を描くことが好きですか？といった感じで、2つの特徴まで尋ねることができます。

④友達から「はい。」という返事をもらったら、サインをしてもらってお礼を伝えましょう。

⑤最後に、握手をしてお別れしましょう。

2　エクササイズ

T　それでは、ビンゴカードを配ります。時間は、○時○分までです。

＊＊＊ビンゴに記載する内容例＊＊＊

「運動（スポーツ）が好きな人」

「読書が好きな人」

「給食でおかわりをしたことがある人」

「絵を描くことが好きな人」

「○○を食べることが好きな人」

「早起きすることが得意な人」等

【留意点】

　ビンゴの内容は、学級・子どもの実態等に応じて適宜変更します。学級の子どもを思い浮かべながら、子どもたちが有しているいろいろなよさを広めていくことができるような内容にすることがコツになります。

P　約束に沿って活動を進める。

【留意点】
子どもの活動中は、挨拶をしているか、握手をしているか等を観察しながら、声掛けをしていきます。上手に挨拶をしている子どもの名前等をチェックしておき、最後に、子どもへフィードバックしていきます。

3　シェアリング

T　時間になりました。みなさん、たくさんビンゴができたようですね。ビンゴがいくつできたか教えてください。

P　5つ！　4つ！　3つ！

T　友達の特徴やよさをたくさん発見することができたようですね。先生も、たくさんビンゴができました。これからも、友達のよさをたくさん見つけていきましょう。挨拶もよかったですよ。(他にも、活動中の様子で気づいたことを伝える。)では、今日の活動を振り返ってみましょう。感想をどうぞ。

P　活動の感想を発表する。もしくは、

①　楽しく活動することができましたか？

②　友達のよさを発見することができましたか？

③　自分の特徴を素直に表現することができましたか？

といった項目をビンゴカードの裏に印刷しておき、各自で振り返りを行う場面を設定する。

P　各自で、上記の内容について振り返りを行う。

5．おわりに

　子どもたちが、よりよい人間関係（子どもと子ども、教師と子ども）を

形成することができれば、人間関係に関するストレスを軽減させたり、不適応行動を減少させたりすることができると考えます。

　今回取り上げた BS 法や SGE の取組を適宜行っていくことで、子どもたちの毎日の学校生活をより充実したものにしたり、よりよい人間関係形成に繋げたりすることができると思います。最終的に、一人でも多くの子どもが、学校・学級を自分の居場所の一つとして位置付け、「学校へ行くことが楽しい。」「早く友達と遊びたい。」と思うことができるようにしていくことが大切です。

引用文献
1)　藤田主一　齋藤雅英　宇部弘子編 (2018)　　『新発達と教育の心理学』　福村出版　p138。
2) 3) 文部科学省(2017)　『小学校学習指導要領解説特別活動編』　東洋館出版 p6。
4)　杉田亮介　柴英里　岡田倫代(2020)　　「児童・教師・保護者がつながる学級経営の開発的実践　－「他者理解」「自他の尊重」に焦点を当てた介入プログラムの開発的実践」　『高知大学学校教育研究』第 2 号　p218。
5)6)7) 國分康孝(2006)　　『構成的グループ・エンカウンター』　誠信書房 p13 p14 p26。

参考文献
＊藤木大介(2019)　　「共同がアイデア生成に及ぼす影響に関する信念の不正確さ」　『日本教育工学会論文誌』　pp5-8。
＊國分康孝　國分久子(2018)　　『構成的グループエンカウンターの理論と方法　－半世紀にわたる探究の成果と継承－』　図書文化社。
＊皆川直凡(2020)　　「小学校における知性と感性を結ぶ俳句教育プログラムの提案　－互いを認め合い支え合う学級づくりを目指して－」　『鳴門教育大学学校教育研究紀要』第 34 号　pp99-104。
＊下山晴彦(2018)　　『誠信　心理学辞典(新版)』　誠信書房。
＊上野妙子　大河内浩人(2019)　　「看護実習前の学生に対する構成的グループエンカウンターの試み」　『大阪教育大学紀要　総合教育科学』第 67 号　pp69-76。
＊山野さゆり　高平小百合(2013)　　「児童の学校ストレッサーとストレスへの対処行動について」　『玉川大学教育学部紀要』　pp115-131。

第4部
障害その他の特別な配慮を要する
子どもの教育

第 20 章
子どもの不適応問題の理解と対応
－不登校を中心として－

板井　修一

1．はじめに

　不登校の児童生徒数は、令和元年(2019 年)の文部科学省の調査(2019)では、小学校で約 5 万件、中学校においては約 12 万 8 千件であることが示されています。この数年前から、不登校の児童生徒数は徐々に増加傾向に転じ、不登校への対応について改めて目を向け直す必要が生じていると考えられます。

　わが国においては、不登校は昭和 30 年代からみられ始めました。社会経済的発展に伴い急速に増加し、どこの学校においても見られる問題となり、社会問題として注目をされて来ました。そのため、学校だけでなく福祉や医学といった関係領域においても、さまざまな取組がなされ、多くの知識と経験が蓄積されてきました。また、1995 年度から試行的に始まり、2001 年度からは本格的に全国のすべての中学校にスクールカウンセラーを配置する制度化が進んできました。学校の教員と学校外の第三者としての臨床心理士が、不登校問題で協働していくという、新しい段階の不登校支援が展開するようになりました。

　こうしたことから、学校教員の不登校に対する理解は深まり、不登校の児童生徒や保護者に対する否定的でステレオタイプな見方や対応は、改善されてきたのではないかと考えられます。

　しかしながら、不登校が再び増加する傾向にあるなかで、いま一度、不登校をはじめとした子どもの不適応問題について、どのように理解し、どのように対処・対応することが望ましいのかについて、再確認と検討をすることが必要ではないかと考えます。そこで、本稿では、不登校を例として取りあげ、どのように子どもと子どもの抱えている問題を理解し、どの

ように支援することが大切かについて述べていくこととします。

２．不登校をどう捉えるか

　2016 年に出された文部科学省の「不登校児童生徒への支援に関する最終報告」には、不登校の定義及び認識について、項を設けて考えが示されています。これはこれからの、不登校対策の基本的指針となるもので、その重要なポイントとなる箇所を抜粋し、以下に示します。

　　　不登校については、児童生徒本人に起因する特有の事情によって起きるものとして捉えるのではなく、取り巻く環境によっては、どの児童生徒にも起こりうることとして捉える必要がある。

と、「不登校をどの子にも起きる可能性のあるもの」と捉え、

　　　不登校とは、多様な要因、背景により、結果として不登校状態になっているということであり、その行為を「問題行動」と判断してはいけない。不登校の児童生徒が悪いという根強い偏見を払拭し、「行きたくても行けない」現状に苦しむ児童生徒とその親に対して、「なぜ行けなくなったのか」といった原因や「どうしたら行けるか」といった方法のみを論ずるだけでなく、学校・家庭・社会が不登校児童生徒に寄り添い共感的理解と受容の姿勢を持つことが、児童生徒の自己肯定感を高めるためにも重要である。

と、不登校を問題行動と判断するのではなく、共感的理解が大切である

とのべられています。

　もっとわかりやすくいうならば、不登校を問題行動と捉えて、治さなければならないと考えるのではなく、子どもと親を理解し受容することが重要と指摘しているのです。不登校状態にある子どもとその親に対して、決して問題の子どもと親と見なすのではなく、受容共感的に接することをとおして、子どもと親が自己肯定感を高めることが、支援に繋がると考えているのです。

３．親は子どもの不登校についてどう認識しているのか

　ところが、不登校の子どもを持つ親が、不登校状態の子どもに対し受容・共感的に理解しようとする姿勢でいられるのかといえば、なかなか難しいことのように思われます。親との面接でよく耳にするのは「なぜうちの子が不登校になったのでしょうか」という問いで、親が原因探しに心が奪われてしまっていることに気づかされます。子どもの性格が原因ではないかと考えることや、学校や教師の側に何か問題があるのではなかと不信を持つこともあります。原因探しの矛先は、親としての自分自身に向けられることもあります。自分を責め、自信を失っている親も沢山いるのです。

　原因探しをしているうちは、不登校に陥り自分でもどうしようもできない辛さを抱えている子どもの気持ちを理解することも難しくなります。自分を責め、自分の無力さを強く感じていると、子どもの不登校に対して自信を持って対処することもできません。また、将来に対して見通しを持つことができなくなってしまいます。見通しが持てないから、絶望的となり、「どうせどうにもならない」と諦めの気持ちを強め、支援を外に求めることもしなくなってしまいます。

学校から家庭訪問を提案しても、「おいで頂いても、先生にご負担をおかけするだけですから」と、学校からの働きかけに対して拒否的な発言となって返ってくる。力尽きた親のなかには、一人で苦労を背負おうとする姿が見られます。助けを求めることや、支援を当てにすることは、弱みを見せることで、そんな恥ずかしいことはできないと考える親もいます。自分自身では強く無力さを感じていながら、その無力さに気づかれることを恥とし、ましてや、それを口に出して語るなどできないと、相談援助を求めることに回避的となってしまうのです。

　こうした頑なさは、不登校の親が、自身の親や身近なきょうだいに対しても、子どもが不登校であること隠そうとし、取り繕うような言動をすることがあります。誰にも知られてはならない家庭の秘密として、子どもの不登校が隠されることになるのです。不登校であることについて、親はありのままに語ることができません。そうなると、子どもの不登校を理解することも受け容れることもできないのです。親への支援に関わる者は、そうした親もやがては、「きっと子どもは変わるだろう」「いつかは動き出すだろう」といったふうに、子どもを理解し受け容れることができるようになると、親も成長すると受け止めることができることが必要なのです。

４．解決に繋がらない悪者探し

　親は、なぜこうした問題が起きたのかについて、あれこれと振り返り、その原因を探ろうとします。母親は自分自身の子どもとの関わり方について、幼児期からの関わり方について反省することや、父親の態度やあり方について批判の目を向けることも出てきます。あるいは、学校の対応や現代社会の状況に対して、不登校の原因を求める母親もいます。

問題が起きると、そこには何らかの原因が潜んでいて、その原因を明らかにすることが、問題を解決するうえで欠かすことのできないない最初のステップであると考えがちなのです。原因が明らかになりさえすれば、その原因に対処、対応をしていくことで、問題の解決が図られると考えるのです。

　こうした原因追求型の問題解決を目指す姿勢は、親だけではなく教師や保育者にも共通してみられます。一般に、人は何か病気の症状を抱えたり、問題の発生に直面すると、すぐに原因は何かと考えてしまうのです。問題に対して反射的に、因果論的思考を作動する癖が、人にはあるようです。

　しかしながら、このアプローチでは、結果的には成果をあげることができないことが多いのです。悪者を探し出し、その悪者をいくら責任追及をして責めてみても、事態の改善に繋がることはありません。「父親が原因だ、父親が悪い、父親が変わらなければよくならない」といくらいってみても、責められた父親は反発し頑なになり、事態は停滞するか悪化するだけで、決して改善には繋がらないのです。原因を明らかにすることと事態の改善は、別のことであることを認識しておく必要があるのです。

５．不登校にどう対処するか

　不登校という事態に直面した親が、「なぜ」と原因探しに気持ちが奪われてしまうのと同じように、親を支援する側の教師や臨床心理の専門家も、同じように原因探しの落とし穴にはまってしまうこともよく起きることです。

　河合(1992)は、問題や症状に対するアプローチの仕方には、①医学モデル、②教育モデル、③成熟モデル、④自然モデルの４つの異なる型がある

と述べています。そのなかの、①医学モデルと②教育モデルは、問題や症状の原因を明らかにし、原因となっている病因や問題を、投薬や手術などの医学的処置、あるいは指導や指示・命令などの教育的働きかけによって、原因を除去・弱体化することで、治癒や改善を図ろうとするものであると説明しています。しかし、臨床心理学的な支援の方法として成熟モデルを挙げ、その特徴を説明しています。成熟モデルでは、原因の追及というアプローチはとりません。問題の事態に直面している相手の話に耳を傾け、相手の気持ちをひたすら受容・共感していると、相手の自己治癒力が活性化し、事態が改善することが期待されるとするものです。医学モデルや教育モデルでは、援助者が問題を治してやるといったスタンスになるのだが、臨床心理学的対人援助の成熟モデルでは、相手のなかにある自己治癒力を信頼して「治る」のを待つとするものなのです。

　問題を抱え苦しんでいる人を前にすると、とかく、人は救ってやりたい、救ってやらねばならないと考えがちです。援助者が自分の知恵と経験で、なんとかか「治してやる」とあれこれと策を練ることになります。そのために、原因追求型の悪者探しに陥りやすくなるのです。そのこともあり、文部科学省の不登校の定義と認識において、子どもと親に対する受容・共感的な支援の必要性と、そのことによる自尊心の回復を、支援のポイントとして指摘しています。

6．親の再起に向けてのプロセス

　「おなかが痛い」とか「熱がある」などと訴え、登校を渋る様子が続くと、親は不登校を疑うようになる。あるいは、学校に行くように迫ると激しく全力で抵抗するようになります。いよいよ不登校が現実のものとして親の

目には映ってきます。この事態に親は激しく動揺し、どう受け止めてよいのかわからず混乱してしまいます。子どもを激しく叱責したり罵ったりすることも出てきます。学校に行かせるため強引に自動車に押し込めて、学校まで連れて行ったり、病院で診てもらおうといいながら、学校に連れて行くような騙し討ちを行ったり、子どもの気持ちを無視した扱いをする親もいるのです。

ドロータら(1975)は、先天性の奇形を持つ子どもの親を対象に、その障がいを受容できるに至るまでの親の心理過程を整理しています。障がいの現実に直面して親が見せる最初の反応は①ショックであり、続いて②否認、③悲しみと怒りの感情が湧き起こって来ます。やがて最初の激しい情緒的反応が落ち着き、悲しみや怒りの感情も鎮静化してくると、親は置かれている状況に慣れ、子どもを世話することに自信を持つようになり④適応の段階を迎えることになります。子どもの障がいのために親は夫婦関係が揺らいでしまう危機を経験することになりますが、この危機を乗り越えることで夫婦は結びつきを強くして、子どもの世話に立ちむかう⑤再起の段階に進むのだと述べています。

親にとっては、子どもの不登校の事態を、すぐに理解し受け容れることはたいへん難しいことです。「何かの間違いである」とか「一時的な出来事で、すぐに元に戻るはず」「うちの子に限って不登校などということはない」と、否認のメカニズムが働いてしまいます。

その後、いくら待っても登校できるようにななないことから、不登校を認めざるを得なくなると、やり場のない怒りからその矛先を学校や家族といった外部に向ける言葉が聞かれることとなります。しかし、母親が心のなかのショックや動揺を、外部への攻撃という形で発散してみても、結局は何の改善も起きないことに突き当たり、気分的には落ち込み自信をなくし

てしまうのです。この危機的状況のなかで、支え合わなければならない夫婦が、互いに責め合い離反し、子どもの不登校への対処を押しつけあうような事態も起きるのです。

　不登校の子どもの相談援助においては、親が、子どもの障がいを理解し受け容れることから始まり、危機を乗り越えて再起に向かうのです。

7．親は必ず変化する

　小野(1993)は、「親グループ」に参加する不登校の親の変化過程を、以下に示す8段階に分類しています。この8段階を、小野(1993)は仮説的なものとして提示していますが、長年にわたる不登校の親グループの運営から導き出されたもので、いわば、経験知あるいは臨床知ともいうことのできるものです。また、小野(1993)は、「親グループ」に継続参加する親は必ず変化するとの確信を持つようになり、更に「親は必ず変化する」との信念を持つようになったと述べています。

　　Ⅰ．不安・混乱期　→　Ⅱ．責任回避期　→　Ⅲ．模索期　→
　　Ⅳ．解決方向探索期　→　Ⅴ．方法探索機　→　Ⅵ．変化期　→
　　Ⅶ．問題の積極的受容期　→　Ⅷ．親自身の成長期

　前田と鈴木(2020)は、思春期の不登校の子どもをもつ母親に対する半構造化面接をとおして、その心理変容過程を整理しています。その結果、母親支援のプロセスのなかから、①母親の困惑と傷つき、②新しい母子関係の産みの苦しみ、③周囲の無理解、④周囲からのサポート、⑤新しい母子関係の再生、の5段階に分類できることを示しています。

いずれの研究からも、親はやがて問題を積極的に受容することができるようになり、親自身の成長、新しい母子関係の再生が始まることが示されています。不登校の支援の方向性は、単に子どもの不登校が解消することではなく、親が成長し新しい自分に生まれ変わるとともに、子どもとの新しい関係の構築と捉えることができるのです。

8. 再起のために必要なこと

(1) 絶望や無力感から抜け出す力を育てる

　うまくいかないことが続き、絶望して自信を失い、どうすることもできないと無力感に包まれている状態から、もう一度、問題と向き合い絶望から脱し自分を取り戻していくことが必要となります。不登校の親の支援は、親にもう一度自信を回復し、子どもの不登校と向き合うことができるようになることなのです。親が回復し、再生するのは、人が本来持っている自己成長力があるからなのです。外からの支援は、親を見守り寄り添うなかで、親の成長変化をガイドすることに過ぎません。

　ガイドするということは、親の変化の方向性を確かな見通しを持って支えるということです。ガイドがしっかりしていることによって、親は安心して身を委ね、前に進むことができるのです。

　困難を乗り越える力について考えるとき、アントノフスキー(2001)のSOCの概念について触れなければなりません。

　彼は、ナチスの強制収容所での長期にわたる過酷なストレスを経験し、その後、強制収容所から解放された女性を対象に、ストレスが健康に及ぼす研究を行いました。こうした過酷なストレス体験をしていた女性たちのなかで、約三分の一の女性たちは過酷な経験にもかかわらず健康であり続

けていたのです。そこに、人が困難な状況のなかにあっても、健康であり続けることのできる秘密があると考えたのです。

その結果、こうした女性が持つ共通の心理的特性としてＳＯＣ（sense of coherence）という、精神的要素えていたことを明らかにしました。ＳＯＣとは日本語では首尾一貫感覚といわれるもので、①把握可能感、②処理可能感、③有意味感の三つの構成要素からなると説明がされています。

「把握可能感」とは、自分の置かれている状況が、如何に混乱して困難な状況であったとしても、それに巻き込まれてしまい自分を見失ってしまうことがなく、置かれた状況や自分の状態について的確に把握できていることを指します。

「処理可能感」とは、そうした困難な状況の中にあっても、この状況になんとか対処していける、問題を処理していくことが出来そうだといった、自分の中に対処可能な能力があることへの自信を持っていること指します。

「有意味感」とは、自分に降りかかっている、あるいは自分が置かれている、どんな過酷で困難な状況であっても、自分にとって意味のある、価値のある体験であると認識することができることを意味しています。

不登校の子どもの母親面接を続けていると、「初めのうちは、子どもが不登校になったために、苦労ばかりして辛かった」と否定的認識が語られるところから、肯定的にこの体験を語るように変化してくることをよく経験します。「このことがあったからこそ今の自分がある」「このことがあって、自分は成長できた」「子どもが不登校になったことを、今では感謝している」といった発言をしばしば耳にします。どんな体験でも、そのなかに肯定的な意味を見つけられるようになると、不登校に対する捉え方が変わり、「学校に行く、行かない」といった結果だけに目が奪われてしまうことがな

くなり、余裕をもって子どもを見守ることが出来るようになります。このような発言が聞かれるようになると、はじめて、親が子どもに寄り添い、子どもをありのままにみることができるようになるのです。

(2)傷ついた自己への優しい思いやりの必要性

　困難な問題に取り組み、進退窮まった状況の中で、助けを外に求めることは、決して恥ずかしいことでも、自分の弱さのためでもありません。困った状況の中で援助を求めることは、むしろ自分に対する優しさなのです。人が困っているときに、援助の手を差し伸べるのは、他者に対する優しさ、思いやり(compassion)の表れといえるでしょう。困難な状況にあるときに、自分自身に対して「もっと頑張れ、まだまだ努力が足りない」と、厳しい態度で迫るのではなく、自分自身に対して優しい思いやりを持つことは、人が自信を取り戻していくために大切なことなのです。

　子どもが不登校であることで、母親としての自分がダメな存在であると自己規定するのではなく、「親としてやるべきことはやった、役割は果たした」と、自分を許してやることが次のステップに歩み出す原動力になるのです。

　ネフ(2014)は、こうした自己に対する思いやりのことをセルフ・コンパッション(self-compassion)といい、つらい感情と向き合う上でとても有効な手段であるといいます。セルフ・コンパッションは、つらい感情に支配された人生から解放してくれるものだと考えています。

　子どもの不登校のために、母親がつらい感情にとらわれたままでいると、母親はいつまでもつらい自分から抜け出すことができません。自分のなかにある新しい可能性に気づくことができないばかりか、子どもの成長可能性についても信じることができなくなっているのです。不登校になったこ

とで失ったことばかりがこころに溢れ、子どもが不登校になったからこそ経験することができ、得ることのできたものに気づくことができなくなっているのです。

　とらわれたこころのままでいることは、ものごとの一面しか見ることができなくなるのです。こころのなかにセルフ・コンパッションが高まってくると、つらく苦しく悲しいことだけでなく、楽しいことや嬉しいこと、幸せに感じることも含めて、自分や自分の周りのすべてのことについて、ありのままに受け容れることができるようになるのです。マインドフルネス(mindfullness)であることが、セルフ・コンパッションを持つためには必要な要素となるのです。

(3)「見通し」をもつこと
　教育相談を開始するに当たって、相談者の「見立て」を立てることが最初の課題となります。「見立て」が立つと、問題との関わり方が場当たり的な対応にならず、首尾一貫した対応が可能となります。そのためにも、子どもの問題や症状について、どのようなことが関係していて、どのような働きかけをしていくと効果的か、しっかりと「見立て」を立てなければなりません。

　「見立て」を立てることと同時に、相談援助を進めて行くなかで、相談面接の進み具合が、今どのあたりまで進行しているのか、停滞しているのかが把握できていることが大切なことになります。この先、どのような変化が起きるのか、つまり面接の先の「見通し」が持てていることが大切なとこになります。

　そのためには、相談援助がどのように進行、深化していくかについて、一般的な道筋やプロセスを理解していると、余裕を持ち安心して、面接に

臨むことができます。先が見えないままに対応するのは、たいへん不安なことになります。

　問題を抱え格闘している親は、目の前で起きる問題への対応で手一杯になっています。今起きている問題や混乱に振り回されていて、問題から距離を置いて、この状況を眺める余裕を失っているのです。自分を見失い、混乱に巻き込まれてしまっているので、適切な対応ができず、その場しのぎの対応を繰り返すことになるのです。今、何がおきているのかがわかり、この先が予測できると、安心して余裕を持って、落ち着いた対応が可能となるのです。

　今、どうなっているのか、これからどうなっていくのかについて、「見通し」が立つと、慌てること無く余裕を持って、いま起きている問題を眺めることが出来るようになります。起きている問題について、何が起きているのかが分かり、その問題とどう対処すれば良いかが分かり、自分でも何とかなりそうであるといった自信を回復するようになるのです。何とかなりそうだ、何とかやれそうだといった気持ちになり、問題に対処していく勇気を持つことができるようにもなるのです。

　無力感に襲われ、「何とかしてくれ」と依存的になってしまっていた以前の状態から、「何とかやってみよう、何とかやれそう」と自信を回復し、親自身も成長するようになるのです。また、問題状況の全体像が見えてくるから、そこに意味や意義を感じることができるようになってきます。今はとても大変な状態に陥っているけれど、「これはこれで意味がある」とか、「私が試されているのだと思う」という発言が聞かれることが出てきます。「子どもが成長するための、必要な出来事だったと思う」といった、現状に対する新しい価値や意味を見出したり気づいたりしたことに関連した発言も聞かれるようにもなるのです。

9．おわりに

　子どもの不登校をきっかけに、親は自身の成長を経験することになります。最初の頃は、子どもの不登校に対して、こんなことさえなければ、こどもも自分も違った人生があったのにと悔やむことが多かった。ところが、不登校をきっかけに支援を受けることをとおして、子どもの不登校を感謝するような発言が聞かれるようになるのです。「子どもの不登校を、いまでは感謝しているのです」といった発言が出てくることもあるのです。

　不登校の子どもが増加するなか、不登校をなくすよりも、不登校に出会ったことを契機に、親も子も再生することや、新しい関係を築けるようになることを支援していくことが大切であると考えられます。

引用文献

＊　Antonovsky, A. ／ 山崎喜比古・吉井清子(監訳) (2001)．『健康の謎を解く　－ストレス対処と健康保持のメカニズム－』 有信堂 東京
＊　Drotar, D., Baskiewicz, A., Irvin, N., Kennel, J., & Klaus, M. (1975)． The adaptation of parents to the birth of an infant with a congenital malformation : A hypothetical model. Pediatrics 56, 710-717.
＊　河合隼雄 (1992)．『心理療法序説』 岩波書店 東京
＊　前田利恵・鈴木美樹江 (2020)．思春期不登校のこどもをもつ母親の心理変容過程についての一考察 心理臨床学研究 37(6)，537-548.
＊　文部科学省 (2016)．「不登校児童生徒への支援に関する最終報告」 https://www.mext.go.jp/b_menu/shingi/chousa/shotou/108/houkoku/1374848.htm (2021.5.27.閲覧)
＊　文部科学省 (2019)．「令和元年度児童生徒の問題行動・不登校等生徒指導上の諸課題に関する調査結果について」 https://www.mext.go.jp/b_menu/houdou/mext_00351.htm (2021.5.27.閲覧)
＊　Neff, K. ／ 石村郁夫・樫村正美(訳) (2014)．『セルフ・コンパッション　あるがままの自分を受け容れる』 金剛出版 東京
＊　小野修 (1993)．不登校児の親の心理的変化過程仮説 －パーソンセンタード・アプローチ 心理臨床学研究．10(3)，17-27.

第 21 章
通常学級における支援の必要な児童の読みの指導
－絵本を活用して－

稲田　八穂

1. はじめに

　文字が読めない、文章が理解できないことについて特別支援学校・特別支援学級での指導法は向上してきましたが、通常学級には多くの困難性が存在します。個別のニーズを把握し、それに対応した指導が困難であることは、自身も小学校教師時代実感してきました。教師自身にその専門性がないことが大きいのですが、それを補完する状況はあまり整備されていません。文部科学省は「今後の特別支援教育の在り方」（2003)[1] で、特別な教育的支援を必要とする児童生徒が約 6%の割合で通常学級に在籍する可能性を示唆し、対象を「LD、ADHD、高機能自閉症も含めて」と拡大しました。その上で、一人一人の教育的ニーズを把握し、適切な教育を通じて必要な支援を行うという方向性も示唆しているのです。しかし、支援の必要な児童が 6%以上学級に在籍することが現状です。私自身もかつて診断を受けた児童を 5 名担任した経験があります。多岐にわたる業務と、現在の状況でどのような指導が可能でしょうか。通常学級における支援の必要な子どもへの手立ては、学級担任任せでなく、学校として地域として取り組んでいく必要があることは言うまでもありません。

　その示唆として、米国の「RTI(=Response To Intervention)に基づく三階層モデル」が参考になると考えています。（図1) 子どもの反応に応じて徐々に指導・支援を行い、今後の支援を客観的に判断していく診断モデルです。指導の効果を見ながら、支援を更新・追加していくことができる良さがあります。診断名がついてからの指導ではなく、特別なニーズを持つ子どもに早期から適切な支援が開始できます。

図1　RTI に基づく三階層モデル

株式会社　LITALICO ジュニア HP「学習障害と RTI モデル」[2]

第1段階	通常の学級内での効果的な指導
第2段階	通常の学級内での個に配慮した支援
第3段階	障害特性に応じた専門的な指導
	柔軟な形態の個別的な指導

2．読み理解の困難性

(1) 読みのプロセス

　参与観察をしている小学校で「国語科の学習の困り感」についてアンケートを取ると、一番は「読み理解の困難性」でした。

　奥村ら（2014:006）[3] は、読みのプロセスについて「私たちが文や文章を読もうとすると、頭の中では読みに関するさまざまな認知活動が行われる。最初に文字及び単語レベルの処理を行い、文レベルの文法などに関す

る処理を経て、文章の意味を処理することで読みのゴールである読解が可能」と述べ、「読みの情報処理過程」（2018：145）[4] として示しています。

（図2）。確かに読み理解の困難性は多種多様な現象があり、その一つ一つに原因が存在します。困り感が表面化しにくく、子どもからニーズとして出されることは少ないので教師が気づかないこともあります。さらには、読み理解のつまずきが背景となって学習面、行動面の課題として表れる二次障害の原因ともなり、そちらの指導に追われてしまうことにもなりかねません。読み理解の指導は他教科における学習の基礎でもあるのです。

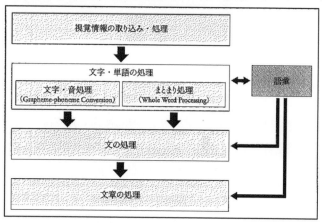

図 B-4-2　読みの情報処理過程（奥村他（2014）を簡略化・改変）

図2　読みの情報処理過程（奥村2018）

奥村智人（2018）「学力のアセスメント」

(2) 読み理解の困難性

　読み障害（reading disability）について、高山（1998：118-119）[5] の情報処理的な3分野を参考にして考えてみます。

①　視知覚の障害（文字の形や配列を視覚的に正しく知覚することができない）

364

視知覚の顕著な障害は特別支援学校における視覚障害の領域です。しかし、通常学級にも読むことに困難を生じる子どもが在籍しています。指導にはアセスメントが必要であり、専門性のない通常学級の担任が見分けることは困難でしょう。発達性ディスレクシアの特集番組で、「文字が消えたり、浮かんで見えたりする。自分だけが特別なのではなく、みんなそうなんだと思っていた」[6]と高校生の男児が語っていました。知能に遅れはなく、本人の自覚も難しいため、読めないことが発見されなかったのです。そのことがいじめにもつながったと続きました。どんなに辛い経験を重ねたことでしょう。現在はタブレット活用により学習にスムーズに参加でき、夢に向かって高校生活が充実していると述べていました。やはり、担任の細やかな気付きがなくてはならないのです。

　気付かれることが望ましい低学年の場合、一斉音読により表面化しにくいことも原因となります。音声化できていれば読めていると思いがちだからです。かつて、音読を重ねるうちに暗記してしまい、文章を見ていないことに驚かされたことがありました。音読の声と目の動きを合わせて見なければわからないのです。

② 文字と音との対応付けの障害

　　（視覚情報である文字を対応する音節に変換できない）

　学習に困難性を抱える子どもたちは、読み書きがスムーズにできないことが多いようです。特に、低学年の子どもたちにはことばの学びが大きく影響します。就学前は話しことば中心であったのに、学校文化は書きことば中心となるからです。ひらがなの完全な定着前に漢字やカタカナの習得が余儀なくされ、ことばの学びへの抵抗はここからも始まるといえるでしょう。

　竹下（2011:76）[7]は、かな文字、漢字の知覚、かな文字の声の表出、漢

字の視覚処理と意味処理による音韻化の仕組みの違いを分かりやすく説明しています。漢字情報は音韻化される前に理解されるという二重の神経回路であることも説明されています。理解構造の違いを認識すると共に、五感からの刺激で文字理解の機能を育てていくことも大切だとも述べています。

③　文章理解の障害

（単語や文章から意味を正しく把握することができない）

　文字が読めるようになっても、学習に困難を抱える子どもたちは文章理解に抵抗感を示すことがあります。高山（1998：199）[5]は、認知過程のみならず、個々の経験則、思考能力、コミュニケーション能力などにより、ことばや意味理解に差異が生じると述べています。文章理解に障害のある子どもにとって何が原因となっているのかを読みの過程において明らかにし、それに応じた指導に当たらなければなりません。子ども自身がニーズを要求できなくても、教師が気付くことが大切となるのです。

3．読み理解の指導

(1) 視知覚に対する指導

　文字を読み取るには、まず、眼球運動で正確に視線を合わせ、文字の形態を認識しなければなりません。ここに問題があるとすれば、視線を合わせること、文字の形態を弁別する訓練が必要となります。その後、その文字の音を想起して発声しますが、視覚情報で弁別した形を聴覚情報である音に変えるデコーディングがなされなければ、文字は読み取れません。表音文字であるかなと表象文字である漢字とではその読み取りには違いがあります。視機能や視覚認知に対しては、奥村（2017：52）[8]が 提唱する

「ビジョントレーニング」「タブレット端末」「視覚発達支援トレーニングキット」などを活用した指導が考えられます。ただ、アセスメントに基づいた専門的な指導が必要なので、専門機関や通級指導による指導を受けながら取り組むことが望ましいでしょう。

　文字と音との対応づけについて、竹下（2011）[7]は音読を取り入れることを提唱しています。音読が脳全体を活性化させ、単語の意味処理、文章の理解、文法理解、言葉の感情表出を確実にしていくからだと述べています。

　自身の実践例を取り上げます。

　まず、「文字カード」遊びで五感を刺激し、文字理解を育みます。次に自分たちの作った「言葉カード」に発展させ、最後に「辞書づくり」へとつなぎ、語彙を増やしていきます。写真1は「言葉カード遊び」を楽しんでいる様子です。絵本を活用して集めた言葉を仲間分けし、上位語、下位語の認識につないでいくことも可能です。

写真1　言葉カード

写真2　音読補助シート

　次に、脳全体を活性化させ、理解や感情表出を確かなものにする音読指導についてです。視覚認知に働きかける逐次読みとして、指差しによる文字と音の対応を確実にしました。その後単語を指で挟み、最後は一文を両手で挟むという段階へと進みます。文章を追えない場合は月森（2005）[9]の提案する音読補助シートを取り入れました。行を飛ばすため、2行を把握できるようにするとスムーズに読めるようになった経緯があります。（写真2）

文字の比重が大きい日本語は、文字と言葉、単語の概念をきちんと学習していくことが重要です。また、助詞の理解にも音読を取りいれることが効果的です。目と指を使う学びのメタ認知として子ども自身に自覚され、成就感が学びのベースとなっていくことでしょう。RTI の第 1 段階から第 2 段階の指導と考えられます。絵本を使って読み聞かせをすることも取り入れられます。

　RTI の第 3 段階として通級教室との連携指導を挙げます。入学当初の A 児の実態は以下のようでした。（通級指導教室アセスメントによる）

・発音、不正構音
・語音弁別力の弱さ
・ＷＩＳＣ－Ⅳ　　注意・記憶に落ち込み
・Ｋ-ＡＢＣ　　同時処理に優れる、聴覚より視覚が優位
◎　指導目標
・発声、発語器官の向上
・語音弁別力を高め、読み書き能力の
　向上
・聴覚的記銘力の向上
◎　学級における指導
・ていねいな音読指導（写真 3）
・学び合いの場づくり（写真 4）
・個に応じた支援
・家庭との連携

写真 3　指で挟む音読

通級教室で受ける構音指導を基に、学級では音読指導に力を入れました。指で挟んで音読することにより、視知覚の指導が可能になります。家庭でも毎日練習するようにしました。保護者にもお願いし、音読カードを通し

て学校と連携を取りました。(写真4 音読カード) 保護者は家庭で毎日音読を聞いてくださり、学校でも全員、一文

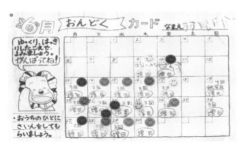

写真4　音読カード

写真5　学び合い

でも聞くようにしました。全体指導を視野に入れた R1 の段階の指導だと言えるでしょう。A児は次第に発声、発語器官が向上、発音がはっきりし、側音の不正構音も徐々に気にならないほどになりました。

　同時に友達との交流も大切にしました。うまくコミュニケーションできないことがネックにならないよう、学び合いの場を多く作りました。構音を気にせず、気楽に友達に話せるようにもなっていった経緯があります。

(2) 文章理解の指導
① 価値観、感情的側面に働きかける読み

　文章理解に抵抗感を示す子どもたちにどのような 手立てが望ましいのでしょうか。特に、その困難さは場面の様子や登場人物の心情を想像する文学的文章の読みにおいて顕著になります。新井 (2015) [10] は「授業の内容が「わからない」でいる子どもに対して、感覚的・身体的な「反応」も含めて参加と捉え、他者の感じ方と接続することにより、「わかる」 という実感を広げていく」ことが大切であると述べています。子どもの「しぐ

さ」や「つぶやき」と いった反応を拾い上げ、他の子どもの学習と「つなぐ」教師の「指導性」を発揮する授業づくりについても言及しています。一人一人の読みは大事にされるが、形式的理解をした上での読みであることが多く、それが「読み誤りは正して」という発想につながってしまうことになるからです。

　価値観、感情的側面に働きかける読みの実践例をあげます。『白いぼうし』（あまんきみこ／光村図書小学校国語4年）の学習におけるLD傾向のB児の発言からの学びでした。ほとんどの子どもが「作品の面白さ・不思議さや主人公の松井さんの優しさ」について感想を書いているのに、B児は女の子が消えて野原に白いちょうが飛ぶ最後の場面で、「かわいそう」とつぶやいたのです。C児が否定するような発言をし、教師が予想しなかった学習へと発展していきます。

資料1　感情的側面に働きかける読み

T　どうしてかわいそうだと思ったの。

B　（しばらくだまったまま、小さな声で）消えてちょうちょになったでしょ。

C　（強い口調で）もともとちょうだったから、もとにもどったんだ。
　　（しばらく誰も何も言わない。）

T　ちょうちょだったと、はっきり書いてたかな。もう少しBさんの気持ちを聞いてみようか。

　B　『ちいちゃんのかげおくり』に似てたから。

　展開の予測もつかないまま子どもたちの思いを聞き、B児の思いの根拠である『ちいちゃんのかげおくり』（あまんきみこ／光村図書小学校国語3年）と重ね読みをしました。人物や場面の様子を読み比べる中で、C児が

「シャボン玉のはじけるような小さな小さな声というのは、なんとなくさびしい感じがする。」と発言したのです。子どもたちは意外な表情を見せました。C児のこのような発言はこれまでにはなかったからです。

　新井（2015）[10]のいう「こどものつぶやき」を拾い上げ、他の子どもの学習と「つなぐ」ことが偶然にできたと思われます。しかし、初読の感想に「死」のイメージを書いていたB児の思いを教師が気付いていたら、違う展開もできたのではという反省は残ります。個の思いに正答などありません。これをきっかけに学び合いに変容が見られ、B児も自信を得て少しずつ自分の思いを発言するようになりました。教師が正しいと思う理解をさせるためではなく、その子の持った感情に働きかけていく読みを大切にし、思考を形成していくことの大切さに気付かされた実践でした。

②　個に応じた読みのストラテジーを活用する

　コンスタンス・マクグラス（2017）[11]は、「読みの環境調整・課題改善」で、個に応じた読みのストラテジーの活用について論じています。これを活用することにより、教師の支援なしに自力で読むことができるレベル（RTI第1段階）、教師の支援を受けながら読むレベル（RTI第2段階）の指導が可能になると考えます。子どもの状況に応じた支援を取り入れることが大切だからです。以下がその活用例です。

●予備知識やこれまでに得た知識を活用する。

●新出単語・語彙を予習する。

●以前学習した内容と新しい内容を関連付ける。

●内容をまとめるためのストラテジー（誰、何、いつ、どこ、どのように）
　を教える。

●ストーリーマップ（主題、登場人物、場面設定、内容や、問題、結末

など系統立ててまとめた図表）を用いた作文の書き方を教える。

●声を出して読む、読み方の手本を見せる。そして内容の関連付けや視
　覚化、予測、質問、推論などをさせることで、内容の理解につなげ
　る。

　学級担任が取り組みやすい明快な手立てです。コンスタンスはこれらを
具体的に指導すること、　教師の支援を受けながら読むことができるレベ
ルと支援なしに自力で読むことができるレベルの文章で練習することの
必要性を述べています。RTI モデルと共通するこの点が大切です。読みの
ストラテジーをひとりひとりの子どもがもてるようにすることが求めら
れているのです。

　外国にルーツのある D 児は読み書きに困難性を示したので、日本語教室
においては村中（2000）[12] の提唱する「絵本の読みあい」を取り入れ、音
読、文字の習得、ことばの辞書づくりに取り組みました。理解に困ると、
「絵に描いていいですか」と申し出ることがあり、これが自分の持ってい
る読みのツールなのです。『プラタナスの木』（椎名誠／光村図書小学校国
語 4 年）の取り出し指導においても同様のことが見られました。音読を通
して難しい語彙に慣れ、ストーリーマップを活用することにすると、D 児
は登場人物の関係図、時間の経過と人物を絵で表現したのです。文中の「幹
も枝葉も養分」や「木を逆立ちさせてみる」ことの意味をとらえることも
できませんでした。地上に出ている幹や枝葉が地下にある根とどのような
関係にあるかを考えさせるのは困難なことです。ところが、これも絵に描
き、体で表現して理解しました。学習に困難を抱える子どもにとって、ど
のような学び方をすれば理解しやすいのかというカードを持たせること
は、自分の力で学ぶ力をつけていくことにつながります。

４．絵本の活用

　文章理解の手立てとして絵本の活用が有効です。絵本は五感に働きかけ、刺激をもたらすからです。石川（2009）[13] は「絵と文からなり、視覚的な表象を想起しやすいという特徴をもつ絵本では、意味理解にかなり情動が関与すると考えられる。」と述べます。絵で表現された部分の認知構造から絵本が文章理解に有効であることを示唆しているのです。また、山本 (2012) [14] は、読解力に果たす絵本の役割として「個々の絵本の楽しい読みをきっかけにして「理解のための方法」を知る」と述べ、絵本の楽しさが読解に向かう意欲をもたらし、読解力につながっていくと続けます。さらに、村中（2000）[12] は活動としての「読みあい」について、「五感、とりわけ耳を通した感覚、自分の声を、自分の発したことばを聞く」「二人で読みあう温かい雰囲気の中でコミュニケーションが生まれる」とその効果を述べています。以下に絵本を活用した読みの事例を挙げます。

① 言葉の指導から読みへ

　Ｅ児は就学前教育を全く受けずに入学してきました。文字は自分の名前しか分からず、授業が全く理解できない日々が続きました。一人ぼっちのＥ児に級友が話しかけますが、関わることもなくコミュニケーションが全く取れませんでした。文字のない絵本を手渡しましたが、読もうとはしません。Ｅ児の興味がわたしには全く分からなかったのです。

　そんなある日、生活科で公園に出かけたところ、虫を見つけては喜ぶ姿に驚きました。Ｅ児の興味は教室にはなかったのです。そこで、虫の絵本を渡すと食い入るように見つめ、「かまきり」とつぶやきました。「かまきり、好きなの」と尋ねると首を縦に振りました。嬉しそうなＥ児の表情を

始めて見ることができました。毎日その絵本を眺めるようになり、書いてあることに興味を持ったのでしょう。隣の子どもになんて書いてあるのか尋ねたのです。それからコミュニケーションが始まり、教えてもらった文字を声に出して読むようになりました。わからないところは前後のページを開くと良いことも説明してもらい、自分から理解しようとページをめくる姿が成長を表すようでした。

　障害があったわけではないので、少しずつみんなと一緒に学び始め、2学期終わりには学力差はなくなりました。山元（2012）[14]の言う「個々の絵本の楽しい読みをきっかけにして「理解のための方法」を知る」学びができたとのでしょう。RTI 第 1 段階から第 2 段階の状態「個に応じた指導」の指導であったと考えます。

② 　外国にルーツのあるD児の指導

　　D児（前述）は参与観察に入っていた学校の児童です。

　◎　D児の実態

　　・アジア系の国籍をもつ。

　　・日本で働く母親が帰化したため、D児も来日する。（不本意）

　　・日常会話はできるが、理解できない言葉が多い。

　　・ことばの真意が伝わらず、争いになる。

　　・言われたことには素直に取り組む。

　◎　指導目標

　　・日本語の読み書きの習得ができる。

　　・自分の思いを言うことができる。

　◎　指導形態

　　・通常学級での指導（RTI 第 1 段階）

　　・通常学級での個別支援（RTI 第 2 段階）

・日本語教室指導88時間（RTI 第3段階）

◎関わり

　・通常学級における個別支援

　・日本語教室での取り出し指導

指導1『バムとケロのにちようび』の読みあい

　　　　　　　　　　　　（取り出し指導　RTI 第3段階）

　◎　ねらい

　・絵本に親しむ機会を増やし、進んで読書する。

　・生活用語を含む語彙を獲得する。

　◎　指導方法

　・一緒に声に出して読み、ことばと文章内容の理解を図っていく。

　・思ったことを尋ね、言葉で答えるようにする。

　屋根裏部屋、煮る、鍋などの生活言語を確認し、具体的な場面を言葉で
イメージさせた。絵に表すという特性があるように視覚認知の優位さが見
え、ケロの行動をすばやく追う。誉めると次々に思いを表出するようにな
りました。

指導2『ごんぎつね』（光村図書4年）の指導

　　　　　　（教室の中での個別指導　RTI 第2段階）

　◎　ねらい

　・あらすじをまとめる。

　・新美南吉作品の紹介ポップをつくる。

　・取り出し指導をグループの学び合いにつなぐ。

　◎　指導方法

　・紹介絵本を一緒に探し、読みあう。

・読みのストラテジーで、あらすじをまとめる。

◎　指導記録

・最初は違う絵本（難しくてすぐに投げ出す）

・母親の出てくる絵本（感情的側面に働きかけ）

・母親の優しい愛情に思いを寄せながら読む。

　D児は一人であらすじを時系列に書き上げました。サイドストーリーの青虫をずっと追いかけ、最後の展開につなぐことができたのです。グループで自分の本の紹介をし、最初は怖いと思っていたが　赤ちゃんをかわいがる優しい馬だったと感想の変化を発表しました。グループ内で共有できた喜びを感想に書き、自分も日本で頑張ると話しました。

　この実践は村中（2000）[12] の言う「五感、とりわけ耳を通した感覚、自分の声を、自分の発したことばを聞く」読みあいを大切にしました。一緒に声を出す活動はD児に安心感を与え、言葉の獲得、感情表出の促しをしたと考えられます。

５．考察

　読みの困難性を抱える子どもたちには、特性を理解した上での個に応じた指導が何よりも必要です。詳細は、稲田（2018）[15]「肢体不自由児の絵本を活用したことばの指導」を参照してください。特別支援学級の肢体不自由児ですが、絵本により自分の学びを作り出す場に出合うことが出来ました。

　次に、多様な読みを共感する学び合いの場づくりが大切だと考えます。ヘレン・ブロムリー（2002）[16] の「バイリンガル読者の出現」の「挿絵から感情を読み取ることが得意なモマールの例」は参考になります。読むこととは何かという根源的な捉え方を教えられます。

また、稲田 [17] (2015)「「情動」に働きかける読み聞かせの実践－「排泄」をテーマにした読み聞かせのケーススタディ」では、絵本を介した指導の実践例を挙げています。絵本により自分自身を拓き、友達との交流ができるようになった経緯を詳しく述べています。絵本の力を改めて実感しました。

　一人一人の差異を尊重し、多様な読みを認め合う学び合いの場づくりが必要であると考えます。そのためにも絵本を大いに活用した実践が大切だと考えます。

引用文献

1) 文部科学省「今後の特別支援教育のありかたについて」「知的発達に遅れはないものの、学習面や行動面で著しい困難を持っていると担任教師が回答した児童生徒の割合は、表1に示すように6.3%である」
https://www.mext.go.jp/b_menu/shingi/chousa/shotou/054/ (2021.5.1閲覧)
2) 株式会社LITALICO　HP「学習障害とRTIモデル」
https://junior.litalico.jp/about/hattatsu/news/detail/nursing-etc001
(2021.5.1閲覧、掲載許可)
3) 奥村智人・川崎聡大・西岡有香・若宮英司・三浦朋子 (2014)「包括的領域別読み能力検査ガイドブック」　株式会社ウィードプランニング。
4) 奥村智人 (2018)「学力のアセスメント」　竹田契一監修『特別支援教育の理論と実践［第3版］Ⅰ―概論・アセスメント』　金剛出版。
5) 高山佳子 (1998)『LD児の認知発達と教育』　川島書店。
6) NEWS232018.3『『文字が飛び散っている』"読み書き障害"ディスレクシア」　RKB放送。
7) 竹下研三 (2011)『ことばでつまずく子どもたち 話す・読む・書くの脳科学』中央法規。
8) 奥村智人 (2017)「学習障害児へのオーダーメイド支援」『2017 九州ロービジョンフォーラム in 北九州 公開シンポジウム「読み書きの困難を考える」』発表資料　pp48-56
9) 月森久江(2005)『教室でできる特別支援教育のアイデア 172 小学校編』図書文化。
10) 新井英靖 (2015)「アクション・リサーチによるインクルーシブ授業の創造」日本教育方法学会・第51回大会ラウンドテーブル報告資料。

11) コンスタンス・マクグラス・川合紀宗訳 (2010)『インクルーシブ教育の実践』学苑社。
12) 村中李衣 (2000)「読書療法の可能性」『日本文学研究』35
13) 石川由美子 (2009)「子どもの認知発達を促す最近接発達領域を生み出す「場」としての絵本についての一考察」『聖学院大学論叢』22 (1)　pp165-179
14) 山元隆春 (2012)「「読解力」育成に果たす絵本の役割―米国における実践的提案を手がかりにして―」第 123 回全国大学国語教育学会自由研究発表資料。
15) 稲田八穂 (2018)「小学校の授業づくりの困難さとその解決の方向性」『インクルーシブ授業の国際比較研究』　福村出版　pp114-128。
16) 稲田八穂 (2015)「「情動」に働きかける読み聞かせの実践―「排泄」をテーマにした読み聞かせのケーススタディ」『読書科学』日本読書学会第 57 巻。

第22章
特別な支援に応じた授業づくり
－特別支援学校の学習指導案の作成から考える－

今里　順一

1．はじめに

　現在、教育現場で勤務されている先生方は、これまでにどれくらいの数の学習指導案を書いてきたでしょうか。毎年書いている先生もいれば、若手研修の時以来書いていないという先生もいらっしゃいます。最近は若手研修が充実し、1年目から数年間、毎年指導案を書いて研究授業に取り組み、授業研究で色々な意見を先輩の先生方からいただくことができます。現場で力をつけていくイメージです。しかし、いざ指導案を書くとなると、多くの先生が「できれば避けて通りたい」と思っているのではないでしょうか。これは、単に「業務が多く大変」と言うだけではなく、教育の流れに色々なものが加わり充実したことで、指導案にもいろいろな変化が求められていることも関係あるでしょう。「学習指導要領の改訂」「個別の指導計画」「自立活動」など、特別支援教育の分野には考えるべきことが多く存在することも理由の一つかもしれません。

　ここで、視点を少し変えます。「最初に書いた指導案はどこで何を書きましたか？」と尋ねると、多くの先生が大学生の時の教育実習と答えることでしょう（大学の授業の場合もあります）。勤務経験が長いベテランの先生方も初任の先生方もここは同じではないでしょうか。教育実習では、教育実習生が分かりやすいように、指導案の基本を指導します。指導案の基本とは、昔から変わらないもの、いわゆる「不易」だと考えます。

　ところが、教育実習を控えている学生にとって、「授業・指導案」は不安要素の一つだという調査結果があります。河口ら(2018)[1] の調査では、特別支援学校での教育実習を終えた学生の 80.9%が非常に不安だったと回答しています。少し不安も合わせると 90%以上の学生が不安感を持ってい

たと回答しています。

　そこで、本章では、特別支援学校の教員として踏み出す、最初の一歩である教育実習（または、初任者研修）での不安感を少しでも和らげるため、学習指導案の作成に必要な「不易（基本として変わらないこと）」について述べていきます。学習指導案作成の基本を知ることで授業に対するハードルが下がり、結果として個に応じた授業が考えられるようになるのではないでしょうか。第2項では、学習指導案の意義と役割について考えていきます。第3項では、具体的に学習指導案を作成する際のポイントについて考えていきます。

2．学習指導案の意義と役割

　学習指導案は、「授業の設計図」「授業のシナリオ」などと言われることがあり、授業の全体構造を示したものということができます。指導案を読んで、授業の全体構造が読み取れないようなものであれば、それは指導案の役割を果たしていないと言っても過言ではないでしょう。

　指導案を書くということは、子どもの実態を浮き彫りにして、単元観などの授業の背景にあるものを明確にさせるということでもあります。さらに、単元の目標に到達するための指導計画を明らかにし、授業の目標や指導内容、学習活動や教師の働きかけなどを明確にするということでもあります。これは、子どものために「良い授業」を志向するということです。

（1）なぜ、指導案が書けないのか

　指導案を書く時に、「子どものために良い授業をしたい」という思いを持っている人は多いと思います。それは、第一義的に正しいことです。しか

し、教師自身のために行なわれるという面も意識してほしいと思います。

　教師の力量を向上させるために、指導案を自分自身の力で作成すること
は、とても有効なことです。書籍等に掲載されているものや他の教員が書
いた指導案を参考にしたとしても、単元観や題材観を自分自身で噛み砕い
て自分の言葉で理解することが大切です。授業の目標の必然性を理解し、
そこからくる学習活動の意図と活動のあり方を子どもの実態との関連で
理解して、自分なりに苦労して書き上げた指導案は、自分が理想とする「良
い授業」への階段を一段上ることにつながります。

　このような苦労をせずに書いた指導案、特に公開されている「良い（と
思われる）指導案」を丸写しにしても、決して「良い授業」にはなりませ
ん。その指導案は、原本を作成した方と同じ考えをもって初めて実践可能
なものであり、勤務している学校の施設や規模、担当している子どもの実
態も同じものはありません。自分の授業は自分で創らなければ、自分の授
業にはならないのです。

　指導案が書けないのは、ほとんどの場合、文章が苦手であるとか、書き
方が分からないといった理由からではありません。書き方そのものは、「良
い指導案」をいくつか読んで、自分なりに分析してみることが大切です（見
つからない場合は、職場の先輩や大学の先生に選んでもらいましょう）。い
ろいろな指導案を繰り返し読むことで、書き方は何となく分かってきます
（詳しい説明は後の項で説明します）。

　指導案が書けない最も大きな原因は、「教材研究の不足」です。教材をど
のように作るかということではありません。授業者の教育観や指導観が明
らかになっていないということです。

　「良い指導案」が完成するまでには、時間をかけた深い教材研究がなさ
れているということを忘れてはいけません。授業の目標さえ不明確で漠然

としているような状況では、指導案が書けないのは当然だと言えます。指導案を書く苦労を重ねていくことで、指導観もより確かなものとなっていき、指導力も向上するのです。

　指導案が書けない理由のもう一つは、「子どもの実態把握の曖昧さ」です。実態の捉えが、授業の目標と関連づいているかということです。授業の目標は、実態との関連で決定されるものでもあります。具体的に言うと、実態把握において、レディネスと課題が捉えられていなければ、授業の目標はあらぬ方向へ向いてしまい、学習活動や活動のさせ方などは、的外れのものとなってしまいます。授業の目標に迫るような学習活動は、まったく具体化しないということになってしまいます。したがって、日頃から、子どもの発達の状況や、個別の指導計画を把握し、「今必要な課題」を見極める目を鍛えるよう、主体的な研修が不可欠です。漫然と見ていても、決して子どもたちの実態はつかめないということです。

(2)　参観者のための指導案作成

　多くの場合、指導案は参観者を想定して書かれる場合が多いのではないでしょうか。したがって、授業者がこの授業をどのような考えによって行おうとしているのか、すなわち全体構造が分かるものであることが必要です。そのためには、簡潔であることが大切です。さらに大切なことは、その内容が分かりやすいということです。簡単に言っていますが、分かりやすく書くということは、簡単なことではありません。できるだけ分かりやすく書くという努力をすることで、すっきりとした指導案になり、「どのような考えで、何をねらい、どのように活動させようとしているのか」なども、より明確になっていきます。これは、子どものためにも教師自身のためにも大切なことです。

いずれにしても、経験が浅いうちは、参観者を想定して指導案を書く場合も、自分のために書くという気持ちが大切だと思います。自分自身の力量の向上が、子どものための「良い授業」につながっていくからです。

3．学習指導案の書き方の要点（基本的な留意事項として）

学習指導案の形式は、学校ごとに異なっている場合がみられます。本稿では、いろいろなパターンを掲載することは難しいため、基本的な形で具体例を示しながら説明をしていきます。

(1) 単元（または題材）観から書くパターン

図1-1、1-2に典型的なパターンを示しています。教育課程で計画されたものを自分の中で噛み砕き、児童生徒の姿とすり合わせる作業が必要となります。多くの先生方が一度は苦しんだ経験があるのではないでしょうか。それでは、指導案の順にしたがって説明していきます。

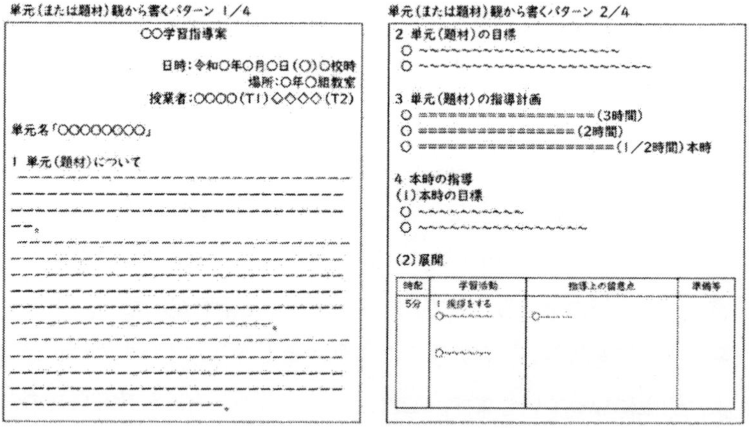
単元（または題材）観から書くパターン 1/4

○○学習指導案

日時：令和○年○月○日（○）○校時
場所：○年○組教室
授業者：○○○○（T1）◇◇◇◇（T2）

単元名「○○○○○○○○」

1 単元（題材）について

単元（または題材）観から書くパターン 2/4

2 単元（題材）の目標
○ ～～～～～～～～～～～～～～～～～～～～
○ ～～～～～～～～～～～～～～～～～～～～～～～

3 単元（題材）の指導計画
○ ＝＝＝＝＝＝＝＝＝＝＝＝＝＝＝＝＝（3時間）
○ ＝＝＝＝＝＝＝＝＝＝＝＝＝＝＝＝＝（2時間）
○ ＝＝＝＝＝＝＝＝＝＝＝＝＝＝＝＝＝＝＝＝（1／2時間）本時

4 本時の指導
(1) 本時の目標
○ ～～～～～～～～～～～
○ ～～～～～～～～～～～～～～～～～

(2) 展開

時配	学習活動	指導上の留意点	準備等
5分	1 挨拶をする ○～～～～～ ○～～～～～	○……	

図1-1　単元（または題材）から書く指導案の形

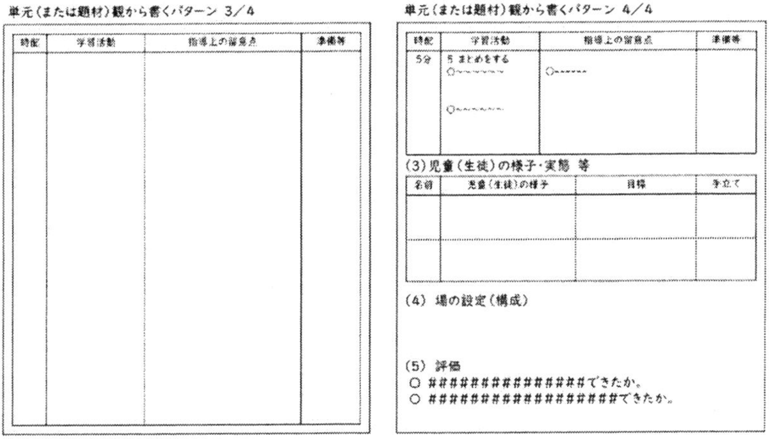

単元（または題材）観から書くパターン 3／4

時配	学習活動	指導上の留意点	準備等

単元（または題材）観から書くパターン 4／4

時配	学習活動	指導上の留意点	準備等
5分	5 まとめをする ○～～～～～～ ○～～～～～～	○～～～～～	

(3) 児童（生徒）の様子・実態 等

名前	児童（生徒）の様子	目標	手立て

(4) 場の設定（構成）

(5) 評価

○ ###############できたか。

○ ##################できたか。

図 1-2　単元（または題材）から書く指導案の形

① 単元について（④の題材観から書くことが多い）

単元に関わる児童生徒の様子・実態・課題・レディネス・既習事項・経験などについて述べます。単元設定の意義・必要性を、社会的要求や児童生徒の将来の発展を踏まえて述べます。簡単に言い換えると「なぜ、これを取り上げているのか」を説明するということです。

○ 単元を展開させていく場合の観点・意図、教育課程の中の位置、既習事項や他の学習との関連等について述べます。簡単に言い換えると「どのように指導していくかの流れ」を説明するということです。

○ 「様子・実態」と「意義・必要性」については、学年や単元により、どちらを先に書いた方がより伝わりやすいのかも考えてみてください。

○ 単元の目標が出てきた経緯がはっきりとわかるようにする必要があります。単元の目標は、単元を展開させていくための第一義的な意

図ですので、「様子・実態」や「意義・必要性」の後に書くと書きやすくなります。

- 〇　単元の目標を意識して書く必要もあります。目標が一つの場合は、それぞれの内容もその目標に対応させて書けばよいが、複数ある場合は、それぞれに対応させて書く必要が必要になります。

② 単元の目標

　この単元を学習することによって、経験もしくは達成させようとする学習の内容を具体的にあげます。つまり、この単元で「子どもが何を学習しようとするのか」について、「知識及び技能」「思考力、判断力、表現力等」「主体的に学習に取り組む態度」などの内容の視点から考えると良いでしょう。達成（到達）もしくは経験させようとする程度や範囲についても明確にする必要があります。既に方向性が決まっている場合はそれに沿うことになります。

③ 単元の指導計画

　教科・領域の系統性や、生活としてのまとまりを考慮しながら、指導内容の順序性を整理して書きます。単元の次にくる、まとまりとしてのレベル（一般的には題材レベル）を、順序性をもって示します。そして、時間配当をつけ本時の位置を明示します。

④ 題材について（①単元についても参考に）

　題材に関わる児童生徒の実態・課題・レディネス・既習事項・経験などについて述べます。

- 〇　題材のもつ意義・必要性について明らかにします。
- 〇　題材を展開させていく場合の意図、題材の中の本時の位置づけや発展について述べます。
- 〇　「様子・実態」と「意義・必要性」については、学年や題材により、

どちらを先に書いた方がより伝わりやすいのかも考えてみてください。

○　題材の目標が出てきた経緯がはっきりとわかるようにする必要があります。題材の目標は、単元を展開させていくための第一義的な意図ですので、「様子・実態」や「意義・必要性」の後に書くと書きやすくなります。

○　単元の目標を意識して書く必要もあります。目標が一つの場合は、それぞれの内容もその目標に対応させて書けばよいが、複数ある場合は、それぞれに対応させて書く必要が必要になります。

⑤　題材の指導計画

○　題材の次に来るまとまりとしてのレベルを、順序をもって示します。

○　時間配当をつけて、本時の位置を明示します。

④⑤を踏まえた例（遊びの指導）を挙げると次のようになります。

題材名「きってちぎって　あそぼう」

題材について

【　児童の様子・実態（児童観）　】

（前略）普段の遊びの様子を見てみると、一人での遊びや特定の好きな遊びだけを好む段階の児童、好きな教師に積極的にかかわりを求めていくが、遊びそのものは長続きしない児童、遊びのバリエーションも多く、友達や教師とのかかわりを楽しみながら遊ぶようになってきた児童など実態は様々である。

これまでの単元では、遊具を交代で使用したり、自分の順番を待ったりするなど、集団の中での簡単な決まりやルールを守りながら遊ぶ経験を重ねてきた。遊びやそれを通したかかわりについては、友達を意識したり、かかわったりしながら遊ぶというよりは、揺れ遊びや簡単なゲームをする中で、教師とかかわったり、

遊具とかかわったりしながら遊ぶ経験を中心に取り組んできた。そこで、今回の題材「きってちぎってあそぼう」では、より学級の友達を意識したり、かかわったりしながら、夢中になって遊ぶ児童の姿を目指して、本題材を設定した。

【 題材のもつ意義・必要性（題材観） 】

　本題材で扱う「紙」は、手で長く裂いたり、小さくちぎったりして、思い通りに形を変えることができ、はさみを使用することが難しい児童にとっても扱いやすい素材である。また、紙を使用した遊びは、児童がこれまでの学習の中で経験したことがあり、「楽しい」「やったことがある」「やってみたい」と期待感をもつことができる活動である。さらには、小さく切ったり、ちぎったりした紙をカゴに入れて、揺らすだけでたくさんの紙を舞い散らすことができたり、風にかざすだけで思いもよらない方向に勢いよく飛ばすことができたりして、自分の行動に対する結果が単純で分かりやすく、児童の主体的な活動を引き出すことができる活動であると考える。加えて、本題材では、友達の活動を見えやすくするなど環境設定を工夫することで、友達の様子に目を向けたり、一緒に遊ぶ楽しさを経験したりすることができると考える。

【 題材を展開させていく意図、題材の中の本時の位置づけや発展 】

　指導にあたっては、毎時の授業の導入段階で、活動の中で使用する紙を自分たちで準備することで、活動に見通しをもち、積極的に活動に向かうことができるようにしたい。授業の主活動場面では、夢中になって遊ぶ児童の姿を引き出すために、できるだけ児童の活動を制限しないようにすることで、自由に安心して楽しく活動することができ、自分から生き生きと意欲的に遊ぶことができるようしたい。そして、意欲的に活動する姿を認め、称賛する言葉かけを効果的に行うことで、児童がさらに夢中になって遊ぶ姿を引き出したい。また、教師が一緒になって遊びを楽しんだり、言葉やジェスチャーで友達を誘うモデルを示したりすることで、友達の存在に気づかせたり、集団で遊ぶことの楽しさにつなげたい。活

動が停滞しがちな児童には、声をかけて遊びに誘ったり、友達の様子を見せたりして、自分からやろうとする気持ちを高めたい。活動を通して、児童一人ひとりが、言葉や声、表情、身体の動きなどそれぞれの表現の仕方で「楽しい」気持ちをめいっぱい表現できる楽しい授業を目指したい。

題材の目標
○ 紙を切ったり、ちぎったり、飛ばしたりする遊びそのものに夢中になって遊ぶことができる。
○ 友達の様子に関心を向けたり、友達を遊びに誘ったりして集団の中で遊ぶことができる。

題材の指導計画
○新聞やお花紙を小さく切ったり、ちぎったりして紙吹雪にして遊ぶ…1時間
○いろいろな紙を小さく切ったり、ちぎったりして紙吹雪にして遊ぶ…2時間
○小さな紙を紙吹雪にしたり、風で飛ばしたりして遊ぶ…2時間
○小さな紙を送風機で飛ばして遊ぶ…3時間（本時6/8）

　ここまで、単元と題材のことを述べてきましたが、「単元」と「題材」の違いが良くわからないという方もいるかもしれません。知的障害特別支援学校にある「遊びの指導」で例を挙げると図2のような関係になります。

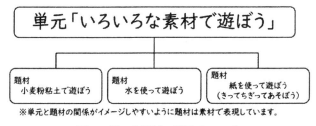

図2　単元と題材の関係イメージ

「いろいろな素材で遊ぼう」という大きな単元の中に、素材ごとに題材を分けたイメージ図です。他にもいろいろな指導形態の中でこのようになっていますが、一単元一題材のものも存在します。

(2) 本時から書くパターン（図3）

　よく見る形のものです。それでは、指導案の順にしたがって説明していきたいと思います。単元（題材）観等から書くパターンもここからは同じです。

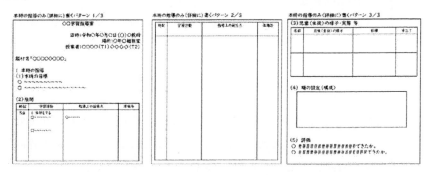

図3　本時から書く指導案の形

① 本時の目標

　計画に基づき、この時間内（本時）に、経験もしくは到達・達成させようとする「知識及び技能」「思考力、判断力、表現力等」「主体的に学習に取り組む態度」などを具体的な内容で示します。

　　○　この目標は、本時の学習終了後、評価されやすいものでなければなりません。

　　○　本時の目標を決める際は、児童生徒の様子や実態を十分考慮して決定します。

○　本時の目標が２つ以上ある場合は、「題材について」の内容も、次の「児童（生徒）の実態と個別目標」もそれに対応させて書くように留意します。

② 学習過程（図4）

○　書き方は、児童生徒側からの表現にします。つまり、子どもたちが何をするのかということが分かるように書きます。

○　授業の目標を分析し、児童生徒の実態を考慮しながら、主活動（中心活動）を考えます。一つひとつの活動の設定には必ずその背景となる理由、つまり「意図」があります。この意図を明らかにしないと主活動は決まりません。教材研究の深さが、ここに大きく影響してくるのです。分かりやすく言い換えれば、本時の目標を達成させるためにはどのような活動をどのような順で取り組めば、良いのか考えることが必要です。

○　児童生徒は、主活動に取り組む過程において授業の目標に迫っていきます。そのことを十分に意識し、活動が十分にできるような時間を確保するためにも、主活動は欲張りすぎないように、選び抜かれたものを設定するように留意します。

○　基本的には、「導入」→「展開」→「終末（まとめ・整理）」の流れで書きます。主活動の部分（展開）を二つ以上に分けることもありますが、慣れないうちは、あまり複雑な過程を仕組まない方が良いでしょう。教師自身が、自分の授業をしっかり見通せることの方が大切です。教師にとっても、授業の目標との関係で軌道修正ができるような余裕がもてるとよいでしょう。

時配	学 習 活 動	指導上の留意点	準備等
5分	1　本時の学習内容について知る 　　○ 前時のことを発表する 　　○ 教師の話を聞く	〜 省略 〜	
30分	2 　　○		

　数字で示したようなレベルで授業全体の流れを決め、数字で示した学習をするための具体的な活動を示します。できれば、目に見える行動レベルで表記するのが良いでしょう。

③　指導上の留意点（意図等）

　この記述が難しいように思われがちですが、決してそうではありません。教材研究がしっかりしていれば、それほど苦労する部分ではありません。「何を意図して、どのように活動させるか」ということが基本となります。

　○　活動設定の意図を書きます。

　○　意図があるから次の「活動のさせ方」がはっきりと書けるのです。「活動のさせ方」とは、どのように活動させると、その活動の意図に近付くかということです。「子どもは、どのように取り組もうとするのだろうか」、「どのようにつまずくのだろうか」等、子どもの立場に立って考えてみると、いろいろな状況が想定できます。これらに対する手立てを、丁寧に考えていけば良いのです。

　○　一つの「活動のさせ方」には、その効果と限界があります。限界があるから、さらにその次の「活動のさせ方」が必要になります。十分に活動させきれない状況が生じるのは、簡単に課題をクリアしてしまう場合と、課題をクリアするためにはさらなる工夫が必要な場合があります。個に応じた留意点もこれに含まれます。

○　手立ての工夫は、考え出せばきりがなくなります。指導案では、子どもの反応を予想して、必要不可欠なものを精選して書くと良いでしょう。ただし、主活動の留意点が、一つや二つで済むということはあり得ないので、しっかりと考えてほしいところです。

時配	学習活動	指導上の留意点	準備等
5分	1 本時の学〜 ○前時のことを発表する ○教師の話を聞く	○前時に作成したものを提示することで、どのような活動をしてきたのかを発表しやすくする。 ○	作品

○　個に応じた留意点がはじめから明らかな場合は、明記しておきましょう。具体的な働きかけや手立ての種類などについては、以下のものも参考にしてください。

○声かけの大きさ・量・間あるいはタイミング　○指示　○発問

○共感　○提示　○板書　○示範　○称賛　○教材教具の提示の時期・使わせ方

○フィードバックの方法　○軌道修正の方法　○個別配慮の方法

○サブの教員の動き方　等

④　準備等

○　使用する教材や教具について明記します。教材の特徴が分かりやすいように図示する場合もあります。

○　準備の欄に、使用する教材・教具が明記してあるにもかかわらず、留意点の欄に、まったく同じこと（教材等の説明そのもの）を文章で書いていることがありますが、これでは意味がありません。留意点の欄では、その教材等の使わせ方、つまり、その活動の意図に沿った使わせ方について書くようにします。これが、活動のさせ方になります。

⑤　児童生徒の様子や実態と個別目標

　本時の目標との関連で、様子や実態、レディネス、個別の目標を明らかにします。

　○　「知識及び技能」「思考力、判断力、表現力等」「主体的に学習に取り組む態度」にかかわる実態なども織り交ぜて表記するようにします。

⑥　本時の評価

　評価項目は、子どもがどのように授業の目標に対して迫りつつあるのかを明らかにするものでなくてはなりません。

　○　単に「できた・できない」だけを評価するものではありません。授業の目標を分析的にとらえたものが評価項目です。いくつかの主活動において、子どもがどのように活動していれば、授業の目標に向かっていると言えるのか、ということです。特に授業のヤマ場では、子どもの実際の活動の様子が、どのようになっていれば、授業の目標に向かっていると言えるのかを、しっかりと把握しておく必要があります。これが評価項目です。評価項目をしっかりつかんでいれば、授業において大失敗することはなくなると思ってください。

　○　評価項目は。授業の目標や主活動（および活動のさせ方）と非常に関係が深い重要なものです。評価項目を設定する際は、「授業の目標－主活動－評価項目」の関係に留意することが必要であり、この視点で評価項目を見直すと良いでしょう。

　○　目標の裏返しではない評価を意識してください。例えば、目標が「一桁同士の足し算をする」の時に、評価として「一桁同士の足し算ができたか」という評価ではいけないということです。その子がどのような方法を取ってできるかをイメージすることが大切です。

4．おわりに

　授業前、私たちは「臨機応変に対応しましょう」と言うことがよくあります。しかし、臨機応変に動くためには、何らかの根拠となるものが必要です。その根拠となるものが「学習指導案」です。特にティームティーチングが多く見られる特別支援学校（学級）の授業では、各先生で対応する場面に出くわします。そのたびに主担当の先生を呼んで「どうすれば良いですか」と確認すると授業が止まってしまいます。学習指導案に主担当の意図や留意点が組み込まれていれば、どの先生も学習指導案を根拠として「臨機応変な対応」ができるはずです。個への対応も明記しておくことで、特別な支援に応じた授業づくりにもつながるものだと考えます。それが、児童生徒の充実した授業にもつながるものだと思います。

引用文献
1)　河口麻希・田村知津子・名島潤慈・佐藤真澄(2018)　「特別支援学校（知・肢・病）教育実習に関する実習生の意識調査-特別支援学校教育　実習初年度の学生を対象に-」　『山口学芸研究』第9号　p20。

参考文献
＊長崎大学教育学部附属特別支援学校(2018)　「キャリア発達を支援する系統的な指導を目指して～子どもたちの「考える姿」に着目した授業づくり～」研究紀要第22集。
＊西岡哲夫(2005)「学習指導案の書き方について」『初任者研修資料』。
＊山本邦春・田所明房(2018)　「特別支援教育　学習指導案の書き方」　K&H。

第23章

土との遊び
－幼児の現象学的考察－

中野　桂子

1. はじめに

　土と水とは遊びの素材のなかで受容性が大きく、障害のある子どもをも受け容れることができます。このことを踏まえて「土との遊び－幼児の現象学的考察－」が設定されています。

2. 土

　雨あがりの午後です。舗装のない歩道に幾つか穴が空いていて、雨水がたまっています。そのひとつに幼児が数人しゃがみ込んで、黙々と何かやっています。「何してるの？」とたずねると、1人の女の子が顔を上げ「おだんご　つくっているの」と言う。両手は土で汚れ、その手で顔をさわったのか頬に泥がついています。大人の目から見れば、何とも奇妙な現象です。あえて言えば、何とも無益な、とりとめのない、やはり子どもは子どもだと言いたい現象です。だが、子どもは独自の存在であり、子どもはそれ自身の世界に生きています。

　土は多義的です。これには、どろ、大地、陸地、平地、ふるさと、くに、領地、耕作地などの意味があります。このうち、幼児に関わるのはどろ（泥）です。他の大地、陸地、平地は、幼児を包み込む世界であって、その中に生きている幼児には余りにも宏大です。そもそも、遠く広がっているものは幼児の眼にとまらない。さらに、ふるさと、くに、領地、耕作地など、人間社会が作りあげたものに幼児が関わることはありません。幼児を引きつけるのは土のどろです。どろ（泥）は水の混じった土、ぬかるみです。それは、ねばっこく、くっついて、他になじむところがあります。幼児は、

このようなどろの土に引かれています。幼児が水たまりのどろをまるめて
おだんごを作るのはこうした土の働きかけを現しています。

　大地には砂もあります。砂は沙であり、これは水に岩石が小さく散らさ
れたものです。これは川や海などの水辺にある。砂も幼児を遊びに誘いま
すが、砂はどろ（土）と違って、ねばっこさがありません。それだけに、
いろんなかたちに作りやすい。かたちも、お山、お城、川、など大きなも
のでも作ることができます。だが、作りやすいものは壊れやすくもありま
す。これを遠くへ持ち運ぶことはできない。水を含まない砂はサラサラと
指の間からこぼれ落ちます。そのため、バケツで水を運んで、砂に流し、
湿らせる子がいます。だが、湿り気のある砂でも土のようにねばって、く
っつくことはない。パチパチと手を叩けば、砂は落ちる。砂も土も大地の
現れであって、幼児を引きつけてやみません。だが、土の方が砂よりも幼
児を誘引します。砂は小さな粒の集合、粒のもとは岩石、それは無機的で、
サラサラしています。土は多様な微粒子の全体、どろどろ、ネバネバして
います。子どもの身になじみ、くっついて離れない。これは、小さなかた
ちになり、それは持ち運ぶことができます。幼児にとって土はやり過ごす
ことのできないものです。

　もっとも、土や砂の他に大地の穴は幼児を引きつけます。穴が目にとま
るのは、穴が見ることを求めているからであるとも言えます。穴はその奥
底までは見えない。見えないから見たくさせる。穴はそういうものとして
あります。大人が気にも留めない小さな穴が子どもの目にふれます。子ど
もは覗いて見る。そして指を中に入れてみる。奥に何があるのか、何がい
るのか気になります。年長の子どもが「セミの穴だ！」と言う。すると指
で掘ろうとします。これは堅い。すると木の枝を使って掘ろうとします。
それでも堅い。誰かがシャベルを持ってきます。子どもは掘ることに夢中

になります。センダックの絵本に『あなはほるもの　おっこちるとこ』[1]というものがありますが、幼い子にとって、いつの間にか、穴はほるものになってしまう。穴は掘れば掘るほど大きく、深くなっていく。それは、見えるところが大きくなるということです。子どもはもっと見えるようにさらに深く掘る。これは子どもの自己発現となります。けだし、見ることは知ることであり、知ることは治ることです。それは子どもの治力となります。

　穴は力を込めて大地を穿つものです。どろどろした土は触れるものです。穴を掘るのは男の子に見られるが、土にふれるのは男の子にも女の子にも見られます。触れるということが生命の自然かつ根元に関わっているからであろう。穴を掘るという行為は、サルや類人猿にも見ることがない。ほとんど樹上で生活をするからであろう。地上に降りた人類の祖先は、直立二足歩行で手が自由になっています。化石人類学の知見によれば、アフリカのサバンナで得られた食べ物は、草木の葉、果実、種、昆虫などであったという。さらに、人類の祖先は地下からも食べ物を得るようになります。自由に動く手を使い、樹木の枝や鋭利な石を使って穴を掘ることができます。哺乳動物のなかで地下から食べ物を得ることのできるのは人とイノシシなど一部の哺乳動物だけです。チンパンジーは樹の幹の穴や蟻塚の穴に棒を入れるだけです。だが、人は穴を掘って、幼虫や地下茎を手に入れます。穴を掘るという行為は限られた人間独自の行為です。この行為が土を耕して、食べものを生産する行為の起源であるといえます。

　土に触れることは穴を掘る以前の行為です。触れるのは何かのためではない。触れること自体に何かの目的や意図はない。ただ触れていること、そして触れていながら何かかたちになるものが生まれること、それ以上のものはない。そうさせるのは土そのものにあります。土が幼児にそうある

400

ことを招くのです。どろんこに触れ、どろんこになることを幼児は誘われ
ます。そして、そのどろんこから何かかたちになるものが生まれます。「お
だんご」もそのひとつです。

3. 触れるもの

　水たまりの土は、まさにドロドロ（泥泥）してかたちのないものです。
それは、はっきりと境界があるわけではないので、個別に見えるものでは
ない。もちろん、土は聴くことや見ることの対象になりにくい。嗅いでも
あまり匂いはない。舐めてみても格別な味などはない。それをやってみる
子はいない。土はそうした試みを拒むところがある。ただ、触れるように
誘っています。そうであるから、幼児はまず何の気なく土に触れます。
　土は視覚、聴覚、嗅覚、味覚といった特殊な感覚の対象になり難い。そ
れぞれの感覚は、その一部しか感知しない。土に臭いがあるとしてもそれ
は土の全体からではなく、その一部のものです。土に味があるとしても、
それは土の一部をえぐり取って、舌で感じただけのことです。最後に残る
感覚は触覚だけということになる。触覚は、境界のあいまいなものに触れ
るとき現れます。触れることは、触れたものの一部であっても全体に触れ
ることです。たとえば、象の鼻にふれたとき、それは象の全体に触れたの
です。象は、このようなものとして感じられます。盲の人が象の鼻にふれ
たときの知覚も、このようなものといえます。もちろん、目で見るわけで
はないので、象のかたち、いろなどは分からない。それでも、象に触れた
とき、象もまた鼻だけではなく、その全身でその触れを受容しています。
なお、人の手に触れたときにも、そうしたことは言えます。それは、その
人の身に触れたのです。大地に立っているときも、それは大地そのものに

触れているのです。

　対象の知覚は部分であり、全体ではない。人の顔を見ているとき、その背後は見えていない。先天的全盲の人は背後も見えていると思うかも知れないが、それはありえない。人の話しも音楽も、それぞれ、同時に聞くことはできない。匂いも味も同じです。リンゴとレモンの香り、カレーとラーメンの味を同時に知覚することはない。リンゴとレモンを鼻の前に置いて嗅ぐと、それ固有の香りが区別できなくなります。カレーとラーメンを同時に口に含めば、別の味になってしまう。ところが、触覚においては、触れるという知覚的働きにおいて事物の湿り、冷たさ、堅さ、滑らかさ、重さなどが、同時に知覚されます。だが、これは判然としたものではなく、やがて事物の知覚的働きは消失して、触れているということだけになります。たとえば、ペンを取って文字を書くとする。当初は、ペンの冷たさ、重さ、ペン先のすべり具合いなどが知覚されるが、そのうち、それは消失して、ペンを握って文字を書いていることさえ、知覚されなくなる。触わるという知覚的働きが触れるという和合的関係へ転換されたのです。もちろん、これは視・聴・臭（嗅）・味のような感覚にも現れます。美しいものを見たとき、音楽を聴いているとき、花の香り、おいしいものに出合ったとき、自己呆失的になり、それによって知覚は消えます。そこでは、美しいもの、香しいもの、美味しいものに触れるという事態が現れています。

　触わるではなく触れるということは、知覚神経が組織化され、中枢神経が生じる以前の、原始的生命に遡る。したがって、自己という関係的統一機能が生じる以前の働きが触れるということです。生理学[2]は、視覚、聴覚、味覚、臭（嗅）覚などを特殊感覚、触覚を体性感覚としたが、いずれもそれは判別感覚と称しています。だが、原始的生命においては、特殊感覚は未生であり、体性感覚でさえもあいまいです。それは、判別する感覚

のあいまいさに通じている。現在、およそ37億年前に生命は誕生したとされているが、核のDNAを被う膜がない原核細胞も、それが細胞であるからには、それをかたちとしてまとめる膜をまとっている。フォーティによれば、この膜が決定的重要さを語っている。「なんといっても生命は、細胞の創出という飛躍的進歩によって組織化の第一歩を踏み出したのだ。細胞の境界を文字通り画定した決定的な発明品とは、その構成部品（細胞小器官）を封じ込める容れ物、生命の宿っている部分と無機的な外界とを隔てる薄い膜、すなわち細胞膜である。」3)と。この細胞膜が、それと外界との境界であり、ここから自ずから触れるということが現れる。これは感覚知覚といえるかどうかもあいまいですが、それでも、触れるということはあります。もちろん、川の水が石に触れるというように、生命のない事物にも触れるという現象はある。水は生命ではないので、知覚する働きはないとしても、あらゆるものに触れる。それゆえ、人は水に触れるともいう。だが、原核細胞を被っている膜が水に触れるというとき、そこには細胞自体の組織ないし内容の変化が起こる。細胞は、水と共に組織の組換、統合を進めている。ここには、細胞が水によって生きると同時に、水が細胞と化して生きるという現象があります。両者は相互に引き合い、共に創造している。これは、明瞭な感覚知覚、意識が生まれる以前の、根源的現象です。幼児が土に触れているとき、ここには触れるという原始生命の現象を見ることができます。幼児は土の色、匂い、味などを知覚しようとはしていない。堅さ、なめらかさ、湿り気、ねばりなども知覚しようとしてもいない。ただ、どろどろしたもの、ねばり気のある、くっつくようなものに誘われています。そのため、幼児の手は自然に、土に触れてしまう。

4. かたちの現れ

　幼い子は、田んぼのぬかるみに素足を入れ、さかんに踏みならしています。それを汚いというのは文明社会、いわば大人の目線から言われることです。幼い子は、土のぬかるみやどろに引かれる。「どうしてか」と問うても、確たる理由は出てこない。土が子どもを誘うのです。それゆえ、子どもは土と遊んでいます。土は遊具ではないから、ブロックやゲームで遊んでいることと同じではない。格助詞「と」は「と一緒に」「とともに」の謂であり、これは同じ動きをするものを表している。他方、格助詞「で」は、動きの手段・方法、材料を表している。したがって、土と遊んでいるというのは土と一緒に遊んでいることであり、ブロックで遊んでいるというのはブロックを手段・方法ないし材料として遊んでいることです。土と遊ぶのは土と子どもとの協働であり、ブロックで遊ぶというのは、ブロックに対する子どもの認知的作用が働いています。もっとも、子どもはブロックで遊ぶという主体─客体の関係に終始するわけではない。ある時、ブロックが子どもに語りかけ、作って欲しいと呼びかけることがあります。そうした時、ブロックと子どもの関係は共働的なものになる。子どもの遊びはいつも遊動的です。

　どろどろした土はかたちのないもの、カオス（混沌）です。だが、そうであるだけに、どんなかたちにもなる可能性に満ちています。3歳ほどの幼い子どもは、まず、手で土をつかむ、手のひらでそれを丸める。ほとんどの子どもがそのようにする。丸いということは手のひらに最もなじみ、安定したものです。いわば、円が完結した調和であり、角のように他と対立することがないように、手のひらは自然に、手のひらになじみ、和合するように丸いだんごを生み出す。土もまた、そうあることを求めています。

幼児は、丸いだんごを作ることを意識してはいない。ただ、土を手のひらに入れているうちに、自然に、手のひらの中で土が回って、丸いだんごになっている。「何をしているの」と尋ねられると「ダンゴを作っているの」と幼児は答えるが、それは結果を語っています。幼児には、まずだんごを作るとの明確な意識はない。こうした行為は 10 歳代のメスのチンパンジーにも見られるという[4]。彼女たちも人の 3 歳くらいの子どもがするように、両方の手のひらの中で、土を転がして丸め、だんごを作る。したがって、土を丸めてだんごを作るという行為は、土と人との共働が生む自然の現象であるといえます。

　人の幼児はだんごだけを生み出すのではない。5 歳ともなると、さらにだんご以外の何かかたちのあるものを生み出しています。それは、人形やロケット、ゾウやウサギであったりします。幼児と土は関わりながら、見たこともないようなものも生み出す。子どもはそれに名まえをつける。名まえをつけると、それは具体的なものになる。子どもは名まえをつける達人です。青ガエルは青い服を着たおじさんであり、腰の曲がったおばあちゃんはこんにちはしているおばあちゃんです。ここには、子どもの創造的働きがあります。かたちになった土に名まえをつけるのも土と子どもが共に創造・生成する行為です。子どもは、大人の常識から離れて自由に名まえをつけます。そのことを市村弘正はこう語っています。

　　　子供たちは、既存の社会が与える名前の体系から離脱して、その
　　物との不断の付き合いの中から、たとえば一匹の虫（水すまし）に
　　別の名前（字書き虫）を与えたり、別の草花（スミレとオオバコ）
　　を同一の名前（スモウトリ草）で呼んだりするのである。[5]

　子どもは、大人の社会から言葉を学び、その文法・用法を身につけているにしても、名まえの体系に同化されてはいない。むしろ、名まえの体系

から独立して、事物と多義的に関わり、その関係を自由に創造します。子どもにおいては、事物それ自体が多義的に現れています。続いて、市村弘正は述べます。

　　　このような子供の命名＝変形の行為が示唆しているのは、物とは本来多様にして変化にみちた相貌をもつものであり、名まえの付けかえが可能なのは、その交渉の中で物がその事態に特有の相貌を現わすからであった。すなわち、名前の変更とは物それ自体の変貌を意味する。たとえば子供が水すましを字書き虫ではなく、今度は「椀洗い」と名づけるとき、その虫はもはや水面に文字を書く虫ではなくなって、別の存在に変貌しているのである。[6]

　そうであるから、子どもは自然の動植物、水や砂、土、ガラクタにいたる事物と自由に交渉し、これらとの交渉のなかで、自由に名まえをつけることができます。これらのなかには名まえのないものもある。水、砂、土、ガラクタなどがそうです。ヘレン・ケラーの発見に水（water）という名前があったように、子どもはさらに、そのうえに名まえをつける。事物は子どもと交渉し、さらに新たな名まえが付けられることを求めています。土もまたそうです。土と子どもとの交渉はかたちを創造する。そのかたちは、名まえが付けられることによって初めて創造物となります。かたちになった土に子どもはお人形、カブトムシ、バナナ、しんかんせん、カイジュウなど名づけます。

　子どもは、大人の社会から無用とされ、大人たちが目にもとめない水たまり、その中のぬかるみ、どろとさえも交渉し、かたちに現し、名まえをつける。そのことによって看過されていた無名のものが在るものになります。無・不在であったものが有・存在になる。子どもは大人の側から見れば無用かつ無名であるものが子どもとの交渉において名まえのあるもの、

したがって意味あるものに生まれ変わります。水、砂、ガラクタ、土のような無名のものこそ、根源的に子どもに語りかける力がある。土の語りかけに応答するのは、ヒトの子では3歳くらいからです。土をにぎり、こね、両方の手のひらで丸め、だんごのようにしたり、手のひらでのばしてヒモにしたり、たたいて平べったく板のようにする。そして、またこれらを寄せ集めてひとつにする。だが、はっきりとかたちにするのは5歳くらいからです。この歳になると、手も器用になっています。そのうえ言葉が豊かです。この言葉が土をかたちにし、それに名まえをつける。ここには、大人の及ばない想像力が現れています。こねあげているうちに出来上がったかたちに、子どものオットセイと名づける。名づけたからにはオットセイであり、誰かが違うと言っても意に介さない。その子にとってはオットセイとして現れている。これは子どもの主観ではない。想像は主観とか客観の枠を越えています。ちなみに、想像力はイギリスの経験論においては重要な概念でした。たとえばヒュームはこう語る。「記憶、感覚力、そして知力も、それゆえそのすべてが、想像力、すなわちわれわれの観念の活力(the imagination, or the vivacity of our ideas)を根底としている」[7] と。ただ、ヒュームは想像力そのものについて論究してはいない。想像力はそれ自体言語が及びえない根源的なものであるからであろう。したがって、想像力はそれ自体からではなく、具体的な現象から明らかになるといわねばならない。たとえば人と長年にわたって生活してきたイヌについて想像力を取りあげてみよう。イヌは想像するかとの問いに「然り」と答えることは難しい。イヌは感覚、とりわけ視覚・嗅覚・聴覚によって環境をとらえ、行動する。イヌはこれらの感覚によって得られた情報以外のものを受け容れない。イヌにも記憶はあるが、その記憶は感覚の記憶、たとえば飼い主の匂い、声音、顔つきなどの記憶であって、飼い主と関わる思い出、

物語ではない。もちろん、イヌは絵本を見ない。絵本はただの紙切れです。イヌは自分の未来を思い、自分が死ぬことを考えはしない。死の直前にあっても、イヌはいま生きている。そのことだけが確実です。この点でイヌは徹底した感覚ないし事実主義者です。もちろん、イヌは嘘をつかない。もっとも、イヌにも遊びの現象がある。じゃれ合うこと、ボールを追っかけることなどはイヌやヒトとの間にも現れる。だがそれ以上のことはない。たとえばイヌはかくれんぼはしない。飼い主を捜すことはあるが、自分が隠れることはない。

　ヒトの幼児は、イヌにとっては感覚の対象にならない土のようなものにも誘われます。土は幼児を誘うものとして現れる。イヌには目にふれないものが、幼児には現れています。大地も空も水も風も、かたちがなくただ大きくて耳目でたしかめることも手でつかむこともできないものが、ある時、幼児に語りかけてくる。光や穴、空の夕やけ、雨、水たまりの土、樹木の枝をゆるがす風、これらに子どもはかたちを与えようとする。そうして、大きなかたちのなかったものがかたちになって現れます。水の流れは笹舟になるものとなり、風は風車になるものとなる。土はだんごや人形において土であることを現す。想像力は広くあいまいなものを受容し、それに何らかのかたちを与え、名まえをつけ、具体的に現す能力です。したがって、土との遊びは、そうした想像力の現前を促す恰好の遊びです。もちろん、想像力は土との遊びだけではなく、人間の活動の全域に現れています。たとえば絵本や物語、歌、劇など、すべての人間の活動にそれはある。土との遊びは、その一片にすぎないが、土は幼児と触れることに関わり、幼児の最も根源的な自然を現している点で、想像力を培うものとなっています。

5. 粘土との遊び

　かつて、粘土は水の流れの豊かな河岸や泉の湧く土手に見られたもので
した。そこでは、粗い粒子が水で洗われて微細な粘り気のある土が残され
ていた。子どもたちは、それを取って粘土としたものでした。だが、自然
が失われた現在では、遊具として紙粘土やゴム粘土が幼児に与えられてい
ます。自然の粘土のように材質が均一ではなく、手にねばりついて汚れる
ことはない。かたちにもなりやすい。10歳くらいのチンパンジーも粘土を
与えるとかたちのあるものをつくることができます。これはヒトの5歳の
幼児までくらいに匹敵するという。だが、チンパンジーにそれを越えるこ
とは難しい。ヒトの子はそれに名まえを付ける。この名まえが新たなかた
ちを生む。10歳のチンパンジーと同じように3歳ほどのヒトの子も粘土に
ふれて、それを丸めている。それは、ダンゴを作るという意識的行為では
ない。ただ、粘土が求めるままに自然と手が動いて丸いものが現れている。
粘土が手のひらのなかで動いているうちに丸くなるのです。やがて、幼児
は4〜5歳ともなると言葉を覚える。粘土をこねているうちに、かたちが現
れてくる。その過程で、粘土はカップという名になりたいと言い始める。
それに呼応して子どもはカップを作り上げる。大人がカップを作ってと依
頼するならともかくも、当初からカップをつくるという目的をもって、意
識しながら粘土をこねる子どもは少ない。

　粘土はこねられているうちにかたちに変わっていく。かたちだけでは粘
土はただのかたちで終わる。粘土がかたちにとどまらないとすれば、それ
に名まえがつけられねばならない。名まえによって粘土は現実のものにな
る。お人形、お花、お母さん、おさかな、といった名まえによって粘土の
かたちは新たに現れてくる。そのことが、さらに子どもとの交渉を豊かに

する。子どもにはそれらは大事なものです。粘土がかたちに、かたちが名まえをもらって変貌し、それが子どもと親しく交わるからです。こうした一連の過程に想像力が現れています。

　チンパンジーは、粘土をこねて、丸める、伸ばしてひものようなかたちを作ることができる。したがって、何ほどかの想像力を垣間見ることができます。けだし、想像は像を想うこと、すなわち、かたちを想うことであるからです。だが、名づけることはしない。チンパンジーには思考力も観察力もあります。ただ、言葉がない。言葉がなければ、いま・ここという事実から外へ出ることができない。ちなみに、ヴァールが「言語の第一にして最大の利点は、『今、ここ』を超越する情報を伝達できる点にある」[8]といっていたが、それは諾うことができます。チンパンジーには過去を想い、未来を想う言葉がない。たとえば、昨日階段から落ちて顔にあざができたとする。チンパンジーは、そのあざを見ることはできます。だが、過去に何があったのか想うことはない。そうであるから、どうしたのかとの問いも生まれない。過去がそうであるなら、まして未来など想われることはない。チンパンジーは明日を想い心配することも未来に期待することもない。これに対して、ヒトの言葉は過去を想い、未来を期待する言葉が想像力を飛翔し、チンパンジーの想像力を凌駕する。したがって、想像力によって幼児の粘土はチンパンジーの粘土を凌駕します。

6．むすび

　土との遊びにおいて、幼児は想像力を豊かにします。手の触覚という生命の最も原始的な感覚が、ドロドロした未定のものに触れ、なじみ、それからかたちのあるものが生まれ、それに名まえが付けられます。名まえを

つけるのは、生理学で言えば大脳新皮質の言語中枢である。触れるという自他を未分化にする現象から現れたかたちに名まえが付けられるとき、土と子どもとの、自他統合が現れます。これは劇的な現象であり、ここには想像力が如何なく発現している。ここに、土と幼児との遊びが想像力を培う所以があります。

　幼児は石と交渉しないわけではない。石は土に比べて堅い。これは削り、砕き、穿つものです。このためには何らかの道具がいる。ある子どもが鉄片で花崗岩を削り、粉にしている。あるいはひと固まりの石を金槌や石で砕いている。砕かれて小さくなった粒を袋に入れている。さらには、大きな花崗岩に釘を打って、穴を穿っている。何のためにしているのか分からない。そうすることが楽しいのか、そうせずにはおれない何かが働いているのか。ここには子ども独自の世界がある。石に働きかけているのはほとんど6歳を越えた男の子です。石と交渉するには手と腕力が要る。石は土と違って、なじむのではなく、立ちはだかり抵抗するからです。そうであるから、幼い子であれ、石に向かうなにほどかの意志とそれを実現する身体の力が求められます。さらに、意志は何のためのものか、いわば目的があって稼働するので、そのためには石に向かって何をするのかが決められていなければならない。しかし、石は堅く、子どもの力でかたちを作るところまでは及ばない。ただ、削って粉を、砕いて小粒を、穿って穴を、磨いてきれいな丸みのある石を、といったところで終了します。これらは、かたちにならないので名づけることは難しい。想像力が触発されることも稀です。これに比すれば、土と幼児の遊びにどれほど想像力が働いているか瞭然たるものがあります。

　なお、土と幼児の遊びが想像力を触発するからといって、想像力を豊かにするために土を与えるとすれば、それは大人の側の見方です。幼児は土

411

に触れることが好きです。一生懸命土をこねている。そういう姿に触れて、子どもたちに土を与えるというのが本来の在り様です。大人は、子どもが楽しそうに遊んでいるのに触れると、心地よくわが身も嬉しくなる。子どもをたのしく遊ばせたいとの思いが、子どもの自然に沿った大人の態度です。したがって、土との遊びは子どもの世界のものです。こういう事実からしても、土との遊びが子どもの成長にどういう意味をもつかと問うのは大人の側に矛盾があります。大人は大人として生き、子どもは子どもとして生きる存在であることが確認されねばならない。

引用文献

1) ルース・クラウス（文）、モーリス・センダック（絵）『あなはほるもの　おっこちるとこ』わたなべしげお訳、岩波書店（岩波の子どもの本）、1979年(初版1952年)。

2) 後藤昌義他著『生理学』理工社、1980年、352～353頁。

3) R. フォーティ『生命40億年史』渡辺政隆訳、草思社、2003年、58頁。

4) 中川織江『粘土造形の心理学的・行動学的研究－ヒト幼児およびチンパンジーの粘土遊び－』風間書房、2001年。

5) 市村弘正『「名づけ」の精神史』みすず書房、1987年、6頁。

6) 市村弘正、同上書、6～7頁。

7) D. Hume, *A Treatise of Human Nature*, Reprinted from Original Edition in Three Volumes, Ed. by L. A. Selby-Bigge, M. A., Oxford, at the Clalendon Press, 1928, p.265。

8) F. de ヴァール『動物の賢さがわかるほど人間は賢いのか』松沢哲郎監訳・柴田裕之訳、紀伊國屋書店、2017年、143頁。

おわりに

　2011年に筑紫女学園大学人間科学部人間科学科初等教育保育専攻（開設当初は、人間形成専攻）が開設され、今年、10周年を迎えることができました。この期間、本専攻より、福岡県内のみならず他県へも多くの保育者・教育者を輩出することができ、心よりうれしく思っております。

　この2010年代の10年間ですが、日本社会は大きく変わりました。その一つに、テクノロジーの飛躍的進歩が挙げられます。これにより、スマートフォンやタブレット端末が普及し、どんな時でも国内の至るところでインターネット回線に接続し、新たな情報を入手することができるようになりました。本大学においても、昨年度より、コロナウイルス感染防止対策の一環として、スマートフォン・タブレット・パソコン等を用い、それぞれの場所で講義を受講する遠隔授業が始まりました。日本の義務教育の現場においては、文部科学省による「GIGAスクール構想」（児童生徒のために、1人1台の学習者用PCと高速ネットワーク環境などを整備）の5か年計画が始まりました。
　このように、テクノロジーの飛躍的進歩は、私たちの生活だけでなく、教育現場にも大きな変化をもたらしました。また、これにより、私たちの生活はより快適になりました。しかし、その半面、新たに表出した問題の要因の一つにもなりました。例えば、スマホ・ネット依存症・ネットモラル・基本的生活習慣の乱れ等の問題との関連が考えられます。教育界における問題の一つである「いじめ」も、ここ5年連続増加しており、その定義も「インターネットを通じて行われるものを含む。」というように改正

されました。

　今後10年もまた、同様に変わり続けることが予想されます。私たちは、その変化に対応するとともに、それに関連する問題と対峙していかなければならないのです。

　このような新時代において、保育者・教育者として、子どもたちとよりよく関わりながら子どもの可能性を拓いていくためには、以下のような力を身に付けていく必要があります。新時代へ対応する力としては、新たな知識や技能を習得し活用する力、それに関する指導力等が挙げられます。新たに表出するであろう予測できない問題と向き合う際には、問題解決能力、多面的なものの見方・考え方、柔軟な思考力、批判的思考力、論理的思考力等が必要になります。また、いつの時代においても必要とされる普遍的なものとして、他との協働性やコミュニケーション能力等も挙げられます。このような力を総動員しながら、子どもたちの保育・教育を行っていかなければならないのです。

　本書では、このような保育者・教育者に求められる様々な力について、専攻教員それぞれの専門分野から執筆しました。また、学校現場や他大学の先生方の論考も収録することができました。この本を手にした皆様には、様々な視点から、また、それぞれの立場から考えていただき、新時代に向けた自分なりの保育観・教育観を構築していただきたいと思います。

　2021年8月

初等教育・保育専攻

専攻長　　石原　努

執筆者一覧（50音順）

石原　努　　　　　　　　筑紫女学園大学　　　　教授　　　第1章　　　第19章　　　おわりに
板井　修一　　　　　　　筑紫女学園大学　　　　教授　　　第20章
怡土　ゆき絵　　　　　　福岡子ども短期大学　　准教授　　第9章　　　第13章
稲田　八穂　　　　　　　筑紫女学園大学　　　　教授　　　第21章
今釜　亮　　　　　　　　筑紫女学園大学　　　　准教授　　第10章
今里　順一　　　　　　　筑紫女学園大学　　　　准教授　　第22章
牛島　豊広　　　　　　　筑紫女学園大学　　　　講師　　　第5章
北原　涼子　　　　　　　筑紫女学園大学　　　　准教授　　第16章
北村　真理　　　　　　　筑紫女学園大学　　　　講師　　　第11章
古賀野　卓　　　　　　　筑紫女学園大学　　　　教授　　　第3章
スレンダー・クマール　　筑紫女学園大学　　　　教授　　　第2章
立石　泰之　　　　　　　糸島市立桜野小学校　　主幹教諭　第14章
中川　正法　　　　　　　筑紫女学園大学学長　　教授　　　巻頭言
中野　桂子　　　　　　　筑紫女学園大学　　　　准教授　　第23章
納屋　亮　　　　　　　　筑紫女学園大学　　　　准教授　　第17章
原　陽一郎　　　　　　　筑紫女学園大学　　　　教授　　　第12章
原田　博子　　　　　　　筑紫女学園大学　　　　准教授　　第8章
平山　静男　　　　　　　筑紫女学園大学　　　　准教授　　第6章
古田　瑞穂　　　　　　　筑紫女学園大学　　　　教授　　　第7章
松本　和寿　　　　　　　筑紫女学園大学　　　　教授　　　第15章
宮平　喬　　　　　　　　筑紫女学園大学　　　　教授　　　第18章
山本　尚史　　　　　　　筑紫女学園大学　　　　講師　　　第4章

新しい時代に対応した持続可能な保育・初等教育の在り方

2021年8月31日　初版　第1刷発行

編　者　　筑紫女学園大学初等教育・保育研究会
発行者　　長谷吉洋
発行所　　株式会社 郁洋舎
　　　　　248-0025 神奈川県鎌倉市七里ガ浜東 3-16-19
　　　　　TEL.0467-81-5090　FAX.0467-81-5091
ISBN　　978-4-910467-03-0